面向新时代的开放大学建设研究

Research on the Construction of Open University in a New Era

李　国　主编

图书在版编目（CIP）数据

面向新时代的开放大学建设研究 / 李国主编. -- 昆明 : 云南大学出版社, 2019
ISBN 978-7-5482-3704-4

Ⅰ. ①面… Ⅱ. ①李… Ⅲ. ①开放大学一教育建设一研究一中国 Ⅳ. ①G724.82

中国版本图书馆CIP数据核字(2019)第123190号

策划编辑：陈 曦 / **责任编辑：**周 飞 / **装帧设计：**殷明月

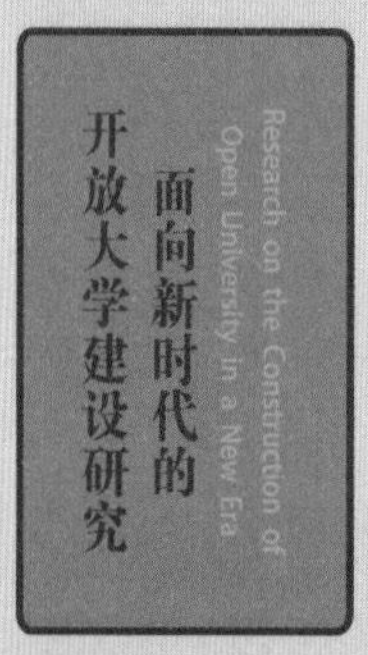

李 国 主编

出版发行：云南大学出版社
印　　装：昆明理煜印务有限公司
开　　本：787mm × 1092mm 1/16
印　　张：15
字　　数：260千
版　　次：2019年7月第1版
印　　次：2019年7月第1次印刷
书　　号：ISBN 978-7-5482-3704-4
定　　价：60.00元

社　　址：昆明市一二一大街182号（云南大学东陆校区英华园内）
邮　　编：650091
电　　话：（0871）65031070 65033244 65031071
网　　址：http://www.ynup.com
E-mail：market@ynup.com

若发现本书有印装质量问题，请与印厂联系调换，联系电话：0871-64167045。

目　录

教学研究

基层探索

引言：广播电视大学需要重拾自信*

如果从提出“重庆开放大学”概念算起，重庆广播电视大学（以下简称重庆电大）推进转型发展和开放大学筹建工作已经进行了7年。7年来，作为省级电大，重庆电大转型取得了哪些成果，在筹建开放大学过程中有哪些思考？记者就此采访了重庆电大校长、党委副书记李国。

在访谈中，李国对当前电大系统所面临的形势做了详尽分析。他认为，电大的转型发展正处于一个关口，只要闯过这个关口，电大系统就一定能够浴火重生，而重拾自信，是能否再创辉煌的关键所在。

新时代为电大教育提供了巨大的发展空间

记者：不久前闭幕的党的十九大提出，中国特色社会主义进入了新时代。您认为这对电大意味着什么？

李国：党的十九大，写就了习近平新时代中国特色社会主义思想的崭新篇章，也表明我国作为世界最大的发展中国家已经进入决胜全面建成小康社会、进而全面建设社会主义现代化国家的新时代。在习近平总书记的报告中，旗帜鲜明地提出了“我国社会主要矛盾已经转化为人民日益增长的美好生活需要和不平衡不充分的发展之间的矛盾”这一科学论断，这无疑对我们电大教育事业有着非常重要的指导意义，指明了新时期教育工作的发展方向，点出了办好人民满意教育升级版的时代主题。

中国特色社会主义进入了新时代，中国的远程开放教育也进入了一个新时

---

* 本文是中国远程教育杂志社《在线学习》杂志首席记者刘增辉于2018年3月对重庆广播电视大学校长李国教授的访谈。

代。这既为电大教育提供了发展的巨大空间，也提出了明确而紧迫的要求。我国电大教育在近40年的发展中，在努力满足人民群众日益增长的需求的同时，已经转向了“买方市场”，尽管发展潜力巨大，但也存在着一些急需克服和突破的难题，积累起了许多结构性矛盾。这就要求我们必须启动供给侧结构性改革，通过矫正当前要素资源配置扭曲的问题，着力培育远程教育创新发展新动力，进一步优化办学体系和教育教学结构，扩大远程教育有效供给，提高远程教育对社会多元需求动态变化的适应性和灵活性，以满足人民群众日益增长的美好生活的需要。

记者：在当前形势下，就重庆电大而言，面临的机遇和挑战是什么？

李国：重庆电大的发展是伴随着重庆市经济社会发展的节奏而不断向前迈进的。这些年来，一步一个脚印，稳扎稳打，始终与重庆市经济社会发展同向同行，尽可能地抓住了每一个发展的机遇。发展到今天，我们已经完整地架构起了覆盖重庆全域的现代远程教育办学系统网络，在38个区县设有45所分校、工作站、行业学院。但是我们也面临着全国电大系统建设的共性问题，就是历史原因带来的“二元结构问题”。这个问题的解决不可能一蹴而就，这种体制上的制约，可以说是目前最大的挑战。

同时，我认为，电大教育发展的挑战更多的还是能否有效克服源于自身的局限。我们不能只把问题定位于体制机制上，这样的话就会裹足不前，面对发展中的问题无从手下。党的十九大很重要的一个关键词就是改革，这一关键词也是我们解决当前电大教育办学遇到问题的根本方法，重点在于我们自己的勇气是不是足，在于我们自己的胆量够不够大，在于我们的办法有没有效。

以“一体多元三融合”建设开放大学

记者：重庆电大正在探索“一体多元三融合”的办学模式，这种办学思路是怎样形成的？请谈谈该办学模式的要点。

李国：在推进转型发展和开放大学筹建工作中，学校逐渐认识到：一方面，对现有办学系统内的基层单位要在保持稳定发展的基础上逐步加以优化改造；另一方面，更要注重整合资源、多元合作，拓展办学空间和领域，建设新的基层单位，而且还必须是管理体制和运行机制得到创新的新的基层办学体系。所以，我们就提出了“不立不破，不破而立”的思路，这是重庆电大对办学体系建设的基本理念，核心就在于架构“一体多元”的体制机制。与此同时，重庆电大在国家有关远程教育、职业教育、继续教育等综合改革政策的指导下，提出了远程教育和职业教育相融合、学历教育和非学历教育相融合、现代信息技术和教育教学相融合的发展模式，力图创新驱动，内涵发展。这样一来，便形成了重庆电大独具特色的“一体多元三融合”办学模式，并在学校《大学章程》中加以明确。

记者：现在，重庆电大转型已经走到了哪一步？

李国：从2010年开始，我们就在谋划重庆电大的转型。此后在不断的探索中，我们基于重庆广播电视大学和重庆工商职业学院“两校一体”的体制机制，丰富了转型发展实践。2014年7月，重庆市教育综合改革领导小组将“以远程教育和高等职业教育融合为特色，建设新型开放大学”纳入2014年度重庆市教育综合改革的重点项目，旨在通过项目的深入试点，推进重庆广播电视大学转型建设为一所以远程教育为优势、以职业教育为特色的新型开放大学。

2014年9月，学校在全国率先出台了《关于推进全市电大系统基层电大转型发展的意见》，从此，面对电大转型的历史机遇，学校不等不靠，先行先试，紧紧围绕办学育人的中心工作，以人才培养质量提升为主线、以专业建设为龙头、以改革创新为动力、以“互联网+办学特色鲜明的新型大学”为目标，围绕抓远程教育和高职教育的融合发展，全面推进各项教育综合改革试点建设任务。

这几年转型发展的成效是显著的，主要体现在办学基础不断夯实上。学校建立了重庆市职业教育大数据应用研究院和市级博士后科研工作站，专业服务产业能力、师资队伍结构、教育信息化水平等办学条件明显改善。全市电大系统转型持续推进，基层办学能力不断提升，办学规模保持稳定，办学项目“进园区、进社区、进企业”，形成一批宝贵的办学试点成果，“互联网+”专业集聚和专业改造取得良好进展，发展基础更加坚实。

要通过掌控核心资源建立竞争门槛

记者：开放大学是新事物，公众对这类学校普遍不了解。请您谈谈将来的重庆开放大学是一所怎样的大学？

李国：开放大学是什么，或者什么是开放大学，这些或许不是主要问题。作为一个新事物，能否被社会接受，核心在于开放大学能为学习者带来学习体验和客户价值。“互联网+”时代背景下的开放大学，作为高等教育服务的提供者，必须要以“发现并挖掘顾客的需求以创造更大的顾客价值主张”为核心理念，充分利用现代信息技术，通过创造与传统大学和原有的广播电视大学“大不同”的客户价值，设计出独特的价值创造方式，甚至颠覆教育行业的传统规则，突破现存的扩展瓶颈，透过掌控核心教育资源建立高竞争门槛，成功构建系统性的价值链体系和和谐的远程教育生态系统。

我们重庆开放大学就是在朝这个方向努力。我们要致力于打造一所远程教育和职业教育融合发展且“互联网+”办学特色鲜明的新型大学，一所可以提供“专业的职业教育、灵活的终身学习、开放的学习环境”的百姓身边的大学，成为重庆现代职业教育体系的重要组成部分、重庆终身教育体系和学习型社会建设的重要支撑。这也是未来的重庆开放大学与现在的电大、普通高校不同的方面，我们要有自己独特的标签。

记者：电大学历教育以前一直是主业，现在电大转型都有意避开在学历教育上与普通高校的竞争，那么，将来的学历教育与普通高校的学历教育有哪些不同？

李国：过去，电大的主业是学历教育，现在，电大的主业依然还是学历教育。但是这种情况是要扭转的，而且要尽快主动扭转，不能消极被动地等待真正“拐点”的出现。事实上，电大在学历教育方面所遇到的困难已经远远超出了过去。所以，在办学中，大家都开始重视“学历教育和非学历教育并举”，但是当我们谈“电大发展非学历继续教育”的时候，我们不能忽视电大的发展背景和现实条件。我们不能盲目乐观，好像未来的市场巨大，就必然有我们的用武之地，还要看我们有没有能力进入市场并比较好地发展下去；也不能盲目悲观，好像未来的市场都被其他高校和机构瓜分了，我们毫无招架之力，而是必须在当前及未来的教育市场中找到自身发展的切入点。

电大有自身的优势，要把优势用好，要进一步明确自身在当地终身教育体系构建和学习型社会建设中的地位、职能、功能及作用，充分运用现代信息技术，创新办学形式、组织模式和运行机制，探索电大远程教育公共服务提供新方式，加快推动服务模式变革，扩大优质增量供给，广泛开展各种层次的学历教育和非学历培训，切实扎根中国大地，办好“百姓身边的大学”。

可能因为不够自信，所以现在电大转型都有意避开在学历教育上与普通高校的竞争。其实这何尝不是当前阶段的最佳策略呢？在没有强大竞争能力的时候，没必要也不允许我们和普通高校直接竞争。但是我们要发展地看问题，主要在自身发展的基础上看问题。作为全球最大的远程教育系统，在既有优势和教育技术发展的支撑下，我相信中国的电大肯定有自己的未来发展道路。

至于电大将来的学历教育与普通高校的学历教育有哪些不同，这个不好说。但是有一点，我认为，今后的“教育”或许会消失，但是“学习”会留下来。那么，我们电大所能提供的学历教育为什么不朝这个方向转变呢？围绕“学习”这项活动本身来变革办学模式、人才培养模式、支持服务模式等，就应该是我们和普通高校的不同之所在。

记者：您刚才提到了“自信”，应该怎样认识这个问题？

李国：当前，我们正处在转型瓶颈期，或者说处于转型与升级的换挡期。在这个时期，存在迷茫、焦虑和不安，是可以理解的。但是，我们必须看到，电大的转型发展是一个关口，只要闯过这个关口，电大系统就一定能够浴火重生、再创辉煌。

我们要打造具有“互联网+”办学特色的新型开放大学，这既是一个创新任务，也是一个传承任务。说它创新，是因为，我们目前有太多的事情需要做，从思维模式、办学理念、教育观念等方面，到人才培养模式、学习模式、办学环境和办学条件、制度建设等方面，都要去改变。说它是传承的，是因为我们的电大系统有38年的办学历史，积累了丰富的办学经验，也练就了面对危机和压力的本领。

电大教育事业本身就是创新的产物，从熟悉的老电大的注册视听生到开放教育试点项目，每一次的破茧何尝不是一次华丽的转身，每一次的转身又何尝不是一次创业创新？而且，在所有创新中，教育的本质规律是没有改变的，仅仅是在形态上、模式上和价值取向上发生着变化。

所以，我们要加强战略定力，重拾自信。我们必须承认，现在遭遇到的环境有太多的变数，各项工作也有太多的阻碍，但是也要看到，我们同时拥有很多的机遇。现在，我们要坚定不移地始终向着建成一所具有“互联网+”办学特色的新型大学迈进，向着建成全国领先的开放大学奔跑，这就是我们的未来。

顶层设计

面向新时代　抢抓新机遇
以“奋进之笔”努力推进电大事业新发展*

郭　庆

同志们：

刚才李国校长全面总结了全市电大系统2017年取得的成绩，深刻分析了我们面对的形势、问题、任务和挑战，并结合市电大确定的工作思路对全市电大教育工作进行了部署和安排，讲得非常系统，说得非常清楚，都很重要，我完全赞同。

转型发展这份蓝图，承载着全市电大人的梦想，有力回应着电大系统师生员工的美好期待及现实关切，需要我们凝心聚力、谋划措施，再燃激情、再促落实，奋力谱写新时代转型发展新篇章，以“奋进之笔”努力推进电大事业新发展。当然，“思深方益远，谋定而后动”，我们做事之前，一定要把相关问题和道理想清楚、弄明白。我先讲一个和手机有关的故事。

2017年，我们大家熟知的著名数码相机品牌——尼康，关闭了它在中国的工厂，理由是：智能手机的崛起侵占了原本属于数码相机的市场。如果按照传统的商业逻辑，尼康最多被索尼、佳能、三星等同行打败，或是被莱卡、蔡司等以光学镜头见长的品牌打败，但是万万没有想到打败它的居然是另一个行业——智能手机。时间再往前拉，我们更为熟悉的另一家世界500强的企业柯达，1991年的时候，它的技术还领先世界同行10年，但是到了2012年1月，它居然破产

* 本文系重庆广播电视大学党委书记郭庆教授在2018年4月13日举行的重庆市电大教育工作会上的讲话。

了，击垮它的是数码相机行业。曾几何时，诺基亚让每部手机都成了一部照相机，让卡片相机业绩大幅亏损。后来，原本做电脑的苹果生产出了智能手机，击溃了手机世界的老大诺基亚。10 年一晃而过，当苹果手机还在如日中天时，中国的华为异军突起，发布了全球首款 AI 手机，将手机带入了人工智能时代！事情还没完！谁都没有想到，在 21 世纪第二个 10 年，方便面的销量居然每年都在以几十亿包的速度下降，原因是智能手机越来越普及，外卖平台兴起。凯文·凯利在一本书中写过一句话："不管你们是做哪个行业的，真正对你们构成最大威胁的对手一定不是现在行业内的对手，而是那些行业之外你看不到的竞争对手。"

所以，现在有这样的说法：颠覆你的往往不是竞争对手，而是不可预知的观念和产品；淘汰你的不是新技术，而是你的旧思维。"互联网 +"时代，不管你变不变，最重要的两个生产要素在变，一是行业本身发展的竞争要素在改变，决定行业竞争能力的不再是单一的资金投入或技术产品，更重要的是技术模式创新；二是价值增长逻辑在改变，这取决于"有效市场"和"精准用户"，新入市场的也许就是老大，否则很快就失去所有。大家要记住，历史的车轮滚滚向前，世界的潮流浩浩荡荡，它不会因任何人的消极缓慢而停止。当时代抛弃谁时，连一声再见都不会说的，一个时代有一个时代的挑战，一代人有一代人的使命，身处变化之中，要以实际行动跟上新时代。

一、面向新时代，承接新要求，担当新使命

习近平总书记在党的十九大上宣告"中国特色社会主义进入新时代"，这是对我国发展新的历史方位的确认，并由此提出了中国特色社会主义新时代的新战略，指明了在全面建成小康社会的基础上开启全面建设社会主义现代化国家的新征程。对于新时代，大家通过各种学习应该都有清晰的认知。我想说的是，我们要认真贯彻落实十九大报告对教育工作提出的新任务新要求，特别是"推进教育公平""实现高等教育内涵式发展""办好网络教育""完善职业教育和培训体系""办好继续教育，加快建设学习型社会，大力提高国民素质"等战略要求，核心的是教育现代化的问题，主要有教育观和教育目标、教育结构和教育内容、教学手段和方法现代化、教育理论和教育研究方法的现代化，我们要切实担负起时代赋予我们的新使命。

首先，新时代的新目标对教育提出新的、更高的要求。全面建成小康社会、

全面建设现代化强国要求教育加快现代化步伐，提供更加有力的人才及智力支撑；创造美好生活、实现全体人民共同富裕要求教育为改善民生、促进社会公平发挥更大作用；实现中华民族伟大复兴的中国梦要求教育为国民提升素质、能力与技能做出更大贡献；走近世界舞台中央、对人类做出更大贡献要求教育培养更多能参与全球治理的国际化人才。其次，新时代的新战略对教育提出新的、更高的要求。物质文明、政治文明、精神文明、社会文明、生态文明无一不是建立在国民素质基础上的，而国民素质的提高关键靠教育。决胜全面小康，经济建设、政治建设、文化建设、社会建设、生态文明建设，均离不开教育的支撑。实施科教兴国战略、人才强国战略、创新驱动发展战略、乡村振兴战略、区域协调发展战略、可持续发展战略、军民融合发展战略，都离不开人力资源开发和人才培养。再次，新时代的新使命对教育提出新的、更高的要求。建设教育强国是中华民族伟大复兴的基础工程，必须把教育事业放在优先位置，深化教育改革，加快教育现代化，办好人民满意的教育。党的十八大以来，随着教育优先发展战略地位的初步确立，我国教育事业发展迅速，教育机会大大增加，各级各类教育取得长足进展，人民对教育的满意度也有所提高。但是，相对于新时代赋予教育的新使命、对教育提出的新要求，教育仍面临诸多问题和艰巨挑战，焦点便落在如何提高教育质量上，这是教育领域的“时代之问”。

努力满足这些新的、更高的要求就是新时代赋予教育的新使命。我们要牢牢把握住十九大报告旗帜鲜明提出的“我国社会主要矛盾已经转化为人民日益增长的美好生活需要和不平衡不充分的发展之间的矛盾”这一科学论断，这对我们电大教育事业有着非常重要的指导意义：指明了新时期电大教育工作的发展方向。纵览我们全市电大系统这几年的转型发展，发展不平衡不充分主要体现在数量、结构、质量与效益的不平衡不充分，体现在不同区域、城乡、学校之间仍存在明显差距，这其中最主要的就是教育教学质量和效益还不能很好满足社会与人民群众的需要。

放眼世界，21 世纪教育发展呈现出普及化、终身化、开放化、多样化、优质化、个性化、信息化等特点，强调教育公平、质量和终身学习便成为未来教育发展战略的核心。相对于日益广泛、日趋多样化、个性化的终身学习需求，电大系统在全市终身学习体系和学习型社会建设中发挥的作用还不够，自身条件建设和能力建设仍然滞后，终身教育体系本身存在短板，而我们在其中的作用也很不充分，存在明显短板。我们必须直面问题与挑战，付出不懈的努力。

就像我前面谈到的手机那样，电大教育在近40年的发展中，已经从“卖方市场”转向了“买方市场”，我们对此有认识，但还不够清醒，不应以为这就是一个挖不完的宝藏。我们要思考，我们能为学习者提供什么客户价值，能提供什么附加值？事实上，面对着人民日益增长的美好生活需要，我们电大系统在我国终身教育体系、现代远程教育体系、职业教育体系建设中的发展潜力是巨大的。我始终坚信，我们正在走向一个新时代，我们的电大教育、我们的远程教育不是没有希望，而是大有可为。未来，继续教育仍然也可以说必然是教育领域的主力军，未来的远程教育在中国的教育发展中将发生翻天覆地的变化。不同的是，它会融入现代经济体系（包括产业体系）、现代社会治理体系，通过诸如大数据、人工智能、移动互联网、云计算、集合物联网、深度学习、机器学习、区块链等新兴技术，演变出新的教育形式。我在后面再谈这个问题。

当然，我们越是身处这样一个伟大的时代，越是面向未来的很多现在看来不可能的变化，就越不能忽视我们现在所存在的一些急需克服和突破的难题，尤其是其中积累的结构性的困难。我们必须自我加压，启动自身改革，推动电大教育供给侧改革。我们要通过矫正当前要素资源配置扭曲的问题，着力培育远程教育创新发展新动力，进一步优化办学体系和教育教学结构，扩大远程教育有效供给，提高远程教育对社会多元需求动态变化的适应性和灵活性，以满足人民群众日益增长的美好生活需要，重振电大教育的风采和魅力，重塑电大教育的声誉和品牌。

我们要努力建设一所可以提供“专业的职业教育、灵活的终身学习、开放的学习环境”的百姓身边的大学，成为重庆现代教育体系的重要组成部分、重庆终身教育体系和学习型社会建设的重要支撑。这也是未来的重庆开放大学与现在的电大、普通高校不同的方面。我们要立足大城市带大农村的市情，将其中的优势和潜力发挥出来，这就要求我们工作得法、融入得好。我们要主动对接市委确定的三大攻坚战、八项行动计划，在精准脱贫、实施以大数据智能化为引领的创新驱动发展战略行动计划、乡村振兴战略行动计划中寻找自己的切入点，主动把自己摆进去、把工作摆进去思考，以实实在在的项目，真真切切培养地方需要的、留得下用得上的技术技能型人才，服务人民群众对美好生活的需要，给自己贴上独特的服务地方的标签，成为在重庆不可替代的新型高校。

全市电大系统上下都应该自觉承担起这份历史责任，抓住重庆巨大变化的历史机遇，面对所在地方社会经济发展的现实需要，主动由地方社会的边缘走向地方社会的中心，积极参与地方社会建设，融入地方社会发展的进程中。当然，我们不能狭隘地理解“服务社会”，不能将“服务社会”简单地等同于“适应社会”，不仅仅满足于走入社会的“中心”，而且应以更加积极的姿态主动根植于地方需要，应更勇于走在社会的“前列”，引领地方社会发展。为此，我们要明确新思路、谋划新举措，进一步凝心聚力，以促进全民终身学习为宗旨，以提升质量为核心，持续深化电大教育转型发展，扎根重庆办好“百姓身边的大学”，为促进学习型社会建设、促进教育公平、服务重庆地方经济社会发展、提高市民素质做出新贡献。

二、聚力新时代，开启新征途，推进新改革

1978 年 12 月，党的十一届三中全会做出了实行改革开放的伟大决策，实现了党史、国史上具有深远意义的伟大转折，由此，新中国的历史进入改革开放新时期。所谓转折，是指由以阶级斗争为纲转变为以经济建设为中心，确定了“一个中心，两个基本点”的党的基本路线：一个中心，指以经济建设为中心；两个基本点，指坚持四项基本原则、坚持改革开放。中国共产党从此开始了建设中国特色社会主义的新探索，中国从此进入了改革开放和社会主义现代化建设的历史新时期。回想当时我国的社会主义制度，受到了极大的挑战，而改革对中国命运也是一个绝好的契机。经过 40 年的改革，我们探索出了一条中国特色社会主义道路，中国发生了翻天覆地的变化。时隔 35 年后，在改革进入攻坚期和深水区时，2013 年 11 月召开的党的十八届三中全会决定实行全面深化改革，中国的改革开放历史进入新的发展阶段。2017 年 10 月，党的十九大又规划了“两步走”全面建设社会主义现代化国家的新征程，对全面深化改革提出了更明确更长远的要求，我们正大踏步地走在社会主义现代化强国之路上。

改革开放初期，“猫论”（不管黑猫白猫，捉到老鼠就是好猫）、“摸论”（摸着石头过河）对于大胆解放思想、积极稳妥地推进改革起到了巨大的指导作用。在改革已经进入深水区和攻坚期的当下，要全面深化改革，就必须坚持顶层设计和自由探索的上下结合，通过上下一心、上下联动，推动改革不断向前进。在顶层设计方面，党和国家提出了新发展理念，提出了“五位一体”的总布局。但是不要指望所有的改革都有自顶而下的单向设计过程。我们要根据自己的情况，主动地进行探索。

这几年，面对电大系统转型的历史机遇，市电大不等不靠，积极推进先行先试，紧紧围绕办学育人的中心工作，以人才培养质量提升为主线、以专业建设为龙头、以改革创新为动力，奔着“互联网＋办学特色鲜明的新型高校”的目标，围绕抓远程教育和高职教育的融合发展，不断推进一揽子改革举措，抓基础基层建设，抓干部队伍建设，抓“互联网＋”办学特色，抓混合学习模式探索，抓校企合作产教融合，合作办学体系再造，始终以改革破除障碍，以改革化解矛盾，以改革推动工作，以改革驱动发展，以改革促进创新，全面推进各项教育综合改革试点建设任务。这几年转型发展的成效是显著的，办学基础不断夯实。学校建立了重庆市职业教育大数据应用研究院和市级博士后科研工作站，专业服务产业能力、师资队伍结构、教育信息化水平等办学条件明显提高，全市电大系统转型持续推进，基层办学能力不断提升，办学规模保持稳定，办学项目“进园区、进社区、进企业”形成一批宝贵的办学试点成果，“互联网＋”专业集聚和专业改造取得良好进展，发展基础更加坚实。

但是，改革永无止境，只有进行时，没有完成时。所谓“不积跬步，无以至千里；不积小流，无以成江海”，我们不可能指望通过已经推动的这些改革就“毕其功于一役”。解决了旧的矛盾新的矛盾又出现了，何况有些诸如体制机制方面的矛盾我们还没有解决。电大系统现在存在的矛盾也有一个逐渐演化的过程，比如“二元结构”割裂的问题，地方电大的人、财、物隶属地方行政管理系统，而教学管理业务却隶属于电大系统，从而使得电大教育与地方政府出现二元交叉与割裂。这个原来根本不是问题，是我们津津乐道的优势，但是随着经济社会的发展，随着教育体制的变革，随着国家治理体制的完善，这个不是问题的问题就暴露了出来，反而成为发展的制约，成为系统转型发展的关键问题。这是一个非常复杂的组织系统，内在矛盾的积累也是一个必然的过程，必要的时候就需要我们通过改革来进行调整和克服。

站在新的历史起点上，我们积极贯彻落实党的十九大精神，纪念改革开放40周年最好的方式就是继续大刀阔斧地推进改革。而且，如今的远程教育发展正处于“春秋战国”时期，要想在重新洗牌过程中争得我们电大教育新的地位，就必须要积极争取主动，赢得发展的先机。

面向新时代的新形势、新要求、新挑战，为了持续推进全市电大系统转型发展，市电大以党的十九大精神为指引，对接三年前的转型发展意见、对接市电大“十三五”事业发展规划和第二次党代会报告的战略规划、对接教育部关于办好开放大学的意见，结合重庆市发展战略，出台了综合改革的若干意见，目的是进一步夯实全市电大系统的实体化、信息化、质量化，以教育质量保障体系建设为主线，对接区域发展战略，创新驱动发展，提升办学质量和水平，增强办学基本能力。

改革既要有战略思考，也要有战术安排。我们要思考这样几个问题：一是不改行吗？近有十九大全面深化改革的部署，上有深化教育领域综合改革的安排，下有广大教职员工希望改革的强烈愿望，外部有逼着我们改革的力量，内部还有教职员工的生存发展，不改不行！二是为什么要改？改革的目的是增强电大系统内涵发展能力，重塑电大系统办学活力。改革要有正确的时机和条件。时机有了，条件有没有？现在，新时代提出了新要求，而且不是一般意义上的要求。我想，我们的驱动动力除了经济利益以外，还要有事业驱动、作用地位驱动，我们在当地从事电大教育，也需要赢得地位、赢得尊重。三是改什么？改革要有正确的方向和目标，基层办学的短视和功利化、人才培养的低效和同质化、内涵建设的失衡和封闭化是我们普遍存在的问题，应是我们改革的重点。我们的发展是同质化还是差异化？如果是同质化，我们能不能拼得过别人？如果是差异化，什么是我们的特色？什么是我们的比较优势？四是改得动吗？改革当然要估算为此付出的成本，成本太高也会改不动。当然，因为办学体制，有不少基层单位是没有动力的，甚至是消极地做事，觉得除了招生之外，和市电大就没有啥直接关系了，这很不正常，也没有转变思想观念。有这样的认识很可惜，会丢失我们基层单位的发展机遇。不过，市校改革是坚定不移要改的，个别单位不改，我们也要改；你不发展，我们也要发展。“优胜劣汰”是社会改革最根本的动力。五是怎么改？改革要有正确的方法。马斯洛说过：“假如你手里唯一的工具是锤子，你容易把所有的问题都看成钉子，所有的问题就只能成为钉子。”改革中我们不能受困于现状，我们可能需要把现在的“工具”改造好，转化出新的干事创业谋发展格局，改革必须要有创新突破。

2017 年底，市电大出台了《关于进一步推进电大系统综合改革的若干意见》，还出台了《中共重庆广播电视大学委员会关于把党的十九大精神全面落实到学校工作中的决定》，对深入推进综合改革做了部署。2018年初，学校的党政工作要点又明确提出要在电大系统推进“一校一策”综合改革。所谓“一校一策”，就是立足于校情与当地经济社会发展实际，一个学校一个转型方案，一个学校一个发展策略，一个学校一个改革模式，一个学校一个目标任务，从而实现精准施策、定向施策，有的放矢地推进转型。

“一校一策”要遵循科学思维。这项改革是一项系统工程，面对经济步入新常态的新形势和新特点，转型发展工作也必须及时适应新变化、开拓新思路，借好政府政策、市场调控、社会需求等“东风”，运用好“互联网+”等手段，促进学科专业和课程设置、教学资源与市场需求的有效对接，确保转型升级与经济持久发展步调一致。

“一校一策”要强化问题导向。以解决好“为什么转”“谁来转”“怎么转”等问题为靶心，找准切入点、提高精准度、确保实效性，积极探索精准摸清本地本校实际、精准设计教育产品、精准提高教育质量、精准提供公共服务、精准创新系统综合改革机制的有效途径、有力措施，找准制约发展的根，寻对促进发展的源，打好精准系统改革组合拳。

“一校一策”要坚持因地制宜。要找准发展思路，分析地区经济社会现状，主动对接地方发展需求，从当地“十三五”发展规划、党代会报告、政府工作报告中找思路找目标找路子，依托地方优势精准发力，着力加快地区特色产业发展，优化产业结构，提高教育产品质量的针对性和有效性，坚持做到治标与治本结合、转型与发展统筹推进，切实让各项政策措施落到点上、落到根上、落到地上。

“一校一策”要瞄准特色发展。扎根地方以差异化发展，嵌入环境以特色化发展，这是电大的现实使命和发展基础，必须要结合社会的真实需要办学，而不是为了办学而办学，要构建能力推动内涵式发展，要做到缺什么补什么。通过“一校一策”的综合改革来推动创新、提高转型积极性，市电大会支持走在前面的一些分校和工作站，结合当地经济产业发展需要，建设特色学院，同时也通过特色发展带动学习需求，有了方向、有了目标才能承担起高等教育服务地方的职责，才能做到落地有声，不要搞千篇一律、千人一面。只有真真切切扎扎实实想地方党委和政府所想，急地方党委和政府所急，和地方发展同频共振，才有赢得尊重和支持的前提。

未来，我们要打造一所具有“互联网 +”办学特色的新型开放大学，这是一个务实而又创新的任务，是一个只有目标而没有模板的工作。说它创新，是因为我们目前有太多的事情需要做，从办学模式、办学理念、教育观念、体制机制，到人才培养模式、学习模式、办学环境和办学条件、制度建设等方面，都要去改变。唯有不停步的改革，才是我们解决当前电大教育办学遇到问题的根本方法，关键在于我们自己的勇气是不是足，在于我们自己的胆量够不够大，在于我们的办法有没有效。

所以，我们全市电大系统各基层单位，要沿着转型发展的路径设计，朝着“互联网 + 双一流”的新型大学这一蓝图，抓住“一校一策”的契机，整体谋划自己的发展，着力推进各项改革：必须坚持问题导向，始终针对体制机制上的弊端；必须坚持体系导向，始终着力增强改革的系统性、整体性、协同性；必须坚持现代化导向，始终紧紧盯住总目标。

三、紧随新时代，践行新思想，打造新模式

新时代，新教育，新视角，新模式，超出了我们的想象！新的历史使命、大学精神与质量要求，将会导致新型大学产生新的发展模式。希望在座的基层电大的同志们共同思考，电大教育如何去适应？如何去创新？如何去发展？甚至如何去生存？

第一，我们要创新办学体制，推进“一体多元三融合”探索。市电大在近几年推进转型发展和开放大学筹建工作中，为全市电大找到了一条适合的路径，就是“一体多元三融合”的办学模式。这些年，市电大一直把带着全市电大系统一起发展、一起进步当作自己的责任，这是对电大系统历史的尊重、是对全市电大教育工作者的尊重。为此，我们始终坚持“不立不破，不破而立”的原则。当然，破与立是辩证统一的，两者互为依存、互为前提，全市电大系统不仅要因为共同的愿景而携手共同发展，还要在空间上依“异”而共居，所谓“水尝无华，相荡乃成涟漪；石本无火，互撞而发灵光”。但很多时候，这种美好的愿景并不取决于市电大单方面的意愿，还要靠全市电大系统各个基层单位不断自我完善、自我变革。

基于此，我们要进一步重构市电大和基层电大之间的新型关系，要以“教育集团”的模式，逐步构建集“政、行、企、校”多方联动的办学新体制机制。

一方面，我们要“旧城改造”和“新城建设”同步推进，不能简单地将基层电大定位为分校、工作站，而是按照互相平等、充分自愿原则，形成紧密无间的战略合作联盟和“重庆电大共同体”；另一方面，各基层单位要扬长避短，立足于自身实际，在当地政府、主管部门的有效介入下，与市电大、其他机构优势互补，互相帮衬，共同壮大。这是电大系统整体性转型升级的有效路径。

今后，基于“一校一策”的契机，大家的思路要再开点、眼界要再高点、格局要再大点，要构建重庆市远程职业教育骨干网络体系。2018 年 3 月，由市电大牵头，已经和石柱县政府共建了重庆电大康养学院，面向全市培养现代康养产业人才、开展全产业链非学历教育培训。除此之外，还可以集中优势教师教育资源，多方共建重庆电大教师教育学院，面向全市培养学前教育、小学教育、教育管理等专业人才；还可以共建重庆电大电商学院，面向全市培养现代商业经营管理人才；还可以共建重庆电大乡村振兴学院、军民融合产业技术学院、全域旅游学院、非物质文化遗产学院、现代物流学院等等。我们要吃透本区县、本行业的特点，有所专长、有所作为。当然，这些特色学院今后也不能只由地方政府和重庆电大两个主体共建，要引进行业企业、市场组织等机构，大家多方参与，充分利用各自的优势，形成政府宏观管理、学校自主办学、社会广泛参与的多元协同格局，我这里说的学校包括市电大、基层单位或地方教育资源。

也只有这样，教育部关于办好开放大学的意见中提出的“到 2020 年，中国特色开放大学体系初步建成”的目标，才能焕发出勃勃生机与创新活力，展示出支撑国家终身教育体系和建设人力资源强国的巨大力量。事实证明，通过一系列实践，我们有理由相信，现代远程开放教育能够在构建终身教育体系，形成全民学习、终身学习的学习型社会方面，发挥越来越大的作用，而我们重庆电大系统，在其间大有作为、大有可为。

第二，我们要重塑发展路径，推动共建共享共同发展。面向未来，新型大学必然是以开放融合为基本理念的，需要超越现在合作办学的简单模式，超越传统范式，将产学研合作上升为一种新的教育模式。一方面，开放融合体现在新型大学开放的面向与机制上，开放的面向主要把握“三性”，即地方性、区域性、行业性，同时要构建相应的开放机制，如校地共建、校企共建机制，实施协同育人与协同创新机制，面向行业产业创建行业学院、产业学院、产业特色学院。另一方面，开放融合体现在新型大学开放的程度上，全市电大系统要与地方政府行业、企业、事业单位主动交往、交流、交融，从互动性到合作性再到融合性，在互动中合作，在合作中融合，在融合中发展。

我们要办的教育，是最接地气、最具生命力的，不能因循守旧、抱残守缺，必须紧紧跟随技术进步并把握教育发展规律。不具有高成长性的组织体系，等待它的只有失败。就教育而言，尤其是在职业教育和继续教育中，大多数成长性好的大学，首先都应当主动关注和积极跟踪产业进步、技术革命和社会变革，对接区域产业结构，特别是政府支持、社会需要或紧缺、对老百姓的生产生活有帮助的、行业前景好的朝阳行业，主动调整专业集群布局，使“产品和技术投入的市场”具有美好灿烂的发展前景。大家如果立足“扎根重庆大地办百姓身边大学”的办学定位，定型、建型、强型，变问题、困境等不利为机遇，化弱势为优势，完全有可能办出特色、办出水平、创出一流。

第三，我们要优化办学模式，加快人才培养方式变革。新时代的“新”，还体现在技术创新上，体现在技术快速迭代上。人类社会正在向以网络技术、大数据技术、人工智能技术等为核心的新信息时代转型，一个以智能科技、数字经济、信息社会为表征的崭新的智能化时代悄然到来，它是继农业文明、工业文明、信息文明之后的一种更为高级的社会形态。这种重大的转型对人类社会的塑造将不亚于一万多年前的农业革命，以及三四百年前的工业革命。与此同时，这场由数据驱动的智能革命已经广泛渗透进了教育领域，其不仅驱动着人才培养模式重构、教学模式创新、组织流程再造、质量评估变革，促使高等教育走向个性化教育、精细化教育和智慧教育发展阶段，还使得教育发展与变革也面临着智能化时代带来的机遇和挑战。可以预见的是，在“大数据 +”“互联网 +”“人工智能 +”的推动下，我们重庆电大办学体系结构、教育教学场景、办学参与主体都将发生深刻改变。

我们的办学模式将更加灵活化。在智能化信息技术的推动下，学校和教育都开始进入追求个性的时代。一是从千校一面到个性发展。随着社会发展，千校一面的组织模式已经不适应社会的发展需要，人们未来的教育需求将从教育需要的满足向更好、更个性化教育的追求方向演进。二是学校的组织模式将更加弹性灵活。学校组织模式变化的基本动向就是弹性学制的采用和组织结构的扁平化，学校将根据学生的个性化学习需要采用更加个性化的教学安排，组织层级也将相应减少，传统的科层结构、金字塔式的垂直管理体系将日趋扁平化，电大多级办学必将压缩链条，管理幅度将更大，跨度将更小。

我们的办学业务开始智能化、自动化和数字化。信息技术在教育中的应用更加深入，MOOC、混合式学习、翻转课堂等都已经得到了广泛应用，智能教学系统、智能决策支持系统、智能计算机辅助教学系统也迅速发展，物联网已经在课堂教学、课外学习和教学管理等方面给教育提供了相应支持。而且，信息技术能够提高教育的效率，显著地降低教育投入的成本，取得更好的教学效果。今后，混合式学习将更加普遍，这不单是面对面式的学习和在线学习的简单混合，而是多种教学设备、多种教学方法、多种学习策略与评价方法、同步学习与异步学习、多种课程和学习资源等的混合。混合式学习汲取了面对面学习和在线学习的优势，已经得到广泛应用，是未来教育的重要形态和发展趋势。

我们的教师角色和作用将发生重大变化。一方面，教师角色的分工更加明确。教师队伍日趋分为授课教师和辅导教师两大类，一些讲课能力强、水平高、能够契合学生需要的教师将主要担当起授课教师的角色，并通过互联网等技术手段而广为宣传。而许多教师将承担起辅导教师的角色，针对学生的需要进行辅导，满足学生的个性化学习需求。另一方面，教师将主要承担起学生学习规划者和引导者的作用，承担起为学生订制个性化学习方案的角色，针对不同学生的不同学习需求制订不同的学习规划，并且对学生的学习进行引导。未来，每一个积极创新、用心工作的教师都有可能成为“网红教师”。

大家不要以为，我们倡导改革创新，倡导转型发展，是电大自己的事。斯坦福大学发布了一个2025计划，它就是一个改革方案，一个对未来大学模式进行畅想的大胆“设计”，一个全校性的组织层面的变革计划。开环大学是其中最关键的计划之一。该计划创新性地解除了入学年龄的限制，17岁前的天才少年、进入职场的中年人以及退休后的老人都可以入学，而且学习时间可以自由安排。这是区别于传统闭环大学最主要的一点。世界一流高校都在创新办学模式，我们还有什么理由观望和等待？这也说明，除了自身在长期发展中积累的资本，外在的创新动力不外乎制度和市场的两股力量。

现在，我们的电大教育已经进入了一个新时代。要有所作为，就要首先从思想上适应这种变化。必须在发展上拉高标杆，坚持追求卓越；必须在实践中解放思想，坚持创新发展；必须在工作中强化执行，坚持求真务实；必须在拼搏上勠力同心，坚持合力干事。我们要贯彻新发展理念，追求高质量发展，实现电大教学质量变革、转型工作效率变革、改革求生存发展的内生动力变革。我们要努力通过改革促进教育使命和价值回归，优化供给结构，激发供给效率，争取做到与经济社会发展同步规划、与产业转型升级同步调整、与行业需求同步发展、与企业实践同步推进、与就业能力同步提升。只有这样，我们才能很好地贯彻落实十九大报告关于教育的战略部署和任务，我们才无愧于所从事的教育事业，才无愧于这个充满希望的新时代。

四、拥抱新时代，落实新部署，压实新责任

在2018年的全国“两会”上，习近平总书记参加重庆代表团审议时发表了重要讲话，内涵丰富、思想深刻，既有指导思想，又有工作部署；既有目标要求，又有路径举措；既管全局之总，又管实际之用。总书记的讲话可以归结为“六句话”：

第一句是“团结一致、沉心静气”（总要求的第一句）。

第二句是“山城人民的真抓实劲、敢抓狠劲、善抓巧劲、常抓韧劲”（“四抓四劲”是对干部精神状态和抓工作决心、力度、方法的要求）。

第三句是“从全局谋划一域，以一域服务全局”（辩证关系，讲认识论也讲了方法论）。

第四句是“加快建设内陆开放高地，山清水秀美丽之地”。这是总书记在全国的大局当中，抓住“开放”和“生态”两个影响重庆未来发展的重大关键性问题，给我们提出的目标要求（“两地”目标）。建设内陆开放高地，是重庆在西部内陆地区带头开放、带动开放的机遇和责任（经济中心城市的责任、使命）；成为山清水秀美丽之地，是重庆在推动长江经济带发展中的优势和目标（山环水绕、江峡相拥）。

第五句是“努力推动高质量发展、创造高品质生活”（总书记着眼新时代新矛盾为重庆提出的方向与要求，是我们的行动指南）。一方面要大力推动高质量发展，加快建设现代化经济体系；另一方面要着力创造高品质生活，不断满足人民群众日益增长的美好生活需要（突出抓好乡村振兴和城市品质提升）。

第六句是“让既定的行动纲领、战略决策、工作部署兑现，让重庆各项工作迈上新台阶”。要突出项目化、事项化、政策化落实，把各项行动计划落实到行业、企业、项目，注重实际效果。

我们要深刻领会、认真贯彻，全面落实中央各项决策部署和市委部署安排，统筹推进“五位一体”总体布局、协调推进“四个全面”战略布局，让既定的行动纲领战略决策工作部署兑现，推动全市电大系统各项工作迈上新台阶，把党的十九大精神全面落实在全市电大系统改革发展的各项工作中。

一要统一思想，深化认识，凝心聚力促发展。时至今日，我们全市电大系统在不同场合、不同阶段都将“为什么改”“往哪儿改”“为谁改”“怎么改”“如何改到位”等涉及大家发展的重大问题说透了，至少在在座的各位基层单位领导层面。但是，通过近来几次会议反馈的信息看，我们很多同志还是蒙的，似乎这些离他们很远，似乎他们还不知道。通过今天的会议，上午的报告和下午的讨论，我希望大家对如何在思想上和行动上转型发展要达成共识。这个共识既包含着稳中求进的发展方向，也包含着攻坚克难的办法，更包含着战胜一切困难的决心。这个共识既要体现在“稳”上，即在稳方向、稳目标、稳预期等方面步调一致，也要体现在“进”上，即在抓好落实、提高质量、开拓创新等方面实招迭出。在新时代的条件和环境下，“稳”得住和“进”得了，既需要定力，更需要能力。我们要千方百计凝聚起全市电大人的智慧，激发起大家干事创业的激情，做改革的见证者和参与者。我们全市电大系统要弘扬伟大创造精神、奋斗精神、团结精神、梦想精神，加满油、把稳舵、鼓足劲，奋力推动电大事业的发展。

二要主动作为，形成合力，真抓实干促改革。深化改革是解决重大问题的金钥匙。2018 年的工作无论是实现“稳”，还是实现“进”，都必须把深化改革这篇大文章做好做实。全市电大系统改革发展，要明确主体责任，只要你还做电大业务，愿意继续做好电大业务，你就有责任抓好电大发展，就要面对新使命抓好改革，这一点必须明确。除非你不做电大业务了，除非你主动要求退出电大教育市场。主体责任落实不好，工作就推进不力，成效就不尽如人意。重任在肩，不能只说不干，不能左顾右盼，不能前怕狼后怕虎。我们要从自身改革、内部改革做起，不断深化教育供给侧结构性改革，探索新型教育服务供给方式。市电大已经提供了很好的政策支持，启动了综合改革，还有一系列配套的措施、办法、制度出台，下一步基层单位的改革就要靠你们了，大家都要主动作为、形成合力，积极探索“一校一策”实施办法，主动谋求特色学院建设发展，准确把握实现长远目标和做好当前工作的关系，真抓实干谋发展，锐意改革创新路，全力推动电大系统的综合改革，抓住电大改革发展的新契机。

三要积极调研，转变作风，身体力行抓落实。全市电大系统要切实增强兴调研、转作风、促落实的思想自觉和行动自觉，不断提高政治站位，坚持从习近平新时代中国特色社会主义思想和党的十九大精神中找方法、路径、措施，按照市委“在全局中谋划一域，让一域在全局中多做贡献”的要求，紧密结合学校实际，精心组织，让改革发展稳定各项任务落下去，让惠及民生的各项工作实起来。按照中央八项规定精神和反“四风”的要求，靠作风吃饭、拿实绩说话，同形式主义、官僚主义做坚决斗争，坚决肃清孙政才恶劣影响和薄、王流毒，以永远在路上的执着把全面从严治党引向深入，用实干的精神、实在的措施、实际的行动来落实好稳中求进工作总基调，稳扎稳打，开创新局。坚持“四个带头”，领导干部是关键。“关键少数”要带好头，做示范，“一把手”要在抓落实上带好头，把各项工作抓紧抓实，抓出成效。今天来参会的都是各分校、工作站的领导干部，要在信念过硬、政治过硬、责任过硬、能力过硬、作风过硬上下功夫见实效，始终保持清正廉洁的政治本色。更加自觉地推进自我革命、强化自我约束，更加清醒地增强忧患意识、防范风险挑战。尤其在实干精神、科学判断、执行政策等方面，要不断调优精神状态，不断提高预见能力，不断增强法治意识，全力当好事业发展的“火车头”“领头羊”！

最后，我再强调一点，大家要强抓学习。市电大这几年通过远程教育和高职教育融合发展，各方面取得的成绩很明显，两校一体的价值优势更加突出，学校2017年的综合排名为全国60位，创新发展能力和社会服务能力进入全国50强，越来越有影响力。这些成绩的取得关键都在于人的发展。任何一项工作，无论是电大工作还是其他工作，没有学习，没有能力提升，一切都是空的。市电大真心希望我们全市电大系统基层单位能参与到市电大的学习中来，我们举办过中层干部创新发展研讨班，开展主题学习、专题研讨等，我们还举办了学习习近平新时代中国特色社会主义研讨班等，大家都可以参加进来，通过学习，找准我们的定位，找到未来的方向。

同志们，新时代要有新作为。

进入新时代，唯有思想明确才能行动正确；

站在新起点，唯有坚定方向才能精准导向；

开启新征程，唯有开拓创新才能万象更新；

实现新跨越，唯有久久为功才能马到成功！

我们要以习近平新时代中国特色社会主义思想为指导，认真学习贯彻习近平总书记重要讲话精神，提高政治站位、树立历史眼光、强化理论思维、增强大局观念、丰富知识素养、坚持问题导向，深化认识促改革，一以贯之谋发展，牢记使命，不忘初心，以时不我待、只争朝夕的精神投入工作，把全面贯彻落实党的十九大精神贯穿到转型发展的方方面面，以“奋进之笔”努力推进全市电大教育事业新发展！

把握新形势　开启新征程
为新时代电大系统转型发展书写“得意之作”*

李　国

同志们：

上午好！

今天，2018 年全市电大教育工作会在全国上下深入贯彻落实党的十九大精神，决胜全面建成小康社会，开启新时代中国特色社会主义新征程，加快推进教育现代化和教育强国建设背景下召开。会议的主要任务之一是回顾并总结全市电大 2017 年度的工作，研究部署 2018 年度的任务。下面，我围绕总结回顾、形势分析、问题梳理、工作部署等方面向大家做工作报告。

一、2017 年工作回顾

2017 年，全市电大系统全面贯彻“四个全面”战略布局和“五大发展理念”，以落实中央治国理政新理念新思想新战略、加快建设“互联网 +”办学特色、提高技术技能型人才培养质量为主题，以全面建设重庆开放大学为主线，主动适应国家和地方经济社会发展新常态，在推进电大系统转型方面作出了积极探索和实践，促进了全市电大系统的质量、特色、能力有新的发展，取得了阶段性的成效。

* 本文系重庆广播电视大学校长李国教授在 2018 年 4 月 13 日举行的重庆市电大教育工作会上的讲话。

（一）十九大精神全面落地

系统组织了全面学习贯彻党的十九大和习近平总书记系列重要讲话精神，实现对全市电大系统宣讲的全覆盖。市电大党委突出抓重点、补短板、强弱项，出台了《关于把党的十九大精神全面落实到学校工作中的决定》，明确提出了扎根重庆大地办大学、积极服务决胜全面小康、建成“互联网+双一流”新型高校等三大战略任务，围绕培养模式、特色专业、融合发展、人才强校、科技创新、文化建设、治理能力、资源保障、民生改善等方面谋划了九大行动计划，提出了全面深化办学体制机制改革等三项基础性改革。同时，还为进一步贯彻落实中央八项规定及其实施细则的精神，结合学校实际，制定了《关于进一步贯彻落实中央八项规定精神的实施细则》。

（二）顶层谋划更加清晰

成功召开了中国共产党重庆广播电视大学第二次代表大会，通过了郭庆同志所做的《扎根重庆大地，服务决胜小康，为建成“互联网+”办学特色鲜明的新型高校而努力奋斗》的党委工作报告，选举产生了新一届党委，明确了新奋斗目标：建成“互联网+”办学特色鲜明的新型高校，成为国内一流的开放大学和高等职业院校，以提高教育质量、增强办学活力、促进整体转型为主线，围绕“质量、特色、能力”建设，刻画了改革发展的任务书、路线图，就奋力开拓学校发展新境界提出了九大战略任务。

（三）综合改革步伐加快

为全面贯彻党的十九大会议精神，深入推进基层电大转型发展，进一步增强电大系统核心发展能力，市电大制定下发了《关于进一步推进电大系统综合改革的若干意见》，就推进电大系统改革创新发展、扎根重庆大地办“百姓身边的大学”提出了一揽子发展思路、发展举措和政策支持。以问题为导向，全年深入20多家基层电大开展专题调研和发展指导，形成调研报告和信息反馈，搭建起两级办学双向沟通的信息桥。还制定下发了《关于全市电大系统积极参与重庆市打赢教育脱贫攻坚战的意见》，对电大系统参与扶贫攻坚工作做出了周密部署。

（四）转型发展持续深化

开展了全市基层单位“三年转型发展规划任务”的中期检查工作，组织召开了全市基层电大转型发展专题工作会，为下一阶段转型发展奠定了基础、提供了依据。实施了第二批全市基层单位转型发展激励项目，进一步强化系统实体化建设。组织了赴上海交通大学以及赴珠海等4所开放大学的主题研修班，学习了先进的办学模式与实践经验，提升了转型发展的执行能力和办学治校能力。2017年电大招生5.4万余人，增长1.6万余人，增幅39.29%，位居全国前10名；2017年成人高考录取新生8090人，居全市第一。

（五）开大筹建有序推进

开展开放大学建设“六组一办”协调推进各专项工作，开展专题研究、进行专项检查、汇集专项成果，进一步完善了重庆开放大学相关制度建设。学校组织召开了基层试点单位工作研讨会，开展了12家“重庆开放大学基层单位建设首批试点项目”的成果总结，形成项目总结报告、典型案例以及政策建议文本、专题片、宣传画册等系列成果材料，凸显项目特色，固化建设成果，并完成了18个基层单位第二批试点项目的申报、评审、指导及中期检查。

（六）体制机制创新突破

加大政行企校的合作力度，推动“一体多元三融合”办学模式创新发展，以“产教融合、协同育人”为主题召开2017政行企校合作发展理事会年会，探索与政府和园区集团化办学的体制机制，打造学校发展新平台。深入实施“新型产业工人培养和发展助力计划”，拓展与行业企业共建学院、学习中心发展模式。经人力资源社会保障部认定，重庆广播电视大学入选第七批国家级专业技术人员继续教育基地。

（七）教学支持不断完善

清理和规范了电大学历教育专业，形成“互联网+”特色专业建设目标任务。建设了远程学习服务中心，完成配套制度一期建设任务，开展网上教学和学习支持服务。立项市级教改课题11项、校级49项，结题36项。获重庆市教学成果奖一等奖1项、二等奖4项。建设学分银行资历框架和认证标准体系，优化学分银行平台，完成建档户数约3.8万个，登记学习成果约2.6万个，用户登记约168万次。开展了OPEN－X平台测试、课程建设与模式总结，并在直属学院、九龙坡分校和建工学院启动了OPEN－X系统试点工作。

（八）资源建设粗具规模

建立了课程资源标准体系，促进优质教育资源共建共享，完成了“微学院”

"数字化学习资源中心"、重庆学堂 MOOC 平台和课程开发中心建设，开展了重庆电大第四届微课大赛，建成 8 门重庆学堂 MOOC 课程，开设"微学院"MOOC 课程，完成 3 门国家资源中心课程。建立了数字学习资源共享门户，"课程开发中心"实现挂牌。在"重庆市高校微课教学比赛"等赛事中获得一等奖 4 项、二等奖 2 项、三等奖 3 项。2 门课程被市教委推荐参评国家精品在线开放课程评选。

同志们，回首 2017 年，我们全市电大系统上下积极探索转型发展，迎难而上，锐意进取，取得了令人欣喜的成绩，是富有成效的一年。这一年在质量、结构方面实现的相得益彰的良好局面也是各方面不懈努力、久久为功的结果。在这里，请允许我代表市电大党委和行政部门向辛勤工作、奋力拼搏的全市电大系统干部职工，表示最崇高的敬意和最衷心的感谢！

二、当前形势及主要问题

同志们，2018 年是改革开放 40 周年，这不仅对我们国家有重要意义，对我们电大也有特殊的意义。1978 年初，邓小平同志亲自倡导并批示创办广播电视大学，他在当年 4 月 22 日召开的全国教育工作会议上强调指出"我们不但要看到近期的需要，而且必须预见到远期的需要；不但要依据生产建设发展的需求，而且必须充分估计到现代科学技术的发展趋势""要研究发展什么样的高等学校""要制定加速发展电视、广播等现代化教育手段的措施，这是多快好省发展教育事业的重要途径，必须引起充分的重视"。这在今天对我们办好电大教育事业依然有重要指导意义。

同志们，1979 年 2 月 6 日，标志着打破常规、从无到有、充满创新精神的广播电视大学横空出世。39 年弹指一挥，我们重庆电大系统与全国广播电视大学一道，见证着电大教育从小到大、从弱到强的艰辛过程，始终坚持不懈地在探索与实践、改革与创新中求生存、谋发展，作为重庆市教育事业重要组成部分发挥着重要功能，做出了不可磨灭的贡献。39 年斗转星移，全市电大教职工凭着冲天的热情、不懈的努力，以无私奉献的敬业精神培养了 30 余万名下得去、用得上、留得住的高素质人才，成为重庆现代职业教育体系的重要组成部分、重庆终身学习体系和学习型社会建设的重要支撑。39 年岁月有痕，电大办学经历过几次大的转型，尤其是在 1999 年国家启动"中央电大人才培养模式改革和开放教育试点项目”之后，电大系统在快速发展的同时也受到了市场化冲击，积累起了结构性矛盾，存在着一些亟须克服和突破的难题，面临着转型发展的各种挑战。

（一）深刻认识新形势新挑战新任务

同志们，世界正在悄悄发生变化，我们的教育正面临着一个巨大的转型期。我们看到，今天的教育和20年前、10年前甚至5年前的教育已经完全不一样了，因为面临新的技术变革、新的行业需求、新的岗位需要，受传统教育毕业的学生已经远远不能满足现在市场的需求。高等教育、职业教育现在面临的巨大挑战就是培养出来的毕业生，将来能不能从事现在不存在的职业，能不能解决今天不能想象的未来要解决的问题。这些对我们来说意味着什么呢？不仅意味着我们今天的教育应该向能力提升、内涵提升方向努力，更意味着我们要着眼未来、适应变革，要突破自我、加快转型。

第一，新时代对电大教育发起了新挑战。历史方位和战略目标决定着我们前进的方向。中国特色社会主义进入了新时代，这是我国发展的新的历史方位，也是电大教育事业发展的新的时代坐标，电大教育应该站在更高的起点上。进入新时代，电大教育事业面临的主要矛盾和发展目标发生了战略性转变，所要肩负的责任比以往任何时候都更重大，所要完成的任务比以往任何时候都更艰巨。电大系统要紧紧围绕办学育人的中心工作，以人才培养质量提升为主线，深入推进远程教育和职业教育相融合、学历教育和非学历教育相融合、现代信息技术和教育教学相融合，进一步创新驱动、内涵发展，持续深化“一体多元三融合”的办学模式和“互联网+”办学特色。站在新的历史起点上，电大系统必须因时而进、因势而新，以回归本分、回归初心、回归梦想的崭新面貌，面向新时代、赢得新时代、引领新时代。

第二，新矛盾为电大教育设定了新任务。当前，教育领域的主要矛盾发生了深刻变化，具体体现为人民日益增长的对优质教育的需要和教育供给不平衡不充分之间的矛盾。基于这一新矛盾，国家重点部署了八个方面的具体任务，其中包括推动城乡义务教育一体化发展、完善职业教育和培训体系、加快一流大学和一流学科建设、支持和规范社会力量兴办教育、办好继续教育等。这就要求电大系统必须加强战略定力，重拾自信，坚定不移地推进转型发展，全面推进供给侧结构性改革，矫正当前要素资源配置扭曲的问题，着力培育远程教育创新发展的新动力，进一步优化办学体系和教育教学结构，扩大电大教育有效供给，提高远程教育对社会多元需求动态变化的适应性和灵活性。这也就要求电大系统在促进教育公平、提升教育质量、优化教育治理等方面为教育决策部门和开放大学试点建设提供行之有效的策略与方案。

第三，新使命对电大教育描绘了新作为。我国要基本实现社会主义现代化，意味着要率先实现教育现代化、要率先建成教育强国，这既是教育改革发展进程的必然要求，也是对电大教育赋予了重大历史使命。这需要电大系统进一步增强做好现代远程开放教育工作的使命感和责任感，聚焦新时代教育现代化和教育强国建设的要求，充分发挥自身的优势，进一步明确在当地终身教育体系构建和学习型社会建设中的地位、职能、功能及作用，以“专业的职业教育、灵活的终身学习、开放的学习环境”，广泛开展各种层次的学历教育和非学历培训，为当地经济社会发展发出“电大声音”、贡献“电大力量”，为加快教育现代化、建设教育强国提供强大的智力支持。现在，国家和重庆市大力推动乡村振兴、新型工业化和城镇化，为我们提供了新的发展机遇，我们要适时抢抓新机遇，在电大转型中找准工作重点。

第四，新问题向电大教育提出了新要求。就我们电大教育当前的发展而言，与国家对教育发展的总体要求相比、与人民群众的期待相比、与学习者的多元需要相比，我们自身还存在不小的差距和问题。一是电大系统追求“短、平、快”的问题依然存在，对未来发展的敏感性、前瞻性和预测性仍显不足，服务地方经济社会发展的能力有待加强；二是低水平建设、重复性建设仍占较大比重，实体化建设依然薄弱，平台还不够完善，办学能力和基础条件对未来发展的支撑力有待强化；三是办学体制机制明显僵化，因历史原因而形成的“二元结构问题”靠既有思维和办法难以有效突破，办学激励约束机制还需进一步完善；四是全市电大系统内地域阻隔明显存在，单兵作战现象非常突出，基层单位开放合作能力不强，全市电大一盘棋、协同能力和效能仍需加强。问题是时代的声音，是改革的动力。电大系统必须积极作为，直面问题，应对挑战。

（二）准确把握转型发展中的问题

伴随着我国及重庆市经济社会快速发展，电大教育就像一部快速前进的汽车，速度虽快，但是耗油大、排放量大。跑了这么多年，如果再这样下去，可能就跑不动了。与其有一天被新能源汽车代替，不如趁现在有条件主动调整，为发展注入新的活力。就现在的形势来看，电大教育真可谓“前有堵截，后有追兵”。然而，很遗憾的是，我们全市电大系统内对此的认知千差万别。有的单位能感知到危机，在积极寻求突围；有的单位茫然无措，随波逐流；有的单位在观望等待，希望有一天喜从天降；有的单位对此不理不睬，真的是“静听不闻雷霆之声，熟视不睹泰山之形”，依然我行我素。这其中一些消极现象的存在，严重制约了基层电大的转型发展，束缚了未来生存的空间，丢掉了推进改革的一些红利。所以，在看到成绩的同时，我们也清醒地认识到在“互联网+”快速变革发展的新时代，全市电大转型发展任重而道远，还存在着种种内部因素制约。具体有以下几个方面：

一是转型发展目标不明。基层电大转型发展形势逼人，时不我待！市电大于2014年在全国率先出台了《关于推进全市电大系统基层电大转型发展的意见》，指明了转型发展的方向，我们很多分校、工作站都在各尽所能地积极开展探索，但同时也有很多分校还是不清楚目标是什么、方向在哪里，不明白最终的落脚点在哪儿，到底发展什么业务、如何发展。很多单位对此好像还没有找到平衡点。

二是转型发展信心不够。早在几年前，电大提供补偿教育的使命就基本完成了，成人教育竞争激烈，生源明显下滑，大家都能切身感到生存发展的压力非常大。近几年，市电大在推进转型发展的同时，加快筹建重庆开放大学试点工作。当然，由于一些原因，现在还无法预料重庆开放大学何时挂牌。但是，教育行业发展具有复杂性、不确定性和不对称性，我们最需要做的，就是把握教育本质，以不变应万变。

三是转型发展思路不清。转型是一个求新、求变、求发展的过程，既有客观性，也有主观性，既涉及过去，也涉及现在和未来。为什么要转？基层电大要生存得更好、发展得更有尊严、存在得更有价值。为此，我们有太多的事要做了，在办学模式、学习模式、办学环境、办学条件、制度建设等方面，都要去改变。而且，转型是一个不断实现的过程，一个阶段的转型成功意味着另一个阶段新的转型的开始。

四是转型发展动力不足。绝大多数基层电大对于“互联网+”时代、智能化社会的需要还不适应，面对内部的需求、外部的压力，还没有想好自己能干什么、该怎么干，没有打造核心竞争力的使命感和紧迫感。当然，由于各种体制原因，有的基层单位没有电大编制，政府赋予的职责主业不是电大，想变革和创新却力不从心，更显得缺乏动力和压力。我们也不排除，有些单位只是把电大教育当作赚钱的生意而已。

五是转型发展措施不多。电大的转型发展，不仅需要我们转变思想观念，更需要我们在保持电大优势的基础上创新教学管理模式、学习方式，满足学习者个性化的学习需求。改革创新，唯快不破，无论是办学条件升级，还是办学模式变革，都要不断适应今天变化的环境。然而，在这方面，有些基层电大还探索得不够深入，办法还不多，措施还不新，发展方式未实现有效的转变，转型升级步履艰难，未实现新的突破。

三、2018 年工作思路及总体部署

2018 年，我们全市电大系统要为新时代电大教育转型发展书写“得意之作”。为此，我们要一起换思路、谋出路、走新路，进一步明确有关问题、找准矛盾、找到方法、推进落实，扎根地方经济社会发展需要，以深化综合改革为契机，一步一个脚印地去探索实践。下面，我提出几点意见。

（一）坚持使命引领和问题导向相统一，确立电大教育工作新坐标

首先，要明确今后电大教育工作的总体思路。面向新时代，全市电大系统要深入学习研究贯彻党的十九大精神和习近平新时代中国特色社会主义思想，在电大教育工作中把准政治方向、提高政治站位。把握新形势，全市电大系统要切实扎根重庆大地，服务地方经济社会发展需要，提升电大教育工作的格局和站位，办好“百姓身边的大学”。站在新起点，全市电大系统要全面总结电大办学近 40 年改革发展的历程和经验，把握好现代远程开放教育的发展规律，深化综合改革，讲好电大故事。认识新矛盾，全市电大系统要深入探讨新时代办好人民满意教育的有效对策，从现实问题出发、从社会需求着手，强弱项、补短板，全面提升办学能力。开启新征程，全市电大系统要着力探索新时代加快电大教育转型发展、提升内涵建设的战略路径，研究推进“一体多元三融合”办学模式创新实践工作。

其次，要抓好电大教育工作的基本方向。科学谋划和理性选择改革方略，最重要的是选对改革的着眼点、落脚点和出发点。十九大报告指出，“我国经济已由高速增长阶段转向高质量发展阶段”，必须坚持“质量第一、效益优先”两大原则，把“提高供给体系质量”作为主攻方向。从重视效率到注重质量，是适应我国社会主要矛盾变化的必然要求，是保持经济社会可持续发展的必然要求。

为此，全市电大系统要坚持“高质量发展”的原则，树立“质量高才是真的好”的集体意识，这是判断和选择相关具体改革策略合适与否的根本标准，也是做好电大转型发展和教育教学改革这篇大文章的根本要点。要将“质量”作为今天改革的全部主题的核心“关键词”，将实现高质量发展作为推进电大转型发展和教育教学改革的核心目标。找准制约电大教育质量发展的突出问题和体制机制障碍，顺藤摸瓜，逐一排查，对症下药，是思考和决策电大教育教学改革方略的一条捷径。

再次，要明确2018年电大教育工作的指导思想。2018年是全面贯彻落实党的十九大精神开局之年，是实施学校“十三五”规划及第二次党代会所确立目标的攻坚之年。全市电大教育工作的指导思想和总体要求是：全面贯彻党的十九大精神，以习近平新时代中国特色社会主义思想为指导，紧扣我国社会主要矛盾的变化，围绕统筹推进“五位一体”总体布局和协调推进“四个全面”战略布局，坚持新发展理念，坚持稳中求进工作总基调，按照高质量发展的要求，以“互联网+双一流”建设为主线，面向优质高职院校建设和重庆开放大学建设，坚持目标导向和问题导向，扎实推进教育供给侧结构性改革，统筹兼顾、突出重点、协调推进，落实“三大攻坚任务”，着力抓好“九大行动计划”和“三项基础性改革”，推动质量变革、效率变革、动力变革，有力有序做好各项工作，促进全市电大教育事业持续健康发展。

（二）坚持转型发展和开大筹建相统一，推进先行先试取得新成效

首先，要坚定电大教育转型发展的目标定位。电大系统当前正处于建设开放大学的战略转型的关键阶段，电大系统的转型发展与开放大学建设，对于既有广播电视大学来说不仅仅是名称的转换，其目的不只在于追求形成一所新型大学，更在于要在终身教育体系建设中发挥枢纽作用，成为大规模个性化开放教育体系的重要组成部分，包括通过组织模式和服务模式的创新，建设成为真正具有“开放”属性的大学，成为区域优质教育资源的集聚、整合和共享中心；通过建设区域教育公共服务平台和“学分银行”，开展学习成果认证，搭建为学习型社会建设提供有效服务和支撑的终身学习“立交桥”。为此，全市电大系统要把向开放大学转型作为自己坚定的目标定位，要深度对接国家和重庆市发展战略，紧紧围绕重庆市“八项战略行动计划”和“三项攻坚战”的战略部署，以信息技术为引领、以需求为导向，坚持以“互联网+双一流”建设为主线，全面深化教育

教学改革和办学体制机制改革，全面增强专业服务社会的能力，扎根重庆大地办“百姓身边的大学”。

其次，要切实推进电大系统的体制机制创新。教育部提出了2020年建设中国开放大学体系的目标。国家必将在总结5+1所开放大学试点建设经验的基础上，加快推进39所省级电大向开放大学迈进的战略转型步伐，因为39所省级电大是构建中国特色开放大学体系的一部分。这一举措必将影响整个电大系统的转型发展，也必将影响国家开放大学的社会认知、质量品牌和探索发展。市电大在积极筹建重庆开放大学的同时，也将以办学体制机制改革为引领，从办学模式创新、人才培养模式改革、现代大学制度建设等方面入手，统筹推进全市电大系统转型发展，在政策上给予支持，在项目上加强引导，在能力提升上加大力度，以“旧城改造+新城建设”的模式，进一步夯实基础、优化结构、规范办学行为体系建设的创新。具体来说，就是一方面要加大培训力度，优化转型发展能力，提高全市电大系统的全要素劳动生产力；另一方面既要进行“旧城”改造，又要进行“新城”建设，还要在“旧城”里面建设“新城”。同时，基层电大要主动作为，思考如何适应新时代发展需求，找准定位、找准方向、瞄准目标、有的放矢，在电大转型发展中进行大胆尝试，为全市电大系统转型发展和开放大学建设提供可资借鉴的基层经验和地方元素，使开放大学建设和电大系统转型齐头并进、相互融合、相互促进。

（三）坚持注重特色和内涵发展相统一，打造办学体系建设新格局

首先，要扎实开展“一校一策”综合改革试点。2018年学校工作重点提出一院一策、一专业一策、一课程一策，包括基层电大一校一策。为什么要这样做？相对于其他类型的教育改革，电大教育的改革已经滞后了。整齐划一的政策，抹杀了办学系统内部成员的个性品格，消弭了内部成员之间的秩序和有机联系，使得电大办学体系沦为同一物质的集合体，不可避免地导致利益的纷争。要破解现存的难题，就特别需要创新发展活力的涌现，特别需要来自一线群众创新的智慧。在电大转型发展的推进过程中，将面临很多新问题、新事务，如果仅从顶层设计入手，只有从上而下一个方向，推动是不够的。所以，我们要将顶层设计与基层实践结合在一起。现在我们有的基层电大在推动转型发展中有一些具体的需求，已经走在了一些单位的前面。既然它们已经有了很好的设想，我们不仅要让这样的积极性表现出来，还要助推这些改革诉求有效落地。基层电大要主动

去思考，站在本校转型发展的基础上，积极争取“一校一策”改革试点，形成基层电大的特色。我们希望以这样的方式，通过这样的努力，打造出我们重庆电大系统的新特色，一起构建充满活力的电大办学体系。当然，市电大肯定会创造条件，支持各基层电大的改革发展。

其次，要有效推进基层电大差异化发展策略。电大近 40 年的发展历史清楚地告诉我们，电大教育长期习惯于对市场的被动适应，游走于高等教育、职业教育的边缘，自身办学实力的提升速度滞后于普通高校，加上管理体制和运行机制的缺陷、系统内部同质化发展以及电大教育游离于地方经济社会发展，严重制约着由广播电视大学到开放大学的转型进程。立足地方，更好地服务区域经济社会发展，将体现地方电大的存在价值，这也是电大转型发展和开放大学建设的重要基点。实施差异化发展战略，引导电大办学体系内成员走特色化发展之路，最终实现办学系统的重构，将成为必然选择。显然，差异化发展的关键在于“特色”打造，关键在于体现地方特色、专业特色和模式特色。具体来说，就是以地方产业发展需求为导向，本着立足地方、扬长避短、多方合作、特色发展的原则，按照项目化方式管理，争取地方政府的支持，市电大、地方政府、行业企业、社会组织等共同建设“特色学院”。“特色学院”建设必将带来办学体系组织构架、运行模式、教学方式的变革，会对原有的办学理念、利益格局产生冲击。当然，“差异化”并不是对“标新立异”的刻意追求，而是对社会和公众需求的主动适应，其前提是科学应针对区域经济、社会进步状况和未来发展趋势，把握地方“特殊”教育需求。

（四）坚持上下联动和内外协同相统一，开创电大教育工作新局面

首先，市电大着力优化制度设计和条件支持。市电大 2017 年底出台了《关于进一步推进电大系统综合改革的若干意见》，抛出了一揽子下一步推进改革的意见。为了切实做好相关保障，市电大 2018 年初又对有关改革任务分解做了明确的要求，分层分块分项研究制定若干配套办法和工作方案。比如，研究制定《重庆广播电视大学关于进一步规范全市电大系统教学及管理工作酬金发放标准的指导性意见》，对电大教育教学组织活动中涉及主要环节工作的合理薪酬提出指导性意见；研究制定《重庆广播电视大学关于大力发展“助力计划”的意见》；优化教学管理业务流程，优化教学中心设置和考点设置，提高学习、教学及管理的灵活性和便捷性；研究制订全市电大系统参与扶贫攻坚工作的配套方

案，形成对有关招生工作和学费减免的系统设计；研究制定重庆广播电视大学《关于特色学院建设的指导意见》，并组织特色学院建设；研究开发全市电大系统师资资源共享数据库，加强课程辅导、资源建设等，指导基层单位开展跨区跨校师资互聘。这些都明确了时间节点和任务要求，挂图打表推进。2018 年，针对全市电大系统发展的关键问题、难题，市电大有关校领导还要分别牵头深入一线、深入基层开展调研，组织分片区专题调研及研讨会，及时发现问题、解决问题。

其次，基层单位要优化改革举措和转型路径。实事求是地看，全市电大系统离转型发展的目标与期待尚有较大的差距，还存在不少突出的问题与困难。各基层单位要对前期转型发展工作实实在在地进行实践总结，在此基础上科学谋划推进改革发展的方向和路径。一要以提高教育质量、增强办学活力、促进整体转型为主线，全面深化教育教学改革和办学体制机制改革，积极探索办学理念、办学模式、教学组织方式、教学管理模式、支持服务模式、团队建设模式、体系建设与运行模式等各方面的创新，突出抓重点、补短板、强弱项，有所为有所不为，突出区域特色、校本特色和局部优势，探索并实践适宜的路径和模式。二要坚持改革创新的发展路径，抓住本单位发展中的主要矛盾、矛盾的主要方面，谋划“一校一策”改革试点，并制订本单位推进改革的具体实施方案，围绕制度、模式、手段、机制等敢破敢立、善破善立，细化分解各项改革内容，并明确任务书、时间表、路线图，落实责任人。三要完善相关工作机制，综合运用绩效考核、经费预算、资源配置等手段，形成改革共识与强大合力，推进改革措施落地落实落细，确保形成理论成果、实践成果、工作成果、应用成果等，确保综合改革各项要求落到实处。

当然，改革不能脱离自身实际，不能游离于自身办学条件建设之外。各基层单位要全面落实实体化建设要求、全面增强内涵式发展能力，要切实增强教学能力建设、切实强化师资队伍建设并有效加强课程辅导能力建设、教学支持服务能力建设、项目开发能力建设等等。市电大要继续推进信息平台建设，提升信息服务保障能力，加强各类数字化教学资源建设，推进共建共享和融合应用，大力推进“学分银行”建设，完善制度，拓深试点，加快大数据应用平台建设，全面加强数据驱动的现代大学治理能力。

同志们，在党的十九大精神和习近平新时代中国特色社会主义思想的指引下，2018 年我们电大教育事业又将开启一个充满希望的春天。我们全体电大人，要树立起新发展理念，为了我们共同的理想，为了电大事业更有尊严，为了远程教育更有价值，围绕我们既定的目标，强化责任担当，深化教育改革，激发转型活力，增添改革动力，不忘初心、牢记使命，将十九大精神扎实落实到我们具体工作之中，全市电大教育工作一定会呈现更加蓬勃发展、欣欣向荣的新局面。

体制机制

开放大学办学体系创新的动力因素及机制研究

南旭光* 张 培**

摘 要：开放大学体系建设是实现“办好开放大学”这一国家教育发展战略的决定性问题，而如何推进办学体系创新则是广播电视大学系统转型升级的核心所在，事关开放大学建设成效和国家终身教育体系建设的全局。只有找准推动开放大学办学体系创新的动力所在，才能激发体系创新活动的基点和工作思路。为此，本文围绕不同利益主体的利益动机和诉求，对开放大学体系建设创新的动力形成机制进行分析，并基于此研究了办学体系创新的外部和内部动力因素，即市场需求、外部竞争、信息技术和政府支持4种外部动力因素和利益驱动、战略协同、内部激励和创新保障4种内部动力因素，进而提出了开放大学办学体系创新的动力要素相互作用的动力机制模型，以期为我国开放大学办学体系创新及具体建设实践提供理论参考和工作指导。

关键词：开放大学；体系创新；动力要素；动力机制

一、引 言

自《国家中长期教育改革和发展规划纲要（2010—2020年）》提出“办好开放大学”这一国家教育发展战略以来，我国开放大学的办学体系建设就成为重要

* 南旭光：教授，博士。主要研究方向为远程教育与职业教育管理。
** 张培：讲师，硕士。主要研究方向为成人教育与职业教育管理。
（注：本书中以脚注的形式简要介绍首次出现的作者。）

的研究课题。时至今日，“以广播电视大学系统为基础建设我国开放大学”成了一种社会共识，现有的“1+5”单位（即1所国家开放大学和北京、上海、江苏、广东、云南5所地方开放大学）也是按照这个模式转型而来的。但现在看来，它们并没有突破原有的格局，不管此中运作如何热闹，给人的感觉，就是从“广播电视大学”到“开放大学”只是换了个名字而已，在办学体系建设上基本没有什么本质变化，而国家开放大学也因为身处“牵一发而动全身”的战略棋局中，还在探寻更好的解决方案。不管是已经挂牌的开放大学，还是立志于筹建地方开放大学的省级电大，其办学体系创新就成为摆在眼前且绕不过去的一个坎儿。我国应该建设一个什么样的开放大学体系？开放大学办学体系需要什么样的创新？应该如何对这个庞大的系统进行改造？便是摆在我们面前的一个个非常棘手的难题。或许正是如此，2014年1月，教育部在其2014年工作要点中明确提出了“推动开放大学系统建设”和“研究广播电视大学系统转型升级实施方案”，这为广播电视大学的转型升级注入了新的动力，也给了社会各界更多的想象。但是，直到现在，无论是从国家层面，还是从地方层面，开放大学体系建设问题依然步履维艰，究其原因，很大程度上就是对开放大学体系创新的动力因素并不清晰，对如何推动体系创新缺乏研究。

从目前掌握的文献来看，由于“开放大学体系”与“广播电视大学系统”之间具有紧密的继承和发展关系，很多研究“电大系统建设”的文献为探索“开放大学体系创新”提供了一些重要的支撑。在加强电大系统建设中需正确处理继承与创新、集权与分权、系统内合作与系统外合作、校本部办学与所属电大办学、电大系统与地方行政系统、加强管理与优质服务、扩大规模与提高质量、电大教育与网络教育、电大与奥鹏、电大教育与高职教育等十大关系[1]，因此，创新体制机制便是开放大学系统建设的必由之路[2]。电大系统若要推进整体转型并融入国家开放大学体系，应该在国家加快开放大学建设背景下围绕理念、实体、战略、顶层设计等角度谋划电大系统整体转型的路径选择[3]。比如，实施垂直管理机制，便是开放大学加强系统建设的一种路径选择，这样可以进一步强化系统建设，提升系统品质，优化系统环境，发挥系统功能[4]。内蒙古电大在筹建开放大学进程中，便基于现行的系统运行模式特征，着眼未来发展趋势，突破传统体制及模式的束缚，探索构建新系统的路径、确保系统畅通运行的职能划分及良好系统运行环境建立的策略，在突破中创新[5]。笔者也曾从构建办学支持联盟的角度研究了推动办学模式及体系运营模式创新的问题[6]。此外，上海开放大学系统建设的经验可以总结为用质量管理保证系统的规范、用文化建设营造系统的氛围、用凝聚力工程促进系统的发展、用共享共赢机制推动系统的建设[7]。但是不管如何，开放大学办学体系建设都必须坚持大学的属性，在办学定位上凸显终身教育体系运行的宗旨，与普通高校错位发展，实行优质资源整合并共享，并形成独有的远程开放大学文化[8]。2014 年 7 月，中国教育发展战略学会组织了中国特色开放大学体系的建立与发展研讨会，就开放大学体系创新问题，也提出要充分发挥社会各方面和高等学校的积极性，在自愿互利、合作共赢的基础上组成新的开放大学联盟[9]。

总之，尽管很多学者从不同角度研究了广播电视大学的系统建设，但是关于开放大学办学体系创新的研究仍然是当前非常关键的主题，是实现“办好开放大学”这一国家教育发展战略的决定性问题。只有创新，才能让我国这样一个远程教育巨型系统重新焕发生机和活力。本文正是着眼于此，拟研究开放大学体系创新的外部和内部动力要素及其相互作用机理，从整体上系统性地把握开放大学办学体系创新，并针对存在的不足和问题提出政策建议以指导具体办学实践。

二、开放大学体系创新的动力形成分析

毫无疑问，系统办学是广播电视大学的特色和优势所在，也是转型发展之后开放大学的发展基础，只是“系统”和“体系”有着明显不同的内涵。笔者曾分析了“电大系统”和“开放大学体系”的区别，指出目前电大系统所遇到的问题必须站在“开放大学体系”的高度上才能解决，并且强调，“办好开放大学”不仅仅是要探索出“开放大学模式”，更重要的是必须架构出一个开放的、运行健康的、有现代远程教育优势的、富含多种特色的、能满足继续教育要求的、适应学习者多样化学习要求的开放大学体系[10]。开放大学办学体系，在逻辑上应该是由各种不同类型、不同性质、不同层次和不同功能的教育机构以及提供相关服务和保障的非教育机构相互联系而构成的一个以现代远程教育为主要使命的集合。

就现在的电大系统而言，尽管其在外部市场经济的冲击下发生了巨大的变化，但是该系统还是沿着计划经济体制下形成的典型的“二元结构”管理模式在运行，地方电大的人、财、物隶属地方行政管理系统，而其教学管理业务却隶

属中央电大，从而使得电大系统与地方行政系统在地方电大这一层面上实现二元交叉[11]。这显然已经不能满足我国开放大学的未来发展需要，需要体系创新，由内而外或者由外而内地，用某种动力或者动力组合，打破目前这种看似平衡实则严重失衡的运行模式，而要这样做就需要研究开放大学体系创新的原动力在哪里。本文所谈的开放大学体系创新的动力机制，就是激发开放大学体系内部不同利益主体的利益动机和诉求，并将这种动机和诉求转化为实现开放大学体系办学目标的推动力，首要的问题就是要分析开放大学体系创新的动力形成。

开放大学体系是一个开放的系统，在该体系中存在着诸多利益主体，国家开放大学，省级开放大学，省级电大及其下属的分校、工作站等是当然的利益主体，但是这个体系应该是“开放合作、多元发展”的系统，政府、企业、合作高校、科研院所等也都是一些基本利益主体。而且，这些开放大学体系中的各相关利益主体都具有自身的核心能力。开放大学（电大）的核心能力体现在已经存在的庞大系统、对教育政策的获取、开放教育的品牌、教学能力建设、学习支持服务等方面，能够充分释放政策的优势，开发出符合市场需求的专业和课程，培养实用技能型高素质人才。政府的核心能力体现在拥有教育政策的制定权、教育资源的宏观调控权，可以为开放大学办学体系创新提供强有力的政策支持，可以引导教育资源的配置，促进教育资源的整合。企业的核心能力体现在需求创造、技术开发、市场洞察力等方面，能够引导开放大学的人才培养符合市场需求，并提供人才吸纳蓄水池。合作高校和科研院所的核心能力主要体现在拥有丰富的高水平教育资源，可以为开放大学体系创新提供强有力的外部智力保障。

在开放大学提供现代远程教育的实践进程中，其办学体系中的各相关利益主体投入各自的优势资源，发挥各自的能力，共同进行远程教育办学体系创新活动，其实质是管理模式创新、运行机制创新、教育方式创新和技术手段创新的结合与互动，是现代远程教育和经济社会发展的深度融合。换句话说，开放大学体系创新的实质是以开放大学为基本载体的诸多利益主体为实现现代远程开放教育的可持续发展而开展的大跨度整合的创新战略联盟组织形式，其动力形成的方向和目标是开放大学办学体系创新能力不断提升、综合实力和办学核心竞争力不断优化，最终形成整个开放大学办学体系（办学联盟）的竞争优势。而中央电大向国家开放大学的战略转型，首要考虑的是办学体系创新和信息技术推动的结合，是以“心”和“芯”为“双核驱动”的，前者注重的是体制机制改革与创新，后者注重的是现代信息技术的支撑[12]。笔者曾提出的由战略协同、组织协同、文化协同、资源协同、契约协同等构成的开放大学体系的协同能力[13]，其实质也就是基于开放大学体系中多元主体优势资源互补与整合而形成的彼此间核心能力的互补与融合。

其实，开放大学体系形成这个核心能力的互补与融合过程，就是提高开放大学体系整体协同创新能力、建立办学联盟竞争优势的过程。在这个过程中，教育资源的创新和动力要素的创新得到有效汇聚，它们通过突破各相关利益主体间的壁垒，充分释放出彼此间各种创新要素的活力，以创造办学体系内外部的协同效应，获取办学体系的整体竞争优势。开放大学体系创新的动力正是能够引发各相关利益主体之间整合各类资源、协调各种要素关系，不断激发整个体系产生协同行为的外部驱动力与内部激励力之间的相互作用机制，并逐渐形成了开放大学办学体系创新的动力模式。

三、开放大学办学体系创新的动力因素分析

开放大学办学体系的发展非单个动力因素作用的结果，而是多种因素交互作用导致的，同时，开放大学办学体系的创新不仅是受外部控制的，也不仅是受内部控制的，同时也是外部作用力和内部作用力交织作用的结果。

（一）开放大学办学体系创新的外部动力因素

开放大学办学体系创新的外部动力是指存在于开放大学体系之外又能推动该体系创新的动力因素，这些因素通过引致、诱导、驱动等方式，对开放大学办学体系创新产生推动作用，是办学体系联盟竞争优势获取的外部驱动力，主要包括市场需求、外部竞争、信息技术和政府支持四种。

1. 市场需求

随着高等教育的大众化，对于高等教育提供者而言，特别是从事现代远程高等教育的机构，它们所面对的市场需求无疑成了自身所有教育创新活动的基本起点。对开放大学这一从广播电视大学转型而来的新型大学体系，源自各类学习者的多元市场需求也必然是拉动、牵引其办学体系创新的主要外部动力。如今正巧处在转型之初十字路口的开放大学体系，只有围绕人力资源的市场需求进行自身教育产品的开发和针对性供给，才会有进一步的发展；只有预期到市场需要培养什么样的人才、需要什么样的教育资源，而自身又不能满足这种需求的时候，才

会有足够的动力去拓展思路、创新方式和方法，并通过与其他相关利益主体开展合作，形成新的办学体系联盟；也只有这样，才能通过办学体系的创新，在资源建设、师资队伍、支持服务等方面彰显集合优势和联动优势，优化体系整体运作水平和效率，响应人力资源市场需求的动态变化，并在激烈的市场竞争中不断寻求突破和可持续发展。

2. 外部竞争

在市场经济条件下，市场机制是任何经营单位不可回避的资源配置方式。在计划经济体制下成长起来的我国广播电视大学，也必然逐渐抛下转型为开放大学的光环，带着自身现代远程开放教育提供者的标签走到市场的面前。这是一个存在诸多竞争者的领域，不再是当初电大“一家独大”的垄断市场了。因此，市场机制下的外部竞争压力也就成了激发开放大学办学体系创新的重要外部动力因素。在市场竞争压力下，依靠单一的“大学”是很难独善其身的，想象着原来固若金汤的办学系统依然能稳固如旧也是一厢情愿的事。开放大学要寻求办学体系的创新，必须在办学实践中将与自身同质性的或者异质性的其他相关利益主体纳入自身的体系之中。充分利用它们的资源和能力，通过与它们联动，发挥互补协同效应，促使开放大学体系伴随着创新集成活动而更加有效地运转，营造出持续的发展动力。外部竞争对于开放大学体系创新的促进作用还表现在：一是促使开放大学战略联盟体系中各相关利益主体为获取长期的竞争优势而不断强化自身的危机意识与进取意识，不断更新观念，由内而外自发地开展体系创新活动。二是促使开放大学战略联盟体系中各相关利益主体密切关注教育市场，准确预测教育市场，精确把握未来的发展趋势，形成一个坚强的利益共同体。

3. 信息技术

众所周知，现代远程教育的发展是随着信息技术的进步而不断发展的，信息技术和教育教学深度融合也已成为一种普遍共识和开放大学的能力建设理念。在当今新的信息技术不断变革、对生产力的促进作用越来越明显的背景下，开放大学及其所从事的现代远程教育不仅对外部信息技术的供给已经产生了更为迫切的需求压力，而且也由此产生了体系创新的动力。信息技术的变革，让原本支持远距离教学的手段越来越先进，相对分离的学习者之间距离越来越短，时空割裂的学习环境越来越人性化，从而促使开放大学办学体系必须进行创新，否则就难以在激烈的市场竞争中生存与发展。信息技术已经成为推动开放大学办学体系创新的重要驱动因素，这种动力作用有以下几种路径：一是新的信息技术能够诱使开放大学的办学战略联盟体系更有效地开展管理模式和运行机制创新，并将新的信息技术带来的教育产品供给投入人力资源市场；二是新的信息技术的出现，会促使学习者改变学习方式和学习需求，会缩短开放大学办学体系的链条，诱致该体系自发进行渐进性创新，为自身发展积累能量；三是信息技术具有一定的用户导向，在促进开放大学办学体系创新的同时，也会因为该体系的创新产生跟随作用，反过来推动信息技术在某个特定的领域进行创新，形成开放大学办学体系独有的技术支撑，这样形成一定的技术垄断，典型的就是平台优势，也形成一种新的办学体系创新动力。

4. 政府支持

在中国，政府或者教育行政部门是开放大学体系形成的初始推动者，也是体系创新的政策提供者，开放大学的建设本身也是基于“政府主导”模式进行的。开放大学体系创新，就要涉及整合各行各业教育资源，谁能做到？如果没有政府的支持，政府的责任和主导作用得不到彰显，这在目前几乎是无法想象的。依托电大系统组建开放大学，必须有政府层面的整合统筹，政府应着力提供政策制定、组织保证、经费投入这三种保障[14]。也就是说，政府支持是推动开放大学办学体系建设及其创新的重要支撑力。政府支持，其实也就是政策支持，对开放大学办学体系创新的动力作用主要表现在政策激励与行为引导两个方面。一方面，政府的政策激励是开放大学体系创新不可或缺的重要动力，在某种程度上也注定会成为最重要的外部动力。政府通过制定政策激发各相关利益主体产生办学体系创新的欲望，产生探索办学体系创新的动力，也对开放大学体系建设及创新提出要求，指明发展方向。另一方面，政府的行为或者政策，具有明显的纽带作用，可以在调动、整合、利用社会资源方面发挥重要的引导力。要知道，我国的开放大学并不是商业化运作的营利性高校，依然是属于政府官办的，开放大学自然也希望通过政府的主动或被动的撮合及推动，整合相关利益主体，共筑一个大一统的新的办学体系，形成一个战略联盟，以此来获取办学利益，形成核心竞争力。

（二）开放大学办学体系创新的内部动力因素

开放大学办学体系创新的内部动力是指存在于开放大学办学体系内部又能主动地诱使该体系不断创新的动力因素，是开放大学体系创新活动的内在行为动力，这也是开放大学办学体系联盟竞争优势获取的基本动力，主要包括利益驱动、战略协同、内部激励和创新保障4种。

1. 利益驱动

作为经济主体的社会角色，不管是个人还是机构，在采取某种社会行动时，都会受到某种利益的驱使，这是经济学的基本原理，从事远程教育的开放大学也不例外。因而，对于开放大学体系内的每一个利益相关者，对利益的追求并实现利益必然是促使该体系进行创新性建设的内在驱动力，而且在所有内部动力中起着主导作用。如今，整个电大系统所关心的，就是市场经济机制产生的外部经济利益的驱动使得电大系统产生了一些不稳定因素，其关键就在目前的利益驱动机制失去了效能。所以，研究电大系统再造策略时首先就应该考虑“没有利益就没有动力，没有奖惩就没有活力”这个原则[15]。当然，一个新的有活力的开放大学体系还不能停留在各级办学单位的层面上，其他利益相关者的利益也都应该得到保障。一方面，不要以为教育就是一个脱离了经济利益之外的神圣的行业，实现各相关利益主体的利益最大化应该是推进开放大学办学体系创新的首要目标。体系内不同属性的主体，如政府、企业、合作高校、中介机构等因利益分享机制的有效发挥形成互动，促使整个办学体系联盟可以产生协同效应，各利益主体的技术、人才、市场、信息等资源优势可以顺畅地得到整合和利用，产生并获取各自的办学收益。另一方面，切不可将利益单单指向经济收益，非经济的收益也是各利益相关者所关心的。体系创新就是要根据各主体各自的特点形成战略联盟契约机制，建立起激励约束机制，比如，在合作体系内提供技术支持的企业可以通过开放大学体系将其技术创新转化为现实的生产力，不但可以带来社会的认可，还可以挖掘潜在的客户，树立良好的社会形象，这可能比在该体系内获得经济收益更有价值。

2. 战略协同

不管是一个松散的组织形式，还是一个高度集权的组织架构，都必须有一个明确的整体战略设计，这是各利益主体之间形成协同效应的纽带。开放大学体系无论如何创新，都必须要求各相关利益主体明确该体系的战略目标及战略规划，能够在理念上共享战略愿景，能够在行动上与该体系保持高度的一致性和协同性。即使各利益主体的属性不同、背景差异巨大，在开放大学办学的认识上也要将认知统一于整个大学体系的顶层设计。而这样一种战略协同将对开放大学体系内各相关利益主体的价值取向和行为取向起到引导作用。某种意义上，战略协同成为开放大学办学体系创新的重要牵引力，但是这个牵引力是需要许多条件作为保障的，比如，如果不能在相关利益主体之间形成共同认可的“多边”的行为规范，如果不能形成一种群体价值观和共同遵守的办学理念，如果不能在办学实践中达成一种契约，促使各类资源有效配置，那么战略协同牵引力便不能最大限度地支持开放大学办学体系创新的实现。换句话说，在开放大学办学体系创新中，各相关利益主体都应该找准自己在体系创新链条中的角色定位，围绕整体战略，实现资源链条、技术链条、专业链条、师资链条、产业链条等的有机衔接。而一旦战略协同得以形成，就会成为重要的牵引力引导各相关利益主体的单独行为形成一致性和协同效应，开放大学办学体系创新便能达到预期的目标，推动办学体系联盟科学运转。

3. 内部激励

辩证唯物主义强调，内因是事物发展变化的内在依据，决定事物的性质和发展方向，而外因是事物变化发展的外部条件，通过内因起作用。也就是说，面对一定的外部环境的时候，一个组织的真正发展动力源自组织内部，外部动力更多的是提供了一种机遇。著名管理学家切斯特·巴纳德强调“在所有类型的组织中，为成员提供恰当的激励成为压倒一切的任务”。所谓内部激励，是为了使开放大学体系内所有利益相关主体的行为与该体系的战略发展目标兼容，并可以充分发挥各利益相关主体的潜能而执行的一种制度框架。内部激励通过一系列具体的大家共同认可的行为规范以及按照各利益主体生存与发展的要求、价值观等要素设计出的激励约束制度及一揽子契约来运转。这种内部制度框架或者说内部管理体制和运行机制就开放大学体系创新的内在激励动力。在当前电大系统向开放大学体系转型的实践过程中，可以看到，起主导作用的还是电大系统内的发展诉求，这是激发开放大学体系升级发展的核心动力要素。比如地处我国西南边陲的云南广播电视大学就是通过激励内部士气、形成众志成城的开放大学创建氛围，突破各种外部阻力，打破了原来分崩离析的云南电大系统，通过创新机制而建立了新的云南开放大学体系，才得以加入第一批开放大学建设试点行列的。

4. 创新保障

对于开放大学体系而言，能够抓住现代远程教育市场的机遇，重新组织教育资源和相关要素，建立起效能更强、效率更高和费用更低的运行机制，从而推出新的教育产品、开辟新的教育市场、建立新的组织形态等，就是体系创新。开放大学办学体系创新是一个综合的多元化的概念，是和合作办学、人才培养机制、办学投入模式、管理体制等分不开的。比如，可以寻求顶层设计上的重大突破，实现远程教育和职业教育的沟通、职前教育和职后教育的衔接，实现学历证书教育与职业资格证书体系的互认，实现教育和产业的互动，实现学分银行的“立交桥”机制，实现教育产业和非教育产业的联姻等；还可以吸纳行业企业、教育机构、社会团体等组织的参与，整合多种教育资源，以开放、灵活、多样的方式，根据相应的条件和可能，采取联合组建、合作共建、自主新建等多种模式建设基层学院或学习中心，重组办学系统，优化开放大学办学体系；这些都有可能实现开放大学办学体系的创新。但是办学体系创新不是一蹴而就的，必然要依赖于开放大学自身的创新能力，也需要各种内部的、外部的资源和条件的配合及保障。开放大学体系内部的发展意愿越强，越有可能形成创新的动力，其体系创新能力也就越强，从而越有可能实现体系建设的创造性实践模式，对体系创新的保障力也就越大，对办学体系联盟协同过程稳定性的维护就越强，开放大学体系可持续发展的能力就越强。

四、开放大学办学体系创新的动力机制模型

在对开放大学办学体系创新的动力形成和动力因素进行分析的基础上，可以总结出如图 1 所示的开放大学办学体系创新的动力机制模型。从图 1 可以看出，驱动开放大学办学体系创新是内外动力因素共同作用的结果，内部动力是推进开放大学体系创新的直接动力，外部动力则作用于开放大学办学体系创新的内部动力，二者交互作用，形成开放大学办学体系创新的综合动力因素组合，在这些内外动力因素的多元互动作用下，才能最终引致开放大学办学体系的创新。

（1）在外部动力方面，市场需求是开放大学办学体系创新的出发点，是驱动开放大学办学体系创新的基础客观环境动力，也是办学体系创新的最终目标。

外部竞争压力则通过教育市场的竞争引发开放大学办学主体的危机感，从而刺激各利益相关主体进行体系创新的组织预期，变压力为动力。信息技术则通过几种不同的路径与现代远程教育深度融合，为开放大学体系积累连续的、高级化的技术竞争优势。政府支持则通过制定一系列有利于推进开放大学体系创新的政策法规，营造出体系创新的良好环境。在这四种外部动力共同作用下，开放大学

办学体系创新就形成了完备的外部动力机制，市场需求拉力是基础动力，外部竞争压力是刺激动力，信息技术推力是发展动力，政府支持撑力是整合动力。

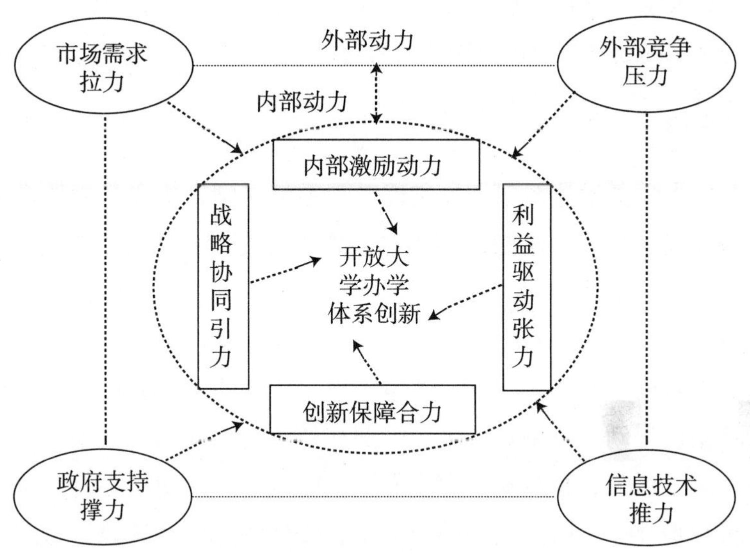

图 1　开放大学办学体系创新的动力机制模型

（2）在内部动力方面，利益驱动是开放大学办学体系创新的最根本内动力，在所有内部动力中起主导作用，是促使整个办学体系联盟产生协同效应的基础。

战略协同强调开放大学办学体系内各相关利益主体的共同期望，以形成长期、稳定、互惠、共生的协作关系，各自实现目标利益，共同彰显开放大学体系的社会价值。在预期利益获取的驱动下，在战略目标协同一致下，开放大学办学体系的内部激励动力，不管是经济利益方面的还是社会声誉方面的，均成为开放大学办学体系创新能够顺利推进的制度规范保障；而创新保障体现了各利益相关主体间的核心能力和优势资源的融合程度，是开放大学办学体系创新顺利实现的核心能力保障。这四种内部动力实质上都是双向调节的，共同形成了开放大学办学体系创新的内部强大动力源泉。

开放大学体系的运行及其内部各子系统之间的相互关系是客观存在的，同时又可以被主观能动地去改造。研究开放大学办学体系的创新，无疑应从创新的动力机制入手，着重分析体系创新的内外部动力要素，搞清楚开放大学办学体系建设中的创新动力传导机理，目的是希望通过人为的外部干预和内部调控，提高开放大学办学体系创新的有效性。由于内部动力的存在，促使开放大学体系内部各要素主动地积累自身的体系创新能力，从而产生创新行为；而由于外部动力的作用，使得开放大学体系与时俱进地多角度开展创新行为，否则该体系就难以在现在竞争日益激烈的远程教育市场中获得可持续发展。

五、结束语

我国开放大学办学体系创新是实现电大系统转型升级以建立面向未来、与世界远程教育发展规律接轨的新型大学的需要，是提升开放大学核心竞争力、树立开放大学体系整体协同能力的需要，也是我国发展战略的选择。但是，从现有的“5+1”试点单位来看，实际效果并不好，在体制、机制、结构、法规等方面都面临着诸多困难和问题，体系建设及创新的进展缓慢，这在很大程度上是由于体系创新动力机制的缺失，内部和外部的各动力要素不足，或是因为外部竞争束缚了手脚、政策支持力度不够、信息技术的使用不畅，抑或是因为利益驱动机制不健全、内部激励动力不强、战略协同作用低效、保障能力不够等。面对这些问题，我国开放大学办学体系创新还有很多问题需要解决，要围绕体系创新的动力机制，多管齐下，以夯实内外部的动力基础。比如，要积极争取政府健全政策法规，以创设良好的外部动力环境，规划和引导开放大学办学体系创新的模式；开放大学自身也要大胆探索办学体系创新试点实践，以创造良好的内部动力环境，积极推进办学体制改革和管理模式、运行机制创新。唯有如此，才能为真正实现我国开放大学办学体系的创新铺平道路，才能将体系建设实践落实到实处。

参考文献

[1] 李光先. 论电大系统建设中的十大关系 [J]. 江苏广播电视大学学报，2008（3）.

[2] 李晓丹. 云南开放大学组织架构与系统建设的思考 [J]. 云南电大学报，2011（1）.

[3] 吕志江. 国家开放大学建设背景下电大系统转型的路径选择 [J]. 湖南广播电视大学学报，2012（4）.

[4] 柯白杨. 实施垂直管理是开放大学系统重构的路径选择 [J]. 福建广

播电视大学学报，2013（4）.

[5] 薄进军，周秀清，张文忠. 开放大学背景下系统运行模式的承继与创新[J]. 广播电视大学学报：哲学社会科学版，2013（2）.

[6] 南旭光. 开放大学办学支持联盟构建及发展机制研究[J]. 中国电化教育，2014（10）.

[7] 张德明. 开放大学系统建设：实践与思考[J]. 开放教育研究，2014（4）.

[8] 孙先民，李萍萍，刘仁坤. 论开放大学办学体系建设的基本要素[J]. 现代远距离教育，2013（6）.

[9] 杨桂青. 中国特色开放大学体系的建立与发展研讨会召开[N]. 中国教育报，2014-07-18（3）.

[10][13] 南旭光. 我国开放大学体系协同能力生成模式研究[J]. 中国电化教育，2013（1）.

[11] 邵南. 旗舰战略：省级远程教育系统建设的变局策略研究[J]. 现代远程教育研究，2004（4）.

[12] 张少刚. 感知现代远程教育与国家开放大学[J]. 电化教育研究，2012（7）.

[14] 罗崇敏. 建设开放大学，政府做什么——建设云南开放大学的政府责任与主导作用[J]. 中国远程教育，2011（3）.

[15] 胡继明. 新时期广播电视大学系统的反思与再造研究[J]. 中国远程教育，2013（6）.

开放大学价值网络建构及发展策略研究

——一个基于利益相关者框架的分析

张 培

摘 要：作为一种专业提供远程教育的新型大学，开放大学无疑是一个复杂的利益相关者组织。本文从市场需求、外部竞争、信息技术、资源情况等不同视角分析了开放大学发展的环境变化，主张从利益相关者角度打造多元化的开放大学价值链，构建了以共同利益为核心、以价值创造为导向、以战略目标为指引的开放大学办学体系价值网络，并基于此对开放大学建设与发展提出了一些对策建议，阐释了有关战略性和策略性构想，以期为我国开放大学的发展提供参考。

关键词：开放大学；利益相关者；价值网络；发展策略

一、引 言

"办好开放大学"是《国家中长期教育改革和发展规划纲要（2010—2020年）》提出的一项教育发展战略，事关我国远程开放教育的健康可持续发展和终身教育体系的构建。正是基于此，如何推动广播电视大学转型升级以建设我国开放大学体系成为一个备受关注的话题。而开放大学体系是一个更为开放的办学系统，在逻辑上应该是一个由各种不同类型、不同性质、不同层次和不同功能的教育机构以及提供相关服务和保障的非教育机构相互联系而构成的以现代远程教育为主要使命的开放的集合，其实质应该是以开放大学为基本载体的诸多利益主体"纵横交织"而构成的战略联盟组织形式[1]。换句话说，开放大学是一个由诸多利益相关者组成的实施现代远程高等教育的社会机构。因此，广播电视大学要实现顺利转型、开放大学要实现可持续发展，就必须密切关注到其生存发展环境中广泛存在的利益相关者，并将它们纳入发展战略以及发展策略层面进行统筹管理。

所谓利益相关者，就是指能够影响一个组织目标的实现或者能够被组织实现目标过程影响的人[2]。这是爱德华·弗里曼在其著作《战略管理：利益相关者方法》中所给出的一个有关利益相关者较为广义的定义。随着现代经济社会结构的调整和教育格局的变化，我国高等教育已经置身于多样化时代和利益相关者时代，那些能够影响大学战略的实现或被大学战略的实现过程所影响的个人或群体，比如教师、政府、管理者、学生及其家长、校友、捐赠者、债权人、用人单位、其他高校以及社区等“与大学有利害关系的人或群体”，都是大学的利益相关者[3]。事实上，对于不同的大学而言，其利益相关者群体是各不相同的，它们的特质有较大差异，利益诉求千差万别，所需的管理及实现方式不可能一致，更为重要的是，这些又都是随时间、信息、政策等因素而不断动态变化的。所以，大学的发展就是要在动态变化的环境中，统筹协调各类利益相关者，明确自己的战略方向，制定符合时代要求和要素适应性的发展规划。作为世界远程开放大学模范和标杆的英国开放大学，在其发展历程中，前后发布了《英国开放大学》《三十年后的开放大学》《英国开放大学的优先发展战略》《英国开放大学的未来场景预测》等报告，在大学使命、核心价值、优先战略和聚焦领域等方面都始终如一地关注如何更好地处理与内外部利益相关群体的关系[4]。可以说，这所世界顶尖的开放大学从未放松过围绕利益相关者对自身发展的有益探索。

在国内远程教育领域，也有学者从不同角度阐述了广播电视大学转型发展和开放大学建设应该充分考虑外部战略合作伙伴关系的打造。国家开放大学孙福万教授认为，开放大学的建设与发展要充分利用原有广播电视大学的系统，同时利用社会力量建立起外部支撑体系，以契约形式在更大范围内开展合作[5]。通过整理分析英国开放大学、日本放送大学、美国凤凰城大学、德国哈根远程教育大学、香港公开大学等世界上知名的5所开放大学发展历程，就会发现开放大学未来发展战略必须要与国内外著名高校、政府部门、行业、企业等建立紧密联系，建立有效合作机制，促进优质教育资源的共建共享[6]。实际上，对于开放大学而言，随着社会化分工的更加专业化和精细化，办学过程中所面对的内外部关系日益复杂，更需要研究如何将身处其间众多的单位、不同的层次及不同的要素加以有机整合，通过战略协同、文化协同、组织协同、资源协同、契约协同等打造出开放大学体系的协同能力[7]。但是，遗憾的是，直接从利益相关者角度探讨开放大学发展策略的研究并不多。

总之，随着开放大学生存发展的环境所发生的变化，我们应该以一种全新的发展观思考开放大学建设，整合利用各类资源，与外部社会力量建立最广泛的合作关系，站在利益相关者的视角上关注开放大学的办学支持伙伴。为此，本文引入利益相关者理论，拟站在利益相关者视角上构建开放大学价值链，并在此基础上思考开放大学的战略构想和策略选择。

二、利益相关者视角的开放大学发展环境变化

把利益相关者理论引入开放大学发展问题上来，是对外部环境的视野拓展，也是内部管理模式变革的需要。这是因为，开放大学作为专业提供现代远程教育的新型大学，随着现代信息技术的飞速发展，所面临的运营环境，特别是学习方式、办学模式、管理体制等都会发生巨大变化，将动态改变领导者、教师、学生、合作者、政府、社会公众等更广泛的利益相关者关系。主要体现在以下几方面。

（一）远程教育的多元化需求持续增长

随着时代的发展，开放大学的学历补偿教育已近强弩之末，且社会不再提倡单一的精英教育模式。远程开放教育逐渐成为教育大众化、普及化的产物。随着经济的发展，人们期望通过再学习满足个人成长和发展需要，远程开放教育需求持续增长。同时，学习者的需求呈现多元化态势，其价值观也呈现显著地向个性化、定制化方向发展的趋势，对远程教育的功能性定位越来越高。学习者不再单一期望得到灌输型的教育产品，更加期望积极参与到产品设计和开发中。此外，作为学习者的最终雇佣者，社会用人机构也会表现出对远程教育的多元化需求，开放大学要能够提供真正满足市场需求的教育产品和服务，无缝对接企业、行业、产业的用人需求。作为提供远程教育服务的开放大学，满足学习者和用人单位不断上升的教育需求和期望是绝对不容怠慢的事情，必须从学习者角度考虑利益诉求与需求。

（二）远程教育领域市场竞争空前激烈

远程教育市场竞争新格局初步形成，开放大学、普通高校、其他教育机构等

都是其中的参与者。2014 年初的国务院常务会议就明确提出取消和下放“远程高等学历教育网校审批”，这在长期必然激发各远程教育办学机构以更高质量的教育赢得市场，该领域的竞争也将变得更加激烈。同时，在非学历教育领域，民办教育机构发展十分凶猛、迅速。目前，国内多家民办教育机构从系统标准、教学产品、人才培养、市场营销、客户服务、收入分配等方面规划自身发展策略，同时与国内外知名高校建立战略联盟，增强自身核心竞争能力，为其可持续发展提供更好的平台。在全球化大背景下，国外知名的开放大学也进入了中国远程教育领域。开放大学无疑面对着一个多维度的竞争格局。这样的背景令处在开放大学竞争链条上各个利益相关者的诉求就必然出现多元化、不稳定的态势，尤其是办学体系内的基层办学单位，需要开放大学切实站在它们的角度上思考自身发展问题。

（三）教育信息技术创新革命越来越快

教育信息技术的运用解决了现代教育的时空障碍问题，也彻底地改变了固有的传统教育模式。信息技术的每一次进步都给教育事业带来了质的飞跃，信息技术在教育教学工作、教学管理工作中的一步步渗透都使得传统的教学模式得到了有益的补充。如国内很多高校在推行大规模在线开放课程（MOOC）建设时对平台建设、课程建设、机制建设等方面进行全方位的探索，形成了一股推动整合教育资源的贡献力量。开放大学作为承担公益性远程教育的高等学校和公共性终身学习服务平台，必然要跟随教育信息技术革新的步伐，以前瞻性的态度关注教育技术，加快教学产品、教学模式的探索和更新，通过不断地学习教育新技术，开发受欢迎的教学产品，研究全新的知识传播模式，提供方便学习者的学习方式。如此，信息技术和中介服务层面（如平台提供商、资源提供商、考试服务商、物流供应商等）的利益相关者对开放大学发展的影响会越来越大，必须要纳入开放大学自身价值链并加以协同考虑。

（四）开放大学对外部资源的依赖性加剧

任何一个社会组织，内部资源都是有限的，开放大学建设和发展不可避免地越来越依赖外部资源，如依赖从政府处获取的资源、社会机构提供的资源、合作伙伴提供的资源，甚至竞争者和学习者的资源。资源本身的特性决定了一个提供教育服务的组织的资源具有相对稳定性和绝对动态性，这就好比开放大学在建设过程中必然得到教育部、各级政府、办学合作伙伴、社会公众的支持，但其获取这些资源的优势是在原有的办学系统基础上形成的。着眼于未来发展，开放大学必然要在原有系统上重新定位和重新规划，通过对原有资源系统进行重构，并引入外界其他外部资源，实现办学体系的多元化发展。而这些提供外部资源的利益相关者必然通过影响开放大学的资金、招生、就业、知名度和人才等资源持有状况，从而影响开放大学的竞争优势。所以，开放大学必须借助外部利益相关者实现自身和利益主体的共同发展。

三、基于利益相关者的开放大学价值链重构

基于以上对开放大学发展的现实背景分析和研究，本文提出要从利益相关者的视角打造多元化的开放大学价值链，构建以共同利益为核心、以价值创造为导向、以战略目标为指引的开放大学办学体系价值网络，进而围绕利益相关者特征寻找开放大学价值链下的发展策略。该价值链网络如图 1 所示。

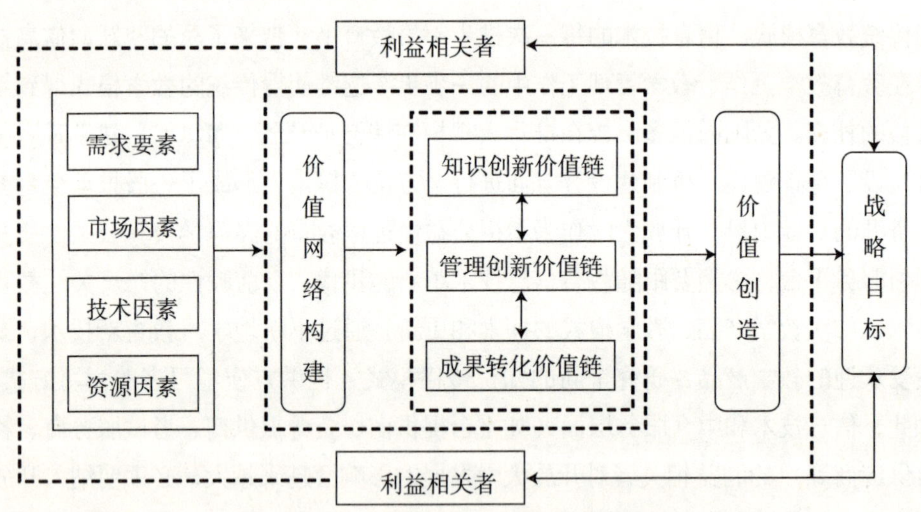

图 1　基于利益相关者的开放大学价值链网络

任何社会组织发展都需要战略目标、战略愿景支撑。一个统一的战略目标或战略愿景，可以协调利益相关者的各种力量，协调一致地开展活动。开放大学作为一个从事现代远程教育的大学体系，必须在体系内达成统一的战略愿景，保证该体系的各利益相关者清楚发展的方向，保持与该体系战略发展的一致性。开放

大学作为一个具有完整意义的大学体系，战略目标和愿景的实现必须通过一系列的教学、管理、服务支持活动来支撑，在具体的活动中要综合利用各利益相关者的优势，使学校发展得益于学校在开展人才培养、科学研究和服务社会等教学和管理活动中与利益相关者的互相作用，通过发展有利的利益相关者关系对开放大学战略发展产生积极的影响。同时，本文认为，开放大学的利益相关者将在知识创新价值链、管理创新价值链、成果转化价值链等三条价值链中发挥作用。所以，在战略愿景指导下，开放大学要充分考量各类影响因素，打造包含以上三条价值链在内的开放大学价值创造网络，促成整体战略目标的达成，实现各利益相关者的利益最大化。

（一）知识创新价值链

开放大学首先是一个提供远程教育、服务全民终身教育的平台，是一个学术类的教育性社会组织，这就决定了实现开放大学战略发展必须建立知识创新价值链。一方面，通过与其他成员联盟，搭建信息共享平台，汇聚其他成员的优质学习资源、课程资源、专业建设成果。另一方面，通过各领域、各组织和群体的交流、互动、合作，知识在不断的交互转化过程中创新。知识创新价值链的构建一般是这样一个过程：不同地域的开放大学之间、系统内成员与高校之间、开放大学与其他社会组织（国内外教育机构或非教育机构）之间通过资源共享、资源共建、项目共建等方式开展学科专业建设、课程资源、学习资源等方面的交流合作，在合作的过程中体会不同的学习形式和文化氛围，习得彼此的优势知识资源，获取对方获得成功的思路和方法，在交互的基础上形成自身新的知识系统，经过知识层面的交流互动，最终参与联盟的各利益相关者都能有效地提供知识创新。开放大学通过这条价值链可以实现知识的开放输入，吸收新的优质资源改善教学环境，同时借助新的科研平台提高开放大学的科学研究水平。在开放大学知识创新价值链的构建和运行过程中，也增强了联盟范围内各利益相关者在科研领域、教学领域之间的学科和科研知识创新。

（二）管理创新价值链

这里讲管理创新，是指对资源的管理创新。前面讲到，在远程教育需求持续增长和教育大众化的大背景下，办学资源是制约着远程教育发展水平和教学质量的重要因素，办学资源不充分和利用不充分同样成为开放大学发展过程中面临的两个很大的现实困境。要解决这两个困境，需从以下两方面入手。一方面，开放大学与各利益相关者协同建立资源管理层面的价值链提升对资源的开发和利用能力，通过契约方式实现办学资源在组织内部流动，最大限度地发挥有限的办学资源在人才培养、发展科学和服务社会活动中的作用；另一方面，开放大学集结体系内各级办学单位的力量来影响自身发展和结构优化。由于各级办学力量的办学资源呈现出异质性、特色性等特征，且办学资源、师资队伍、学科资源发展不均衡，这就需要各办学单位根据自身的条件和资源优势，各取所长优化系统内部资源配置，通过有效组织内部的互动促进共同的发展，实现共同的利益。这两方面包含了横向联盟和纵向合作，不仅可以促进办学资源的有效流动和充分利用，更可以通过联盟和合作的力量创造出新的资源管理开发和利用形式，增强利益相关者各方的资源竞争优势。

（三）成果转化价值链

办好开放大学，实质是让开放大学创造出新的价值，这里的价值不仅仅是实现知识创新，而且必须是实现价值转化以增强社会服务能力。知识成果转化需要在知识的物化、经济化和社会化过程中实现。建立以利益相关者为成员的战略联盟形式，是旨在通过知识在人才培养、科学发展和服务社会活动中的生产、使用和扩散过程，实现知识成果转化。在人才培养方面，开放大学与其他教育机构联盟以促进课程资源、学习技能的深度交流和开发，提高学生对知识的消化能力；与企业之间联盟以促进学科知识、学习技能的传播扩展转化为学生的实践能力，提升人才培养的质量。在科学发展和服务社会方面，主要是通过产学研的战略联盟形式构建知识成果转化价值链，使知识、科研价值转化为知识的经济价值或社会价值。参与成果转化价值链的利益相关者可利用学科知识或科技手段，进行战略规划、制度创新、技术开发、生产革新层面的交流，共同解决经济和社会发展中面对的现实问题，这将符合利益相关者的共同利益。地方经济和社会的发展需要开放大学的专业人才、技术、科技创新能力和人才培养能力；开放大学的发展需要地方政府的资金、土地和政策等扶持，需要企业为教育服务提供支持，需要其他社会力量的共同参与。高质量的合作和联盟将实现开放大学和地方政府、企业、其他社会组织的共赢。开放大学战略发展之路必须打破原有封闭的电大系统，由电大系统内部办学扩大到行业、企业办学，将办学扩展到为更多高校、其他教育机构、行业、企业、地方提供教育支持服务，直接为社会服务。

四、利益相关者视角的开放大学发展策略

如今的开放大学所面对的组织业态的竞争，不再是单枪匹马的竞争，也不是单打独斗的竞争，更多的是系统与系统之间的竞争，是整个价值链与价值链之间的竞争[8]。开放大学要顺利地构造、维护其价值链网络，必须关注该生态环境中更广泛的利益相关者。对于如何集合各利益相关方的力量，实现开放大学发展蓝图，本文提出以下几点建议。

（一）共同参与制定符合自身特征的战略框架

开放大学要实现快速发展，就应制定符合自身特征的战略框架，不仅要让各利益相关者知晓，更重要的是要其参与战略框架的设计。很多企业的做法值得借鉴，如惠普公司、施乐公司在处理与供应商之间的关系时，与它们一起分享蓝图，将供应商纳入产品策划小组之中。同样地，开放大学也应主动关注利益相关者的诸多问题，如预测并主动关注其特定利益，或者其在开放大学建设中将发挥的作用等。我们在这里把开放大学的利益相关者分为契约型和公众型。契约型包括管理者、教师、学生、其他高校、企业、能够提供服务和保障的非教育机构等；公众型包括政府部门、全体社会公众、公众媒体、相关社区等。针对契约型利益相关者，通过设计契约框架，明确合作的宗旨、合作的目的、合作的方式以及相互之间的权利和义务；针对公众型利益相关者，通过建立制度框架，使各利益相关者成为开放大学办学支持共同体，把资源共享、渠道共建、人才培养和产学研合作贯穿于整个办学支持合作过程中，开展人才培养和社会服务。总之，不管是契约型还是公众型的利益相关者，我们都需要与其共同设计实现开放大学发展战略应该做些什么、从什么方面开始入手、选择怎么样的模式运行，最终形成战略层面的利益相关者之间的互动共赢。

（二）建立需求导向的合作机制

开放大学的利益相关者很多，要使每一个都参与到价值链中并产生自身的作用，需要了解包括大学管理者、合作者、教师、学生、政府、其他高校、非教育机构、企业、社会公众等在内的所有利益相关者的需求并对其实施需求导向的管理策略。需求导向的管理策略以系统为载体，合作可以是全方位的，也可以是局部的，只要符合开放大学办学理念、顺应发展需要、存在共同的利益基础，就具

备合作的条件。根据马斯洛的需求层次理论分析，利益相关者的需求也表现出“由低向高”的递进规律，但由于利益相关者所处的环境、自身发展能力存在千差万别，导致其需求层次是错综复杂的。在制定管理策略时，首先，以较低层次需求的满足为基础，进而追求较高层次的需求；其次，在资源受限的情况下，不是所有利益相关者的需求都能被满足，这时要在厘清思路的基础上有计划有步骤地将所有需求排出顺序并加以考虑，抓住关键性的影响战略实现的因素，更多地关注其环境中控制着关键资源的组织和群体的需求；再次，利益相关者之间不是完全独立的，相互之间存在千丝万缕的联系，这就要求管理策略要以满足利益相关者需求的协同度为依据，追求满意度之间的平衡，唯有这样，才能集合利益相关者的力量，服务于价值链的创建、维护和开放大学发展。

（三）建立利益共享和风险共担机制

开放大学是一个复杂的利益相关者组织，而影响价值链合作关系的一个很重要的问题就是利益分配问题，因为利益分配是开放大学价值网络合作关系形成、实现价值创造最直接的驱动力，所以这其中存在的潜在逻辑和战略选择必然要求建立利益共享、风险共担的激励约束机制。当然，在利益相关者的激励约束机制中，我们需要注意以下几个问题：第一，不同的利益相关者对价值链的贡献不同，拥有明显核心能力的成员创造的价值更多，利益分配应向价值链中拥有核心资源且处于主导地位的利益相关者适当倾斜。第二，在价值链利益分配中，风险因素是必须考虑的一个重要因素。在价值链运行过程中必然会存在风险，利益相关者在价值链中由于承担任务不同，风险程度也不同，因此，对于承担风险较大的利益相关者应考虑分配更多的利益以补偿其为了规避风险而产生的成本。第三，开放大学价值网络是一个复杂的系统，系统内的各利益相关者追求自身利益最大化也合情理，这将必然引发各利益主体之间的潜在利益冲突。所以，在合作关系基础上建立利益共享、风险共担的利益相关者平衡机制，寻找各利益主体的利益契合点就是很现实且关键的问题。

（四）创新和实践新的办学发展模式

办好开放大学是发挥中国远程教育资源优势和系统优势的战略选择，是国家为了进一步发展和普及高等教育、建设高等教育强国提出的一种补充手段，为中国远程教育再一次实现跨越式发展明确了方向。开放大学在我国算是一种新兴的事物，从“1+5”试点的实践探索来看，给人的感觉还是没有突破以前的发展思路和发展格局，依然新瓶装旧酒。当然一些学者对开放大学战略发展模式进行的理论探索很值得借鉴和学习。比如，高书国在分析世界主要国家开放大学的管理发展模式的基础上，结合我国远程教育特点和面临的背景，设计了我国开放大学总体框架，并指出从广播电视大学向开放大学转型有3种模式（翻牌模式、转型模式、整合模式）可供借鉴[9]。其实，开放大学未来发展方向正是要集合不同性质、不同类型、不同功能的利益相关者，以开放大学体系为基本载体，通过构建全新的价值链，创新办学发展模式，实现可持续发展之路。着眼于价值链构建，开放大学可供选择的发展模式很多，比如“大学+系统+学习服务中心”“大学+教育集团+平台建设”“大学+企业+共建项目”“大学+城市+支持体系”及以契约式合作创新多元化的发展运行模式等，本文认为这些均是可行的，并有着巨大的价值创造空间。开放大学要进一步提高自身的创新能力，增强对利益相关者的吸引力，在教育体系内外加大开放合作力度，加快对产业价值链各个环节的探索。

五、结　语

作为现代远程教育业态中的一种新生力量，开放大学要实现可持续发展，在办学实践中就必须杜绝新瓶装旧酒，必须关注到业态生存环境中广泛的利益相关者，并将它们真正纳入开放大学发展战略框架中，形成协同力量，创造并彰显社会价值，实现社会效益最佳和利益相关者的利益最大化。围绕利益相关者谋划开放大学发展蓝图，应该着力构建包含知识创新价值链、管理创新价值链、成果转化价值链在内的价值链网络，使各利益相关者成为实现开放大学战略发展的重要支撑力量，共创价值、共享成果、美美与共，从而推动我国现代远程开放教育健康可持续发展，充分释放现代远程高等教育的优势，促进教育格局的变革和教育生态的优化。

参考文献

[1] 南旭光．开放大学办学支持联盟构建及发展机制研究［J］．中国电化教育，2014（10）．

[2]［美］爱德华·弗里曼．战略管理：利益相关者方法［M］．上海：上

海译文出版社，2006.

[3] 刘宗让．大学战略中利益相关者管理策略研究［J］．中国高教研究，2010（2）．

[4] 孙福万．英国开放大学的未来发展战略及其启示［J］．现代远距离教育，2010（5）．

[5] 孙福万，李彦忠，袁松鹤．关于国家开放大学支持联盟的思考［J］．现代远距离教育，2011（4）．

[6] 蒋红．上海开放大学发展战略研究［D］．上海：上海交通大学，2013.

[7] 南旭光．我国开放大学体系协同能力生成模式研究［J］．中国电化教育，2013（1）．

[8] 彭志强．商业模式的力量［M］．北京：中信出版社，2013.

[9] 高书国．中国开放大学战略研究［J］．天津电大学报，2011（2）．

供给侧改革：远程教育发展的战略逻辑与实现策略

吴南中* 王 觅**

摘 要：我国远程教育的发展长期停留在外延增长阶段，内涵建设受重视程度不够，在供给侧方面积累了诸多问题，如优质资源供给不足和低效资源供给泛滥、规模发展现状和个性化学习需求不匹配、学习支持服务持续发展受到挑战、品牌影响力式微等。远程教育的可持续发展迫切需要实施供给侧改革，通过远程教育的结构调整和要素潜力激活实现有效供给。本文提出了远程教育供给侧改革“三破五立”的战略目标，厘定远程教育结构与要素的作用机理，提出了塑造以创新为内核的远程教育制度，激活远程教育供给活力；调动远程教育相关要素，激发供给潜能；调整远程教育结构，实现相互协同又错位有序发展的格局和远程教育有效供给的策略。

关键词：远程教育；供给侧改革；战略逻辑；实现策略

现代远程教育由于与学习者在时间和空间上的分离状态相适应，以及强化自主学习、在线学习的学习方式，成为教育体系的关键组成部分，并在终身学习体系构建中扮演日益重要的角色，被寄托了适应未来社会种种挑战、实现教育公平的美好愿望。但远程教育的发展并不如自身所应该具备的地位那般如意，各种问题频现。以开放教育（广播电视大学体系和开放大学体系）为代表的远程教育

* 吴南中：副教授，在读博士。主要研究方向为远程教育。

** 王觅：海南师范大学副教授，博士。主要研究方向为在线教育。

出现在学术上话语式微、虚拟实践突破进展缓慢、质量问题受到社会诟病等困境。以 MOOC 为代表的在线学习在最初的惊艳之后逐渐陷入困境，市场动力不足。以美国为例，2012 年到 2013 年，年均增速远超 100%，2014 年、2015 年增速逐年降低[1]。我国的在线教育也陷入人数减少的瓶颈，开放教育领域的学习者增速更是逐年下降，生源危机渐显，基层教学点的招生压力逐年增加。按照教育部 2015 年全国教育事业发展统计公报的数据，“成人高等教育本专科共招生 236.75 万人，比上年减少 28.86 万人；在校生 635.94 万人，比上年减少 17.19 万人”[2]。按照教育部的统计口径，整个远程学历教育招生悉数下降。生源问题只是远程教育问题的冰山一角，更深层次的问题来源于远程教育自身，比如教学质量问题、支持服务问题、管理体制问题等，影响了民众对远程教育的参与积极性。引起这些问题的原因有多种，既有国情问题和文化问题，也有组织自身问题，其中最为重要的问题是，远程教育发展过程中长期注重外延式发展，对内涵式发展重视程度不够，积累了许多供给侧问题。清晰认识远程教育的发展现实，通过改进远程教育的供给，提升远程教育的质量和影响力，实现远程教育发展和满足终身学习体系构建对远程教育的需求，成为远程教育的理性选择和现实出路。

一、供给视阈下远程教育发展问题扫描

（一）供给侧改革与教育供给侧改革

按照经济理论的逻辑，投资、消费与出口是需求侧；劳动力、土地、自然资源、资本、制度和创新是供给侧[3]。需求侧管理一般解决的是短期问题，通过投资、出口等刺激经济发展，使之实现即期的潜在增长率[4]。供给侧改革就是提高供给质量，用改革的办法推动结构性调整，矫正经济发展的要素配置扭曲，扩大有效供给，提高供给结构对需求变化的适应性和灵活性，提高全要素生产率，更好地满足广大人民群众的需求，促进经济社会持续健康发展[5]。供给侧改革不仅是经济问题，也是教育问题。“我国高等教育领域长期停留在外延增长上，不注重内涵建设，这种外延式扩张在推动高等教育大发展的同时，也在供给侧积累了大量的矛盾。”[6]不只是高等教育，其他教育体系也存在同样的问题，可以说教育领域所提供的产品已经逐渐不能满足社会转型发展和整体素质提升的时代需要，需要转型升级。熊丙奇等教育领域的研究者纷纷提出要实施教育供给侧结构性改

革，使教育真正能按照教学规律办学，解决涉及人的幸福生存和健康发展等教育问题。

（二）供给侧改革视阈下的远程教育发展问题

西方供给学派的核心理论观点是强调国家经济政策的制定应从社会人口变迁、资本要素积累、知识经济、人力资本、城镇化、工业化等供给侧视角出发，倡导政府放松对市场的管制，通过激发活力来达到经济稳定增长的目的[7]。供给侧改革为远程教育发展提供了另一个视角，实现了从远程教育供给侧看远程教育的问题，使之成为改革的逻辑起点。

1. 优质资源供给不足和低效资源供给泛滥同时存在

不管是各级各类资源（教学内容的载体，不同于远程教育供给侧要素的资源，后者指的是资金与人力投入等相关因素）的统计数据还是通过网络、学习平台检索相应的学习资源，都会存在一种错觉：我们还缺资源吗？当我们需要开展以资源为支撑的在线学习或者是对学习者进行问卷调查、访谈和调研的时候，我们总是能听到学习者对资源的不满；如何更好地吸引和利用资源的研讨会和文章汗牛充栋，也从侧面反映了资源的有效性存在较多的问题。首先，远程教育资源有效供给少，无效供给或低效供给多。各级各类教育机构和社会团队提供了海量的远程教育资源，说“资源汪洋”都不为过，教师和学生很难找到课程学习所需要的资源，经常性“迷航”。为此，研究者总结了多方面的原因，比如按照教材直接数字化、技术成本不高[8]，专业教师参与度低[9]，课程理解程度不够等，最大的问题是大量资源低水平重复建设。其次，资源类型失衡造成资源供给不够全面。在远程教育数字化资源中，主要是PPT、课程说明、课程内容等文本型资源和各种格式的音视频资源，缺乏考虑远程教育学习方式和交互需求、清晰展现学习需求层次、体现资源多样性和灵活性的资源。再次，各类资源的相互沟通、相互协同效用体现不够。在资源体系中，理想状态是各类资源相互补充、相互促进。文本性资源通过文本细腻、周全、深入的优势以及简单、清晰的特色支撑学习者的便捷学习；而音视频资源通过直观、形象、过程的优势，以及仿真环境打造和内嵌的交互方式促进学习者学习，文本资源和音视频资源通过相互沟通和统一布局，实现各有侧重又相互关联与衔接。而资源建设现状中沟通不足的问题突出，“两张皮”现状较为突出，一部分源于音视频资源建设需要一定的技术，导致与课程教师沟通不足，最为重要的还是资源建设的顶层布局和协同意识没有建立。

2. 传统远程教育的规模经济受到个性化学习需求的挑战

远程教育在过去取得巨大成就的基础是远程教育受到“规模经济”的支撑，“在特定的范围内，随着招生数量的增加，办学的生均成本降低”[10]。也就是说，学生人数越多，课程建设等成本越低，使远程教育通过整齐划一的人才培养，实现远程教育成本降低的目的。在这种理念下，远程教育得到迅速发展，也导致了“功利极端化”趋势。比如远程教育机构10年不变的教材、5年不变的教学资源等，隐含着极大的发展风险，与现代化教育所需要的“全面、个性、创新”发展需求背驰。在这种环境的影响下，部分学习者丧失了原始学习动机，“快拿证、少学习、易通过”成为学习者选择远程教育机构的标准。而真正需要通过远程教育提升自身能力的学习者在这样的环境中越发找不到价值，学习需求得不到满足。而“数字原住民”个性化特征更加明显，他们对“规模经济”模式下的整齐划一的人才培养感到厌恶，因此提出了个性化学习的需求。

3. 传统时代的学习支持服务体系受到新生代学习者的挑战

关于利用网络办学的能力，著名远程教育专家王一兵先生提出“在提供‘网上、开放、大量课程’的形式、模式、平台和各种技术手段的运用上，我国没有一个省市没有任何一所大学在依托信息技术办学的广度、深度、先进程度和实际效果超过了当地开放大学甚至广播电视大学”[11]。支持王教授论断的关键是远程教育支持服务体系从理念到实践的先进性。但这种“先进性”并没有在“数字原住民”进入学习体系之后得到有效的创新，面对托夫勒笔下的“接受缺乏友谊实施，接受孤单和互不信任”的学习者[12]，远程教育体系没有通过其所记录的在线学习数据来实施个性、精准、有效的学习支持服务，很难实现依托支持服务体系来克服学习过程的孤独感，从而保持远程学习的持续动力；更没有深入判断学习者个体的认知负荷、学习环境和学习有效性等问题。

4. 品牌影响力式微，“劣币驱逐良币”现象凸显

得益于MOOC和与之同步的翻转学习以及混合学习在学校的兴起，远程教育的开放思想、共享文化和利用信息技术深度办学的理念向整个教育体系扩散，印证了近年美国远程教育学会第六次年会主题“25年追求卓越，从边缘走向主流”[13]，这本应该是远程教育重塑品牌的大好良机，然而中国的远程教育却屡次陷入“质量门”，更有一些缺乏良知的投机主义者混入办学体系，将远程教育与

“买卖文凭”“低质低效”紧密联系在一起，一些具有优良办学资源和办学传统的普通高校纷纷考虑终止学历教育招生，有的已经将之付诸实践，如清华大学于 2002 年宣布停招继续教育学历生源，北京大学宣布 2018 年停招继续教育学历生源[14]。而以远程教育为核心的广播电视大学系统在转型开放大学建设过程中，所有努力在面对质量问题时化为灰烬，现有的“5+1”开放大学也没有建立起比广播电视大学更有效的质量保证体系，学习质量令人担忧。2016 年，在教育部发布的《关于推进高等教育学分认定和转换工作的意见》文件中，对开放大学学习成果用了“进一步提高办学质量和水平，促进开放大学学分被更多高校认可”的字样[15]，体现了远程教育办学在口碑上的尴尬。毫无疑问，远程教育质量问题受到社会关注，清华大学的继续学历教育停招不会是孤立事件，“劣币驱逐良币”现象成为远程教育发展的重大问题。

5. 远程教育机构各自为政现象严重

面对社会领域的复杂需求，供给侧改革呼唤一种开放协同的供给理念和供给模式，通过开放促进融合和创新，这是供给侧改革的重要内容。然而由于政府部门、学校组织和社会需求的沟通不畅、自设壁垒，导致了远程教育供给各自为政现象突出，体现为供给内容重复、供给结构性缺陷、供给质量低下。各个教育机构反复建设某类教育产品，比如以学前教育专业为例，在 2009 年前后，几乎所有的电大教学机构都建立了学前教育专业，但其效用如何值得探讨。供给方式单一，在远程教育领域，理应建立层次多样的供给体系，实现学历教育和非学历教育的有机结合。而现实层面的远程教育热衷于提供学历教育产品，对服务社会所需要的社区教育、继续教育投入较少，重视不足，层次不高。在远程教育领域，存在较为严重的“领地分割”现象，各个教育机构有自身的领地范围，发展环境不利于协同理念的成长和开放共享的供给模式。

二、远程教育供给侧改革的战略逻辑

理论服务现实的逻辑起点在于战略目标的厘清。在远程教育发展的历史全景中，需求是随着社会经济发展和技术创新发生变化的。因此，远程教育发展的动力源是有效供给与动态需求的耦合，也就是远程教育供给侧改革所期待的效果。而要实现远程教育的有效供给，需要以“融汇古今、贯通中西”的全球战略眼光和历史视野去找出根植于中国远程教育的发展诉求，从而形成远程教育供给侧改革的战略逻辑。

(一) 远程教育有效供给的战略目标

经济领域的供给侧改革提出的目标是“去产能、去库存、去杠杆、降成本、补短板”。那么远程教育供给侧改革需要做到什么？首先，远程教育发展理念要强化对供给侧的分析和认知。面对社会环境的功利化趋势，远程教育学习者表现出了“厌学”的趋势，给了以远程教育来竞争生源而降低标准的依据。但从人类社会长期发展的主要支撑来看，远程教育发展所依托的核心动力是知识与技能需求，回应和满足这种需求的核心途径是远程教育自身能力的优化。其次，经济领域所强调的竞争有一定的理论意义，但教育蕴含的意识形态需求导致不能完全放任其发展，而应该是构建有质量要求的开放环境，引入符合国家意识形态和有产品质量的参与者，给学习者提供多元选择。再次，远程教育供给侧问题来源于合作与协同不足，政府、教育机构和市场应该进行更多的合作，实现远程教育供给侧多因素互动。最后，远程教育的制度体系建设需要引入供给分析，降低人为障碍，形成一个相互联系的体系，使参与远程教育的教育者有敬畏、教育治理有保证、学习者有获得、教育机构有尊严。在这样的逻辑下，笔者理出了远程教育的“三破五立”发展目标：

第一，远程教育要“三破”：破壁垒、破脱节、破陈旧。“破壁垒”指的是远程教育要真正实现开放办学，破除制度壁垒，引入市场机制；“破脱节”指的是远程教育提供内容要与社会需求充分互动，真正实现先进技术承载先进内容，体现现实效用；“破陈旧”指的是破除远程教育管理体制上的陈旧，真实与社会开展人才培养方案、学习方式等方面进行互动，建立与先进理念密切联系的创新教育全局。

第二，远程教育要“五立”：建立协同创新机制、建立品牌口碑、建立智能学习体系、建立质量保证体系、建立个性化学习支持服务体系。“建立协同创新机制”指的是远程教育的参与者和利益相关者需要形成开放协同的供给理念和供给模式，在保障基本利益的基础上要通过扩大远程教育市场形成利益；“建立品牌口碑”指的是要改善远程教育的品牌形象，通过调动资源、扩大生态等方式，鼓励一部分有理想的远程教育或组织形成自身品牌；“建立智能学习体系”指的是要布局大数据、鼓励先进技术向教育领域流动，满足现代学习者的个性化需求；“建立质量保证体系”指的是通过社会需求、个体现实和远程教育现实综合形成远程教育的质量标准，保证远程教育的供给质量；“建立个性化学习支持服务体系”指的是要提升远程教育支持服务的个性化、智能化和精准化，通过建立令学习者舒适的学习支持服务体系，深化远程教育改革。

（二）远程教育供给侧改革的作用机制

远程教育供给侧改革，与其他变革一样，需要经过濡化、博弈、平衡和创新等系统性的变化，有时还会呈现出阶段性的倒退。因此，理顺远程教育供给侧的作用机制显得尤其重要，通过远程教育要素之间的相互关系和作用机理的提炼，形成一套有效的策略体系，实现过程更加可靠的供给侧改革。

首先，在远程教育供给侧改革的全景图上，最为重要的是理念与精神。在资源基本满足远程教育发展的前提下，理念和精神决定了远程教育供给的质量。那么，远程教育供给侧改革到底需要什么样的精神呢？谈远程教育我们首先想到的是开放，开放的理念和发展意识，是供给侧改革的外在表现形式，内在的精神气质笔者认为是创新，质量问题、品牌问题、生源问题等只有通过创新才能找到出路，供给侧改革本身就是一种创新，供给侧改革的作用机理就是将创新意识贯彻到整个远程教育体系，使之成为精神内核。

其次，远程教育供给侧改革重要的改变是供给环境改善。对我国远程教育的发展历程影响最大的是英国开放大学，多年来，我们以英国开放大学制度为标杆，建立了很多制度，试图从制度入手解决远程教育发展上的问题。在现实层面，在向英国开放大学等学习的过程中，我们解决了很多现实的问题，比如在教材建设、资源建设和学习支持服务体系建设等各个方面。但是由于文化环境不同、发展阶段不同、现实国情不同，英国开放大学等的经验并没有被转化为与英国开放大学相似的远程教育办学质量。那么，中国远程教育供给侧改革应该从哪里入手呢？我们知道，需求在供给侧理论中具有原生意义，人活着就会有成长的需求，就会有参与学习的动机和创新活动。但随着终身学习体系建设的成效，这些参与教学活动的动力实际上转移到供给侧，供给变成了依托需求产生的第一推动力之外由响应而产生的动力源。举例而言，远程教育在 MOOC 之前取得了很大的成绩，但发展的拐点却由 MOOC 的冲击产生，不是由于远程教育供给不足引起的；同样，在经济领域，智能手机发展的拐点是苹果手机的产生，而不是因为智能手机的数量不足引起的。我们可以这样假定，只要远程教育领域出现颠覆性创新，就会大大刺激需求。那么，我们如何创造这种颠覆性创新诞生的环境，就成为远程教育供给侧改革的基本出发点。

并不是产生了理念就会产生与之相吻合的地位，就如谷歌在“谷歌眼镜项目”上的“失败”（或者并不算失败，失败仅仅从市场层面而言）并不是理念错位，也不是技术陈旧，而是与环境的“耦合”程度上存在问题。因此，远程教育供给侧改革的第三层次就是改变供给要素，破解供给约束的问题，真正实现与需求的互动。在远程教育领域，供给要素主要集中在内容、制度、技术和资源上。结合中国当前情况，这几个要素都受到制约，在内容上体现为质量不高、层次不周、个体适应性不强；在制度上呈现为约束过多、协同不足、活力不足；在技术上存在单个技术发展不强、技术协同能力不够等问题；在资源上存在投入单一、可持续能力不强、资源分配不够合理等原因。这些都是中国远程教育在要素上的问题，远程教育供给侧改革需要盘活相关要素，实现要素的潜力，实现供给升级、供给提效，引领远程教育潮流而创造需求，打通远程教育与社会的隔阂，缩短远程教育与人的距离，实现有温度、有尊严、有效率的以创新为主导的远程教育。

三、远程教育供给侧改革的实现策略

为实现经济领域的供给侧改革目标，中央提出了“一带一路”“京津冀”“长江经济带”一系列行之有效的现实策略，在世界范围内产生了较大的影响力。要实现供给侧改革“三破五立”的战略目标，必须在实质性地推动战略目标上建立全面配套的策略，激发远程教育体系组织和要素合理推动远程教育结构的调整。

（一）塑造以创新为内核的远程教育制度，激活远程教育供给活力

“制度问题带有根本性、全局性、稳定性和长期性。”[16]纵观远程教育的发展，远程教育受政策影响巨大，远程教育供给侧改革不是要抛弃政策体系，而是要运用政策体系，建立开放发展的格局。其要领就是从根本上通过一系列的措施，改善制约远程教育长期发展和全要素潜力进一步发挥的制度，形成以创新为内核的远程教育新制度体系，激活远程教育供给活力。

1. 供给制度优化的首要职责是实现现代化的远程教育治理体系

远程教育治理体系指的是按照现代治理精神，建设符合科学精神和远程教育规律，符合制度化、法制化和民主化需要，体现高效与公平并举的权力运行体

系。治理的基础是远程教育机构办学自主权的落实，治理的关键是话语平台的打造，治理的实现需要远程教育的制度创新。治理体系建设最为现实的手段是通过办学章程的建设，将远程教育机构与政府、社会和个人的相互关系法律化，同时建立维护这种法律关系的监督机制，实现远程教育话语的充分表达。

2. 逐渐加大远程教育的市场化供给

供给侧改革的资源配置关系梳理的要义是市场在资源配置中的决定性作用。在远程教育领域，这句话有两层意思，第一层意思是在资源配置整体上，市场的作用是决定性的；第二层意思是对于远程教育而言并不是市场决定一切，而是应该与政府产生互动。在制度层面可以建立政府购买远程教育服务的长效机制，鼓励符合质量要求和意识形态需要的民间资本进入远程教育领域，组织已有远程教育机构有序开展与企业联合办学，建立项目和资源建设的购买机制，促使远程教育以及社会参与要素通过市场机制充分竞争。

3. 破解远程教育机构本身的行政化难题

远程教育取得了与历史使命相匹配的成绩，同时也凸显了创新不足的问题，该问题成为制约远程教育进一步发展的短板。抑制创新能力最为突出的是学校本身行政化的问题。在依托政策办学的远程教育发展历程中，行政化机构将太多精力集中到对政府管理部门政策的响应上，缺乏对远程教育理想信念的思考，缺乏培养过程的创新与实践，缺乏对社会需求的认真倾听。破解行政化难题的关键是管理体系的去行政化和学校内部的学术组织发挥作用，建立明确的责任链条和清晰的管办评分离政策，而逐渐淡化以政府为主导的远程教育管理体系。

4. 消除供给壁垒，建立个人成长的通道体系

教育供给是一个系统工程，远程教育的发展离不开教育体系发展的支撑。“教育体系的问题主要是不同类型教育之间的横向联通和不同级别之间的纵向沟通的问题。”[17]这种壁垒导致了学习者无法按照自身的需求“纵横畅游”“个性化发展”，无法通过共享共建实现资源的开放生态。远程教育与其他教育类型的沟通受阻，导致远程教育日益边缘化。远程教育的优势发挥，必然是远程教育成果受到一致肯定，而不是“只看文凭不看过程”制度的建成，建立学习者按照个人意志发展的通道体系成为关键，建立国家层面的资历框架以及相关的运行体系，如学分银行，使之成为各级各类学习成果流动的载体。

（二）调动远程教育相关要素，激发要素供给潜能

按照经济理论的逻辑，可以得出：在远程教育领域，供给要素主要集中在内容、制度、技术和资源上，但具体到策略，要素供给潜能的发挥需要通过整合发力。故笔者认为，要素供给潜能的发挥，可以依托以下几个方面的措施。

1. 探索以资历框架为准入标准的内容体系

作为具有办学自主权的机构，规定其资源所蕴含内容的标准违背法理逻辑。要提升远程教育内容的供给质量，需要从其他方面入手。笔者以为，探索以资历框架为准入标准的资源体系建设，是优化资源供给质量的有效途径。资历框架是覆盖各级各类教育类型的资历等级制度，通过标明不同资历等级所达到的标准，实现以不同资历等级之间的有效沟通为目的的制度体系[18]。资历框架规定了一般意义上的能级标准，也能指导专业资源的级别定位。通过资历框架，引导远程教育提供者按照特定的知识、能力与技能上的层次，在层次以上的可以通过贴标签的形式，鼓励远程教育机构之间的互认；反之，不能达到标准的资源通过失去市场自然淘汰，使质量意识、层次意识和标准意识贯彻在资源建设的全过程，从而优化内容供给。

2. 建立全过程学习支持的智慧供给体系

自从大卫·西沃特提出“支持服务”概念以来[19]，支持服务成为远程教育办学的核心支持，逐渐从“学习过程支持”“双向交流支持”转向“有指导的教学会话”[20]，从供给要素组合优化的角度讲，支持服务是有效供给的关键，是决定远程教育质量的核心要素。优化现代远程教育支持服务的供给，需要从智慧供给的角度思考个性化和持续性的问题。首先，远程学习的高度网络化需要通过个性化支持。如何适应个体风格和基础，避免学习者受到网络碎片信息的干扰，消除学习过程中的负面情绪，是问题的出发点。个性支持的基础是大数据布局（后文提及），手段是提供个性化的成长通道，实现学习者的自适应成长。其次，远程教育的学习支持服务可持续发展需要智慧学习支持。远程教育在目前甚至很长一段时间内不太可能具备与普通教育相当的经费保障体系，这就使其需要关注自身效益的提升，智慧性是促成远程教育支持服务可持续发展的关键。智慧性的远程教育支持服务体现在支持时间的精准、支持内容的精准、支持内容的个性化及支持服务安排的科学性，实现从等待支持到主动支持。其核心依托是对支持需求的预测把握，合理安排支持服务人员，主动提供支持服务，将支持服务的资源耗

费降到最低。

3. 建立协同性的大数据应用体系

2012 年，联合国发布了《大数据促发展：挑战与机遇》，宣布了大数据时代的到来，各个行业利用大数据解决战略发展、业务拓展、精细管理等现实问题，取得了极大的成绩。远程教育在利用网络教育办学上积累了大量的数据，但从大数据体系建设而言，并没有将构建大数据应用体系作为整体开展理论探索和实践应用。远程教育大数据应用体系应该协同远程教育机构，通过数据标准建立、数据共享机制形成等数据应用体系建设，实现以大数据解决现有远程教育的体验问题、绩效问题和评价问题。需要指出的是，大数据应用体系的建设不是物理层面的数据收集，也不是软件层面的数据处理，在远程教育中发展大数据最为重要的是大数据意识和认知的建立，以及在思维和认识基础上的大数据研究范式的形成，这需要从引导机制、鼓励机制、评价机制形成协同效应，并建立起系统化的支持体系。

（三）调整结构，引导远程教育机构形成相互协调而又错位有序发展的格局

按照结构功能主义的思想："如果社会作为一个系统想要继续存在下去，它就需要一定类型的结构发挥功能性的作用。"[21] 远程教育结构是远程教育内部各个要素和组织之间相互依存的关联方式，其存在的比例、状态、质量等各个方面的配置情况决定了远程教育的整体功效和社会形象。远程教育具有自组织系统，可以根据各类条件，"按照相互默契的规则，各尽其职而又协调自动地形成有序结构"[22]，同时不断地自主与社会经济等领域的需求互动，并进行自我调适，使之满足社会经济的发展需求。中国远程教育的发展，要不就迎合政策，要不就迎合利益，忽视了远程教育自身的规律，并造成机构之间的相互隔阂，需要引导供给结构的改变，通过建立协同合作体系、培育远程教育市场生态、打造远程教育特色品牌等形式，实现远程教育供给的结构优化。

1. 建立协同合作体系

在某种意义上，远程教育领域的协同合作水平是高出一般教育系统的。以开放教育领域为例，建立了以国家开放大学为核心、"具有树状的层级结构"、"整个系统层级之间在教学与管理方面分工合作、协调运作"[23]。在面向市场、面向多元、面向整合等现实环境中，远程教育需要进一步提升自身的协同力度，体现在资源建设上要建立以利益合理分配机制为核心的共享共建机制；在技术上要保

持开放态度，实现新技术的迅速消化与利用，建立新技术在远程教育应用的创新环境；在数据方面依托大数据应用体系的建设，建立数据协同；更为关键的是，远程教育需要通过协同攻关，实现虚拟实训体系建设。众所周知，远程教育缺乏实训体系的支持，在日益重视人才应用能力的背景下这一缺点更为突出，随着虚拟 VR 等技术以及带宽的飞速发展，建立虚拟实训体系已经有了可行性，远程教育机构需要抓住机遇，引入 VR 改善人机交互尤其是解决困扰远程教育人才培养市场适应性的实训问题。但由于远程教育面向广、层次多、缺乏标准等因素，需要协同，也需要校企合作。国家层面需要有意识地利用政策引导、标准统一、购买服务等形式，鼓励远程教育积极参与虚拟实训体系建设和共享。

2. 培育远程教育市场生态

一个发展茁壮的系统，不仅依赖以成品供给为目的的组织或机构，也依赖提供零部件的组织与机构。在远程教育领域，许多内容和资源是由远程教育机构以外的企业输送的，比如数字媒体企业、学习终端企业等。远程教育供给的优化，需要从供给机构的调整入手，通过解决壁垒性问题鼓励更多的企业参与远程教育，通过供给的多元通道打造，实现远程教育供给差异化。从中国远程教育发展来看，壁垒是制约远程教育发展的重要因素，这种壁垒主要体现在制度上的准入性、市场上的规范性和成果认定机制上的失位。要打破这种壁垒，首先需要清理远程教育发展的各类门槛的相关规定，提升远程教育机构尤其是应用型本科、职业院校在举办远程教育上的积极性，促使它们的优质资产和特色产品进入远程教育市场，提升远程教育生态活力。当然，这种壁垒的打破，需要第三方的质量监控机制来保障实施。其次，要提升市场的规范性。远程教育市场主要有类似于产品零部件的技术公司和媒体公司它们通过公平合理的手段与远程教育机构合作，为各个远程教育机构的招生市场以及其他远程教育产品提供市场。再次，通过建立学分互认体系，通过学习成果的有序流动、合理转换，促使更多的远程教育机构所提供的学习产品被公平、公正、公开认可。

3. 打造远程教育特色品牌

品牌是企业管理和营销管理过程的产物，是生产者对自己的产品或企业组织设定的系列识别系统，代表了产品的特性、功能和品质[24]。远程教育所提供的产品是一种特殊的产品，主要是通过远程的方式传授知识与技能，具有概括性、抽象性的表达特色，代表了提供远程教育的机构形象，外在的表现是学习者对教

《国家中长期教育改革和发展规划纲要（2010—2020年）》中很明确地指出：“公办高等学校要坚持和完善党委领导下的校长负责制。健全议事规则与决策程序，依法落实党委、校长职权。”党委领导下的校长负责制，是坚持党对高校绝对领导的根本制度，必须坚决贯彻执行。开放大学党委应在中国共产党的领导下，贯彻落实党的教育方针，在《高等教育法》以及其他法律法规、学校章程的框架下，完善党委会议事规则，制定并严格执行《关于落实“三重一大决策制度”实施办法》，确保决策的科学化、民主化、制度化、法制化。

校长作为学校的法人，要在学校党委的领导下，贯彻落实党的教育方针以及国家的各项政策，研究制定党委领导下的校长负责制实施意见，健全校长办公会议事规则，组织落实党委的各项决议，按照国家有关法律法规，全面负责学校的学科专业建设、教育教学、科学研究、校企合作、国际合作、学生就业、行政管理等工作，建立健全学校的核心制度（《开放大学章程》），不断完善学校的主体制度（开放大学系列管理制度），推动开放大学事业又快又好发展。要协调好行政权力与学术权力的关系，按照开放大学章程的规定，明确学术委员会在开放大学管理体系中的地位，建立健全学术委员会以及有关制度，赋予学术委员会学术权力，发挥“教授治学的作用，让学术决策回归到学术本位，充分发挥学术委员会和教授在学科专业建设、教育教学、学术研究、学术评价、学术发展和学校管理中的指导、咨询作用，杜绝行政权力对学术事物的不当干预，保证学术权力的正常运行”。

在建设现代开放大学制度的过程中，坚持依法治校，加强民主管理，明确党委会、校长办公会、学术委员会、教职工代表大会的职能职权与议事规则，建立健全开放大学各项规章制度和工作运行机制流程（开放大学教学管理与运行制度）和操作制度（开放大学制度管理细则），筑牢开放大学治理结构的制度化和规范化的基础，建立健全民主决策机制和监督机制，增强决策的民主性、科学性和规范性，保障师生员工的民主权利，调动他们工作的积极性和主动性，保证开放大学向规范、有序、持续、健康的方向发展。

参考文献

[1] 崔延强，吴叶林．我国开放大学治理困境与现代大学制度推进［J］．现代远程教育研究，2011（6）．

育服务的体验和感受。供给侧改革所需要的与需求互动，要求产品和形象有极大的识别性。这就需要，远程教育必须坚定不移地以开放、灵活的属性打造自己的人才培养方式，以优质的学习支持服务塑造远程教育的品牌形象。值得注意的是，远程教育品牌主要依托于远程教育质量和人才培养品质，适当的打造和宣传是建立品牌的必要手段。比如MOOC之所以迅速形成影响力，与MOOC所刻意打造的名校名师形象密不可分，通过名校名师与可感知的质量、价值紧密联系。远程教育中的开放办学理念、全方位育人思想、灵活多样的学习途径都是远程教育品牌打造的基础，也是可以有效宣传的切入点。

四、结　语

本文尝试从供给侧改革来探讨远程教育的发展问题，基本的出发点是提供更好的远程教育，把远程教育按照教育内在规律办学与社会发展紧密联系的相互作用摆在长远的视野中，强调优化和有效供给，使之符合社会发展需求和远程教育自身的成长规律。在经济领域，我们通过“后发优势”，实现了快速的发展。在远程教育领域，不可否认我国远程教育长期处于依附性发展阶段，这是我们转型的基础，也是实现赶超的机会，现阶段远程教育必须发力于供给侧，使之成为我们的“先发优势”，支持社会经济的从容转型和快速发展。

参考文献

［1］梁林梅，夏颖越．美国高校在线教育：现状、阻碍、动因与启示——基于斯隆联盟十二年调查报告的分析［J］．开放教育研究，2016（2）．

［2］教育部．2015年全国教育事业发展统计公报［R］．［2017－02－08］．http：//www. moe. gov. cn/srcsite/A03/s180/moe_ 633/201607/t20160706_ 270976. htm.

［3］［17］刘云生．供给侧结构性改革：教育怎么办［J］．教育发展研究，2016（3）．

［4］顾仲阳，左娅．供给侧，怎么看？怎么干？［N］．人民日报，2015－12－28.

［5］中华人民共和国国民经济和社会发展第十三个五年规划纲要［EB/OL］．［2016－12－29］．http：//www. china. com. cn/lianghui/news/2016－03/17/content_ 38053101. htm.

［6］张旭，郭菊娥，郝凯冰．高等教育“供给侧”综合改革推动创新创业

发展［J］．西安交通大学学报：社会科学版，2016（1）．

［7］朱媛．职业教育供给侧结构性改革的理论源流、意义及方向［J］．教育与职业，2017（1）．

［8］刘新阳．近年我国高校数字化教学资源建设与应用研究分析［J］．电化教育研究，2012（3）．

［9］姜孝军，韩强．教学资源库建设中存在的问题及对策［J］．中国成人教育，2009（21）．

［10］郑勤华，陈丽，许玲．远程教育的比较优势仍在？——互联网时代远程教育成本—效益的实现路径研究［J］．北京师范大学学报：社会科学版，2015（2）．

［11］王一兵．MOOC 的灵魂、启示和对策［J］．高等教育研究，2014（1）．

［12］［德］托夫勒．未来的冲击［M］．蔡伸章，译．北京：中信出版社，2006.

［13］马晓玲，等．远程教育：一个开放的新纪元［J］．远程教育杂志，2014（2）．

［14］王晓芸．北京大学 2018 年起全面停止学历继续教育招生［EB/OL］．［2016－12－29］．http：//www. chinadaily. com. cn/micro－reading/2017－01/10/content_ 27908357. htm.

［15］教育部．教育部关于推进高等教育学分认定和转换工作的意见［Z］．教改〔2016〕3 号．

［16］邓小平．邓小平文选［M］．北京：人民出版社，1993.

［18］柳士彬．继续教育“立交桥”：框架与行动［J］．教育研究，2016（8）．

［19］辛普森．对远程学习者的支持服务［M］．李亚婉，等，编译．北京：高等教育出版社，2007.

［20］吴南中．基于教育大数据的 MOOC 支持服务特质与形成研究［J］．中国远程教育，2015（12）．

［21］［英］帕特里克·贝尔特．二十世纪的社会理论［M］．翟铁鹏，译．上海：上海译文出版社，2005.

[22] 苗东升．系统科学精要 [M]．北京：中国人民大学出版社，2006.

[23] 胡继明．新时期广播电视大学系统的反思与再造研究 [J]．中国远程教育，2013 (6)．

[24] 孙道金，彭涛．谈高等远程教育的品牌管理 [J]．现代远程教育研究，2009 (2)．

新时代开放大学制度体系的构建策略研究

罗 溪[*] 吴南中

摘 要：现代开放大学制度体系是开放大学成员为履行开放大学使命、发挥开放大学功能而构建的协调、制约和规范大学内外部关系的管理体制、运行机制和办学活动的规程或准则。通过剖析重庆开放大学的筹建过程，可以发现，现代开放大学的制度体系可由顶层制度、核心制度、主体制度、中心制度和操作制度等要素构成。开放大学制度体系在新时代的构建策略主要包括：厘清开放大学的顶层设计，主动适应新时代中国高等教育改革与发展的需要；注重体现中国特色的现代大学精神，完善新时代现代大学的治理结构；构建新时代开放大学的新型内外部关系，为调整各方教育利益、有效配置教育教学资源提供法理依据和制度保障；完善新时代开放大学的内部管理体制，使校内管理运行高效有序。

关键词：新时代；开放大学；制度体系；构建策略；研究

一、开放大学制度体系的内涵

（一）现代大学制度的含义

现代大学制度指的是对大学内外部管理体制和运行机制以及各种办学行为的规章和规则体系的规范。现代大学制度，是对大学进行治理的理念，也是一种制度设计，它的核心内容，是确立大学内部权力制衡机制，厘清大学与外部各类权力主体之间的关系。从宏观来看，现代大学制度要明晰大学与政府的关系、大学

---

* 罗溪：讲师。主要研究方向为教育管理。

与社会及与市场的关系；在微观上，要处理好大学内部决策、行政与学术的权力关系[1]。

（二）开放大学制度体系的内涵

进入新时代后，建立并且完善现代大学制度，进一步深化高等教育改革的重要内容，是具有中国特色的现代大学健全内部治理结构，步入科学发展轨道的重要使命，也是我国高等教育实现现代化的关键要素。因此，开放大学作为新型高校，必须加强制度建设、完善治理结构，建立起完善的、具有中国特色的现代大学制度体系是其必然选择。

开放大学以开放、灵活、全纳、终身为基本理念，以现代信息技术为支撑，以全体社会成员为服务对象，整合全社会优质教育资源，采用现代远程教育手段，创新教育模式，开展学历教育与非学历教育，是具有现代大学特质的新型高校，是构建终身教育体系的重要组成部分和促进学习型社会建设的重要平台。

开放大学作为一所主要面向成人开展远程教育的新型高校，内部组织系统、外部组织结构和办学体系与全日制普通高校都存在较大差异，其制度体系建设既要注重本身具有的独立法人地位的高校属性，又要兼顾“办学体系多元”这一特殊性。因此，我们可以把开放大学制度体系的内涵定义为：开放大学在教育行政部门的宏观管理下，按照国家和地方经济社会发展需要，根据自身办学定位，为履行开放大学使命、发挥开放大学功能而构建的协调、制约和规范大学内外部关系的管理体制、运行机制和办学活动的制度体系。它体现了开放大学与政府、开放大学与社会、开放大学与其他高校之间的关系，其治理模式，包括其建立的制度规范和行为准则，为实现各级开放大学依法治校、自主办学、民主管理、规范运行、协同发展提供了制度保障。“开放大学制度体系是开放大学成员共同遵守的办事规程或行为准则；是能够体现现代信息技术、实现多层级系统管理的现代远程开放教育的现代大学制度体系；其核心是多元办学主体对教育资源配置的权力和利益及其制衡的契约制度体系。”[2]

二、开放大学制度框架体系的构成要素

根据现代大学制度和在新时代环境下对于开放大学制度体系建设的要求，基于开放大学的建设基础、开放大学建立的历史任务、开放大学的未来发展战略、开放大学的功能定位及其制度体系的框架，应以《开放大学章程》为学校的核

心和发展的根本，以《开放大学建设方案》作为其顶层设计和开放大学未来发展的战略规划；以开放大学的治理结构、开放大学体制机制的改革与创新为主要内容，在规范业务管理细则、规范部门职责和规范操作程序管理的基础上，围绕教学管理和运行制度，构建开放大学的制度框架体系。

（一）顶层制度——《开放大学建设方案》

“开放大学的建设意味着传统广播电视大学的大学地位必须正式确立，完成从办学机构到实体大学的华丽转身。”[3] 在这一过程中，《开放大学建设方案》是开放大学建设的战略性设计，属于开放大学的顶层性制度。主要应包括建设开放大学的背景和基础，学校性质、定位和任务，指导思想、核心理念和基本思路，大学体系，发展目标和建设任务，保障措施，计划进度等七个方面的内容。

（二）核心制度——《开放大学章程》

大学章程是大学设立的基本要件，是大学的“宪法”，是大学办学最根本的规范性文件，是大学自主管理、依法治校的法律基础，对大学及其他教育关系主体的权利和义务规定是大学章程的核心内容。为促进依法办学依法治校，建立完善的现代大学制度，维护学校的正常运行，创新管理、促进学校的可持续发展；根据《中华人民共和国教育法》《中华人民共和国高等教育法》《高等学校章程制定暂行办法》及其他有关法律法规，《开放大学章程》是结合学校实际而制定的。《开放大学章程》主要应包括序言和总则、基本功能、管理体制、组织机构、学习者、教职工、财物与资产、外部关系、附则等内容。

（三）主体制度——开放大学体制机制、管理制度

开放大学的体制机制的创新，以及治理结构的构建，是其建设的重要内容，基于此而设计的开放大学制度体系中的管理制度，是其建设的主体。它既包括开放大学管理制度中科学的管理体制，也包括开放大学高效规范的运行机制。

开放大学的系列管理制度，主要包括党委会议事规则、党风廉政建设管理制度、校长办公会议事规则、组织管理制度、统战管理制度、宣传管理制度、发展规划管理制度、人事管理制度、招生管理制度、基建财务管理制度、审计管理制度、科研管理制度、国际国内合作与交流管理制度、办学组织体系管理制度、学术委员会管理制度、学校文化建设与管理制度、学生管理制度、后勤管理制度、图书档案管理制度、安全管理制度、工会教代会章程等。虽然开放大学的系列管

理制度类型名目繁多，但是都在运用现代大学理念和现代大学制度的同时，以《开放大学章程》和《开放大学建设方案》为核心和依据；统一思想，指导开放大学的主体制度建设并适时进行完善，唯有如此，才能使开放大学的主体制度走上日益科学化、规范化的道路。

（四）中心制度——开放大学教学管理与运行制度

“广播电视大学转型为开放大学，在人才培养的目标、理念、思路、方法等方面必须做出符合社会需要、反映时代特征的改革和调整”[4]，大学的中心工作是人才培养，因此，教学管理与运行制度是开放大学制度体系建设的中心内容，我们在此将其称之为中心制度。开放大学应以《开放大学建设方案》和《开放大学章程》为指导，建立开放大学的教学管理与运行制度，以确保教学中心地位不动摇。

开放大学教学管理与运行制度，主要应包括学科专业建设与管理制度、课程建设管理制度、学籍及考试管理制度、学生成绩的评定与管理、学习支持服务制度、学习平台建设与管理制度、学习资源建设与管理制度、实践教学管理制度、学生毕业论文或者毕业设计管理、学分管理、学习成果认证与转换、学位授予、领导干部听课及教学工作督导、学生奖学金评定制度等。

（五）操作制度——开放大学制度管理细则

开放大学的制度体系建设，从顶层制度、核心制度、主体制度到中心制度，共有四大类，其中的主体制度和中心制度两类，属于具体的工作业务制度。

我们这里所说的制度管理细则为操作层面的制度，主要是在顶层制度、核心制度、主体制度、中心制度的基础上，为了规范业务、明确各部门职责，而把主体制度和中心制度经过进一步的细化和层层分解，形成一系列可操作的流程性制度，里面主要包括其规范的流程性的文件、相关的岗位阐述及职责说明、管理细则、工作手册及管理记录等。如开放大学在线学习网的网上管理平台使用手册；学生进行网上学习时，对于网上共享的学习资源的使用守则；开放大学网上学习支持服务工作手册；等等。设定操作制度的目的是通过明确的分工和归责，界定相应的义务和权利，更科学、更合理、更有效地加强相互的协作性，从而建立起协调机制，推动学校整体有序运行。

三、开放大学制度体系在新时代的构建策略

习近平总书记在党的十九大报告中指出："中国特色社会主义进入了新时代。"这是对我国发展新的历史方位的科学判断。随着中国改革开放的不断深化，中国高等教育的改革与发展也进入新时代。中国开放大学是具有现代大学特质的新型高校，作为老百姓身边的大学，它的诞生，不仅是我国高校教育综合改革的成果，而且是我国高等教育在新时代服务全民学习、服务终身教育体系构建和学习型社会建设、推进教育公平的重要举措和平台。因此，中国特色的开放大学作为新生事物，与国内其他普通高校一样，其制度体系建设显得尤为重要。同样，开放大学的制度体系建设在新时代也具有十分重要的意义和价值，其构建策略主要包括四方面。

（一）厘清开放大学的顶层设计，主动适应新时代中国高等教育改革与发展的需要

《开放大学建设方案》作为开放大学的顶层制度，从办学性质、办学定位、发展目标、发展思路、主要任务、保障措施等，对建设好开放大学进行了科学、系统的顶层设计。从办学性质来看，重庆开放大学提出"以重庆广播电视大学及其基层办学系统为基础，利用现代信息技术，整合重庆广播电视大学、重庆工商职业学院、重庆市社区教育服务与指导中心、重庆市高等教育现代远程教育中心、重庆市职业教育大数据应用研究院资源而形成的一所具有独立法人地位和自主办学权的开放式新型本科高等学校"。

从办学定位来讲，明确"学历教育与非学历教育并重，充分运用现代信息技术，建成一个有效承载和结合继续教育、职业教育以及社区教育的，综合型的、开放的教育共享平台。学校立足重庆本地区域经济建设和区位发展，辐射西南，服务终身学习和职业发展需要，培养高素质应用型人才。到2020年，把学校建设成为具有'互联网+职业教育'特色的新型本科高等学校、西部领先国内一流的开放大学"。战略目标为："到2025年把重庆开放大学建设成为具有'互联网+职业教育'办学特色，统筹职业教育、远程教育、社区教育协调发展，服务人们终身学习需要的新型大学，成为重庆市高等教育体系的重要组成部分，总体办学水平进入我国开放大学的前列，成为重庆市学习型城市建设和市民终身学习的重要支撑。"同时，还从创新体制机制、推动产教融合、完善治理体系、培育

办学特色等方面厘清了重庆开放大学发展的基本思路，从大学能力建设、办学条件建设、组织体系建设、制度标准建设等方面谋划了重庆开放大学的建设路径。重庆开放大学的顶层制度设计，不仅主动适应了中国高等教育改革与发展的需要，符合国家对开放大学建设的要求，“运用现代信息技术发展新成果，聚集优质教育资源，丰富教育教学手段，创新人才培养模式，改革管理体制和运行机制，探索具有中国特色、体现时代特征的开放大学办学模式，满足全民学习、终身学习需要，建设学习型社会”[5]，而且创新了开放大学的体制机制、建设模式和实现路径。

（二）注重体现中国特色，秉承现代大学精神，完善新时代现代大学的治理结构

现代大学精神与现代大学制度、现代大学制度与现代大学的治理结构休戚相关，密不可分。现代大学制度是现代大学精神的外在表现，现代大学制度也是现代大学治理结构的基石，开放大学亦是如此。

大学精神是大学在长期发展过程中积淀、凝练而成的，并为师生一致认同的价值观念体系和群体自我意识，体现了大学的办学理念、办学定位、办学方向、办学宗旨以及师生的共同理想、信念、价值和追求。现代大学精神，是对现代大学本质的高度总结和凝练、概括和升华；它也是现代大学理论的源泉，是现代大学的灵魂和精髓。没有中国特色的现代大学精神就不会有中国特色的现代大学制度。何谓现代大学精神？“现代大学精神是在大学自身存在和发展中形成的具有独特气质的精神形式和文明成果，是科学精神的时代标志和具体凝聚，是人类社会文明的高级形式。它建立在对现代高等教育本质、办学规律和时代特征的深刻认识基础上，内涵极为丰富，其中的创造精神、批判精神、科学精神、人文社会关怀精神、学术自由精神和民主精神等，集中反映了对现代大学的本质、功能与办学规律的理解和价值追求，是大学在全面吸收历史传统，进行长期办学实践的探索与积淀，并随着时代不断充实发展的切合自身实际的世界观、价值观和方法论的集成，具有继承和创新相统一的理论品质。”[6]

现代大学治理结构的基石是现代大学制度，所以现代大学制度的核心内容和根本任务就是通过现代大学的治理结构体现出来的，因此建立现代大学制度的核心和根本就是要建立科学合理的大学治理结构，它既是我国高等教育改革发展的必然要求，也是每所大学自身发展的迫切需要。大学治理结构包括外部治理结构

和内部治理结构。外部治理结构是指大学与政府、社会、其他大学等外部利益相关者之间的制度设计，主要表现为大学的管理体制、办学体制和投资体制；内部治理结构是指“大学内部利益相关者之间各种权力的分配、制约和利益实现的制度规定、体制安排和机制设计，集中体现大学管理的结构、运行及其规制的主要特征和基本要求”[7]。大学治理结构从外部看，是大学与政府、社会之间的关系；从内部看，是党委、行政、学术等各种权利主体之间的关系。大学需要从调整大学与政府的关系、健全大学现代法人治理结构、健全相关利益主体参与大学管理的体制、深化大学内部治理结构改革、完善大学发展与其利益相关主体的关系等方面进一步完善现代大学治理结构。

具有浓郁中国特色和地方区域特色的开放大学，其现代大学制度的构建，是中国各区域特色与中国开放大学的现代大学制度的有机结合，能够促进我国高等教育特别是开放大学的健康、可持续发展，无论是师资队伍、人才培养、科学研究、社会服务、文化传承与创新、国际合作与交流，还是加强党的领导、完善内部治理结构、构建参与机制等方面，都能为中国特色开放大学的发展提供制度保障。

（三）构建新时代开放大学的新型内外部关系，为调整各方教育利益、有效配置教育教学资源提供法理依据和制度保障

中国现代开放大学制度的核心和根本任务是完善开放大学的内外部治理结构，而内外部治理结构设计的科学、合理，则能理顺开放大学的内外部关系，为调整各方教育利益、有效配置教育教学资源提供法理依据和制度保障。

“无论是深化高等教育综合改革，还是探索中国特色现代大学制度，其核心都是大学治理。大学治理的核心又是重构大学各利益相关者间的权责关系。”[8]中国特色开放大学的现代大学制度，既包括外部制度，也包括内部制度。其核心是构建和完善开放大学的内外部治理结构。开放大学的外部制度体现的是大学与政府、社会、高校的关系，内部制度反映的是各个高等院校内部的各种关系。

石增立在《完善高校内部治理结构建设现代大学制度的思考与实践》[9]中提到：具有中国特色的现代大学制度，其外延包含了宏观和微观两个层面；首先，从宏观层面上来说，体现的是其外部制度，它反映的是大学和政府以及社会的关系，表现为“政府——宏观调控，大学——依法办学、自主管理、民主监督、社会参与”；其次，从微观层面上来讲，则是规范高校的各种内部关系，使其形成

良性内部治理结构，彰显其“党委领导，校长负责，教授治学，民主管理”。而“完善中国特色现代大学制度”，外部就要立足构建“政府、大学、社会之间的新型关系”，而其中的重点，就是如何解决好“政府依法管理大学、社会参与和监督大学”；内部要形成“良好的内部治理结构”。现代大学的内部治理结构是“党委领导，校长负责，教授治学，民主管理”，并由此构建了现代开放大学的管理体制和运行机制，建立了与之相适应的一系列内部治理制度，这些制度优化了开放大学政治资源、行政资源和学术资源的配置，体现了开放大学治理结构的质量与效益。开放大学外部的治理制度，厘清了高校与政府、社会、与其他高校之间的关系，通过管理体制、办学体制和投资体制等制度设计，进一步明确了“政府——宏观调控，大学——依法办学、自主管理、民主监督、社会参与”的开放大学外部治理结构，改变了政府管理以行政干预方式管理大学的模式，形成了政府指导、社会评价、同行竞争的外部良好发展环境。

政府与大学的关系，在现代开放大学外部治理制度和治理结构中具有举足轻重的作用，它直接体现了政府对大学的管理方式。以前政府对大学采用的是包办的管理方式，在大学发展的各个环节，都有政府的影子，不仅对大学的人、财、物等进行直接控制，而且还对大学的专业设置、项目管理、考评激励、合并升格等进行间接控制。在现代社会和现代大学的治理体制下，政府应该转变职能，依照《中华人民共和国高等教育法》和大学章程，由控制性管理转向宏观指导、间接监督，实现政府权力向社会和大学的回归，加大办学经费支持，扩大高校在学科专业设置、高校编制及岗位管理、进人用人教师职称评审、薪酬分配、高校经费使用管理等方面的办学自主权，激发学校办学活力，不断强化事中事后监管，提高政府服务效能，简政放权，放管结合，构建政府与学校的新型利益和资源配置关系。

除了政府之外，开放大学的外部关系还包括社会与大学的关系。在经济社会高速发展和高等教育综合改革不断深入推进的新时代，开放大学应积极吸收社会力量参与学校治理，这不仅是建立现代开放大学制度的关键，而且也是实现国家治理体系现代化和治理能力现代化的必然要求。政府依法赋予社会权利，让社会与开放大学一道共同管理学校，从而形成一种新型的资源配置关系和利益格局。“培育专业中介组织，构建专业中介评估组织参与的网络式评估体系；理顺产学研合作的体制机制，推动高校和社会的深度合作；加强社会监督，建立面向社会和市场的高校信息公开制度；积极探索大学董事会（理事会）制度，提升大学外部治理能力。”[10]“依据法律法规及大学章程，政府、大学、市场或社会主体及微观结构中各权力主体的权责边界得以确立，各主体依法在各自的权责范围内履行责任和义务，这实际上也就是一个实现共同利益的过程。”[11]开放大学与企业、行业、教育评估中介组织的深度合作，建立理事会、董事会等咨询、协商、审议与监督机构，构建社会参与开放大学治理的长效机制，通过利益的重新调整和资源的优化配置，实现开放大学治理结构的优化，提高管理效能，最终实现开放大学教育教学质量的不断提高，为社会主义建设提供合格的建设者和接班人。“从政府对高等教育的垄断控制向学校、市场和社会其他组织开放，由学校、市场和社会各界通过合作的方式共同管理大学。”[12]

（四）完善新时代开放大学的内部管理体制，使校内管理运行高效有序

与现代大学制度相适应的开放大学内部治理结构是“党委领导，校长负责，教授治学，民主管理”，在此基础上形成了“党委领导下的校长负责与教授治学”的开放大学内部管理体制以及“党委统一领导、党政分工合作、科学民主管理”的协调运行机制。

中共中央办公厅《关于坚持和完善普通高等学校党委领导下的校长负责制的实施意见》中明确要求：“完善协调运行机制，建立健全党委统一领导、党政分工合作、协调运行的工作机制。”党委的集体领导、校长的行政负责、教授的学术权力，不仅是完善开放大学内部管理体制和运行机制的核心内容，而且也是开放大学内部治理结构的关键要素。它对理顺开放大学内部管理和运行机构的关系，优化开放大学内部的资源配置和利益分配，形成高效、有序、优良的管理体制、运行机制和监督机制，为促进开放大学各项事业的健康、科学和可持续发展发挥了至关重要的作用。石增立在《完善高校内部治理结构建设现代大学制度的思考与实践》中阐述到，一定要坚持“学校党委领导下的校长负责制”，在不断完善学校党委领导下的校长负责制的前提下，进而完善高校的内部治理结构；根据现代大学制度建设的根本要求，围绕高校“立德树人”的根本任务，处理好高校内部，“各个利益群体间的权利配置”，通过更科学的顶层设计去优化其内部权力的配置，形成更加完善的组织架构、更加良性的运行机制以及更加有效的监督机制，才能“更好地促进高校的各项事业的科学的发展，从而奠定坚实基础”。

[2] 王冰. 我国开放大学制度体系建设的现状与发展探究——基于社会契约和主体间性理论视角 [J]. 远程教育杂志，2013 (6).

[3] 王正东. 蝶变与涅槃：开放大学建设进程中广播电视大学的转型 [J]. 远程教育杂志，2016 (3).

[4] 龚祥国，等. 开放大学课程体系改革的理念、框架与策略——机遇层级化理念的探讨 [J]. 远程教育杂志，2016 (1).

[5] 教育部关于办好开放大学的意见 [Z]. 教职成〔2016〕2 号.

[6] 胡琦. 试论现代大学精神的校园文化价值及启示 [J]. 长春理工大学学报：社会科学版，2010 (3).

[7] 顾海良. 完善内部治理结构建立现代大学制度 [J]. 中国高等教育，2010 (15、16).

[8] [11] 张继明，王希普. 大学权力秩序重构与大学治理的现代化——基于社会参与大学治理的视角 [J]. 高校教育管理，2017 (1).

[9] [13] 石增立. 完善高校内部治理结构建设现代大学制度的思考与实践 [J]. 山东高教研究，2014 (12).

[10] 郝永林. 大学治理的社会参与：中国情境及其实现 [J]. 大学教育科学，2014 (3).

[12] 张建初. 现代大学制度下的大学治理结构 [J]. 教育评论，2009 (5).

融合发展

远程教育与职业教育从差异到融合

——特征分析及路径形成

方　慧*

摘　要：举办远程教育的同时举办高等职业教育是目前部分广播电视大学办学的现实状况。在教育面向现代化、电大向开大转型的背景下，两类教育融合发展成为必然。本研究通过文献法、内容分析法和系统科学法对两类教育的共同性和差异进行了剖析，指出了文化融合、教学方式融合、支持服务融合、体制机制融合是两类教育融合的特征。要实现两类教育的融合，需要以学习方式转变为突破口，以争取政策支持为支撑点，以体制机制建设为载体，以师资队伍建设为抓手，以资源共建为根本途径，以文化建设为辅助，形成融合发展的路径。

关键词：远程教育；职业教育；差异；融合；特征；路径

一、问题的提出

党的十八届三中全会提出深化教育领域综合改革，提出了“构建利用信息化手段扩大优质教育资源覆盖面的有效机制”“加快现代职业教育体系建设，深化产教融合、校企合作，培养高素质劳动者和技能型人才”“创新高校人才培养机制，促进高校办出特色，争创一流”“试行普通高校、高职院校、成人高校之间学分转换，拓宽终身学习通道”等要求[1]。实际传递了以下理念：首先，各类教育必须现代化，利用信息化手段扩大优质教育资源覆盖面；其次，各类教育必须

* 方慧：副教授，硕士。主要研究方向为教育管理。

建立相互沟通的通道，实现终身教育体系的构建。这也说明了国家层面要求各类教育必须沟通，各类教育之间也存在互通的因素。这就为部分远程教育高校（主要是各省广播电视大学，以下简称“电大”）长期举办高等职业教育的转型发展提供了办学思路：那就是融合发展。在电大，长期存在远程教育与职业教育共存的现象，“这其中既有现实原因，也有历史考量，更有地方利益与体制因素的多重因素交织”[2]。职业教育的实体办学，在校园建设、师资力量要求等各个方面促进了电大的发展。“在20多年的高职教育中，电大正规化、实体化建设成效明显，师资力量得到有效储备、管理队伍建设得以加强、自身的应变能力得到较大提升。”[3]但在现阶段，职业教育现代化程度不高、信息化水平不够，与远程教育以在线学习为主的学习方式存在较大的区别。在举办职业教育的电大中，在职业教育上投入的人力资本普遍高于远程教育，而从社会需求和影响力来说，电大一般高于所举办的高职，这种状态造成了管理问题，影响到学校的发展。那么，远程教育与职业教育有无可融合之处？如何融合？MOOC等在线教育的发展，加上国家层面建设开放大学的契机，思考融合的条件已经开始具备。

二、两类教育共同点与差异性分析

从广义来讲，教育作为培养人的活动，其共性都是培养人。但是，不可否认不同类型的教育培养人才存在差异，尤其是作为自主性选择的教育形式的高等教育。那么，要谈融合，需要找出两类教育的共同点和差异性，以此作为融合发展的基础。

（一）两类教育的共同点

1. 在教育使命上，两类教育都着眼于为社会培养应用型人才

使命是人们对组织之社会责任的主观赋予，是人们对组织必须承担的社会责任的一种认定，也是人们对组织应有价值判断、价值选择和价值追求的准确表达[4]。大学就是在使命的驱使下，生成大学发展愿景，并形成独有文化，进而培养人才。对于完成了“学历补偿”之后的远程教育和新兴的职业教育，它们的使命有一个共同点，就是培养满足社会发展、国家经济转型所需要的应用型人才。应用型人才是从人才素质的特征分类而来的，按照人才素质的特征可以分为道德型人才、科学型人才和应用型人才。所谓应用型人才，是指在与国计民生相关的产品制造、工程实施、研制开发以及社会生活服务领域起骨干作用的各级各

类科技工作者[5]。只有具备对人才培养的清晰定位，才能找到大学使命驱使下要完成的任务和职责的着力点，围绕应用型人才的成长特色进行知识、能力、素质教育，制定相关制度和评价体系，构建有特色的人才培养体系。远程教育是满足人们日益增长的教育需求和形成终身学习社会的重要一环，而人们日益增长的教育需求中最重要的是体现提升自我职业能力谋取更高职业发展平台的需要，其落脚点在职业素质上；职业教育是以知识的应用能力为重心，构建“面向人人、面向社会，着力培养学生的职业道德、职业技能和就业创业能力”的人才培养体系[6]。其能力核心也是职业素质。总之，远程教育和职业教育的共同性，就是为国家战略培养应用型人才。

2. 在人才培养理念上，两类教育的主题在于职业能力的提升

在大学使命中有一条以理念为基础的运行法则，支撑着大学发展的灵魂。人才培养理念是大学发展的理念，是指引大学发展的路标。终身学习作为一种发展理念，将学习当作学习者应尽的义务和责任（道义责任），这个责任的完成是为了工作更加顺利。“获取与就业相关的技能、改进个体经济状况是不可低估的重要问题。”[7]在远程教育领域，终身学习是实现终身教育的路径，远程教育和终身教育的概念相关性甚至在一定程度上被强化为一个主题。在《国家中长期教育改革与发展规划纲要（2010—2020 年）》中提到“树立终身学习观念，为持续发展奠定基础”，在战略上提出了“坚持能力为重，优化知识结构，丰富社会实践，强化能力培养。着力提高学生的学习能力、实践能力、创新能力……促进学生主动适应社会，开创美好未来”[8]。这指导了近期远程教育的发展，也形成了远程教育未来发展的理念，即远程教育是促进职业能力提升的手段。职业教育的人才培养旨在职业能力的提升被更多地提及，《国家中长期教育改革与发展规划纲要（2010—2020 年）》指出，职业教育是“推动经济发展、促进就业、改善民生、解决‘三农’问题”。在《国务院加快发展现代职业教育决定》的报告中，更是强调了“逐步实现专业设置与产业企业岗位需求对接，课程内容与职业标准对接，教学过程与生成过程对接，毕业证书与职业资格证书对接，职业教育与终身学习对接”[9]。从中也可以看出，职业教育可以与终身学习形成对接。总之，两类教育在培养学习者职业能力上的人才培养理念是一致的。

3. 在教学过程上，两类教育都强调知识向能力的转化

两类教育相近的教育使命和教育理念落实到具体的教学过程中，就是两类教育都强调知识向能力的转化。远程教育中的学习者的学习动力一般分为“自发型动力”和“自为型动力”[10]。“自发型动力”是指学习者满足自我成长的原始动力，是推动人类社会发展的自发动力机制；“自为型动力”是指利用文化、制度等措施，将客观动力与学习者主观需求结合起来，转化为学习者的学习动力。所以，对于远程学习者来说，需要把从远程教育中学到的知识转化为能解决实际问题的能力，以满足学习动力所形成的学习需求。对职业教育来说，职业教育是“面向人人、面向社会”培养人，是面向市场办学，需要与社会经济发展紧密联系，学习者需要在学习过程中与经济社会发展形成无缝联结。由此，实践教育是职业教育的核心组成部分，实践教育的本质就是将知识技能化的过程，并在过程中培养学习者的职业素质。因此，两类教育都强调知识向能力的转化。

4. 在评价上，两类教育都强调技术技能的获取

从整体来说，不管是远程教育还是职业教育，都是为了满足学习者的需求。但是，学习者的需求是多层面的。研究型大学渴望通过系统知识的获取为研究建立知识体系，因此，知识的完整性、系统性和可迁移能力是研究型大学教育质量评价的核心。而远程教育是与职业发展相关的教育，参与远程教育的学习者是因为工作的需求进入学习场域，尽管他们存在闲暇教育等需求，但主体是为了提升自己的职业能力。“他们因为受到职业生活的压力而迫不得已地投身于学习之中。”[11]对他们学习成果的评价标准是学习之后能否满足学习者技术和技能的提升。因此，能否满足学习者技术和技能的提升要求是远程教育评价的核心，这和职业教育的评价需求也是一脉相承的，强调技术和技能的获取是远程教育与职业教育的核心关注点。

（二）两类教育的差异性

1. 教与学的时空分布差异

教与学的分离是远程教育与非远程教育的根本区别。远程教育是学与教分离的教育，尤其是进入了突破印刷媒体障碍的“显信息时代”（指随着科技进步，印刷体传输手段、形式得到极大提升，人类对知识的渴求已经穿越了时空界限，距离和时间都不再是人类追求知识的障碍，人们开始有意识地利用信息、把信息技术当作学习的有效工具的时代），完全不借助“可呼吸”的教师塑造“身临其

境”的教学就可以实现“身临其境”的感受。远程教育甚至用传播技术标示自身发展阶段，如函授时代被称为第一代远程教育，电视媒体时代被称为第二代远程教育，网络媒体时代被称为第三代远程教育[12]。而目前的职业教育也零星地利用翻转学习、混合学习、MOOC 在线学习，但是这种学习方式并没有占据主流，其学习的主要方式还是强调教师与学习者深度互动的课堂教学，强调现代学徒制下的师傅与徒弟的技能交流，强调以实训室为平台的技能形成和技能竞技的技能提升。

2. 学习者差异

学习者进入学习场域之后，都会有自身的经验和期待。经验是进一步学习的基础，期待是对学习之后自我成长的预期。但是，相对而言，远程教育学习者具备较多的知识技能和生活经验，在其理解自身任务、明确任务指引的学习目标、进而转化为实践智慧的经验和基础均比职业教育学习者坚实。但是，这种经验也会造成学习者过于关注实践能力本身，在促进全面发展的基础课程上存在抵触心理。相反，职业教育学习者通常通过普通全日制学校进入全日制职业院校，他们的学习目标还需要在对专业的进一步认识后才能充分明确，他们的实践基础远不如远程学习者充足，但是他们对全面发展、职业素养的教育有广泛的兴趣。

3. 社会需求差异

远程教育更多的需求来自发展的需求、转型的需求。远程教育学习者通常是来自企事业单位的员工，他们本身有自身技能和发挥自身技能的平台，他们更多的是需要更高的理论来指导实践、更精的技能来提升自我、更高的素养来发展自我，以满足社会经济转型和自身发展的需要。而职业教育是社会期待学习者通过职业教育的熏陶和培养，实现较高标准的就业，具备一定的终身学习能力，满足企事业单位对人才的基本需求。由此可见，在远程教育和职业教育中，社会需求是有差异的。

4. 组织系统差异

以电大系统为例，远程教育常见的组织体系为“主体 + 分校/工作站 + 学习中心”，这是一个树状的层级结构。而且，在该树状结构中，这些系统既是大系统的组成部分，又相对独立存在[13]。从运作模式上看，整个系统层级之间在教学与管理方面分工合作、协调运作[14]。一方面，各级电大的人力、财力和物力由当地同级教育行政部门管理；另一方面，上级电大对下级电大的教学业务进行指导[15]。这种分散的组织形式，对理念推行和教学调整造成了极大困扰，对深陷质量泥潭的中国远程教育而言即是如此。而职业教育主要是以独立学校开展教育的组织框架，按照专业和学科组织演化形成的“院校—系—教研室”的核心组织模式，辅助以围绕学生支持服务和教师服务的后勤、图书馆、科研处等组织机构。虽然这种组织方式也遭到各种诟病，但是这种组织形式能很好地集中优势力量，促成教学理念的传达与实施。

5. 在线学习地位差异

1997 年以后，网络的普及推动了传统远程教育向网络时代的转型，Web 2.0 的出现为网络教育提供了及时反馈功能，在线学习在远程教育中得到普及，逐渐成为其主要的学习方式。从 2012 年起，MOOC 的发展推动在线学习成为高校战略发展的内容[16]。在线教育引起了整个教育系统的重视，旨在为终身学习储备能力的在线学习方式成为学校发展的战略着力点。2014 年 11 月，改革开放的桥头堡广东省发布《关于普通高等学校实施学分制管理的意见》，“鼓励学生在外校甚至互联网学习平台选修课程，且可替代课程学分”[17]，从政府层面掀开了普通高校认可在线学习的序幕，对普通高校课程结构、人才培养产生了不可估量的影响。在线学习的发展，正如 2012 美国远程教育学会第六次年会主题所言，“25 年追求卓越，从边缘走向主流”[18]。2015 年，教育部也发布了《关于加强高等学校在线开发课程建设应用与管理的意见》，提出了需要通过“加强组织管理”“鼓励高校结合本校人才培养目标和需求，通过在线学习、在线学习与课堂教学相结合等多种方式应用在线开放课程，不断创新校内、校际课程共享与应用模式”“推进在线开放课程学分认定和学分管理制度创新”等措施开展基于学校实际情况的在线学习。在这样的大环境下，在线学习逐渐在职业教育领域受到重视。但在线学习方式还并没有成为高职院校主要的学习方式，这和远程教育以在线学习为主形成了明显的对比。

三、两类教育融合的特征

两类教育的融合需要从两类教育的共同点和差异性入手，深入分析两类教育融合之后体现在文化层面、教学过程、学习方式、支持服务和体制机制等方面的特征，才能依次设计相应的实现路径。

（一）文化层面融合

1. 追求至臻职业能力是培育人才的核心文化

按照个体的成长规律，个体要呈现良好的发展状态，首先需要明白自身的发展要务。两类教育要实现融合必须找到共同的使命，这是文化层面融合的第一要务：共同使命的形成。“使命是人们对组织或者个体必须承负的社会责任的认定。”[19]只有在共同使命这一前提下，才能共同开展“有目的、有计划地培养人的活动”。远程教育和职业教育有相近的使命，就是提升社会人的职业素养，适应经济社会转型发展的需要。换句话说，追求至臻职业能力，是文化层面融合的使命指引。

2. 塑造求真务实的物质与人文环境是实现职业教育培育人才的根基文化

“教育是人与文化之间的一种相互活动，人通过教育获得知识与能力，形成思想、道德、理想与信仰。”[20]也就是说，人通过与所在的学习环境的交互，获取文化养料，完成白身构建。这就需要将远程教育独有的网络学习文化和职业教育独有的追求职业能力的文化结合起来，两者共同的特征是应用型人才培养的求真务实。因此，文化的融合需要塑造求真务实的物质环境，通过环境的塑造，形成培育应用型人才的文化场域。

（二）教学方式融合

不管是远程教育还是职业教育，不考虑学习者的时代特点、时代需求、适应过程和与适应相关的影响因素，再好的教学方式也无济于事。对远程教育来说，以电大为代表的远程教育主体在线教育的经验、理念、研究都是走在前沿的，但在电大教学中始终没有放弃传统面授，传统面授作为电大对基层教学点考核的关键要素仍然在发挥作用，这表明电大教学需要面授教学以弥补在线教育的不足。相反，职业教育遇到了学习时间过短、学习内容过多、学习方式过于陈旧的问题，亟待在线学习进行弥补，这也是 MOOC 等在线学习方式引起职业教育高层高度重视的原因。笔者认为，一定的面授教学和一定的在线学习可以形成相互补充的协同教学方式。首先，以 MOOC 为代表的在线教学通过优质资源、良好体验、充分交互和不受时空的制约逐步成为知识构建的主要手段，代表了终身学习社会构建对学习方式培育的要求；其次，面授教学通过巩固对课程学习的信念、师生直接交互和实践中的面对面指导，在提升职业能力方面更具有优势，成为教育不可或缺的环节。

（三）支持服务融合

支持服务覆盖了学习方面的直接支持服务，包括教材、教师、教室、实验室等服务；学习辅助支持服务，包括学习研究方法、参考资料等服务；学习间接支持服务，包括学生贷款、心理咨询、学习设备租赁及技术支持等服务。此外，学习者学习技能乃至学习心理及情感需求等也是学习支持服务涉及的对象[21]。教学方式的转变造成了支持服务方式也呈现出统一的发展方向，即在线学习的资源支持、学习技能和学习心理支持，以及面授学习的教材、教师、实验室等支持。随着大数据技术的思维方式的成熟，个性化、及时性、精准性、智能性成为现代支持服务的发展方向。

（四）体制机制融合

教育体制是指教育实施机构和教育管理机构通过建立各级各类教育规范保障教育机构正常运转的规章制度的总称[22]。机制是关于教育体系内部各子系统的教育现象的相互关系及其运行方式[23]。在学校教育中，教育体制是组织基础，教育机制是制约不规范行为发生和对正常教学流程的保障。在两类教育融合的过程中，要向制度和规则要外部驱力，建立适合两类教育深入沟通的机制。只有深入沟通才能有效理解，只有有效理解才能形成共同使命，才能确保共同使命支撑的办学行为朝向正确方向发展。

四、两类教育融合的路径

两类教育融合的战略确定之后，如何实现融合是研究者必须深入思考的问题。笔者认为，两类教育的融合要以学习方式转变为突破口，争取政策支持，建立两类教育融合发展的体制、机制，培育适应两类教育融合发展的师资队伍，以资源共享共建为基本途径，以文化建设为辅助，形成两类教育的融合。

（一）以学习方式转变为突破口

学习方式的转变，既是两类教育融合的核心标志和重要内容，也是两类教育实现融合的基本路径。甚至可以说，学生的学习方式能否转变，是两类教育融合是否成功的唯一标志，是突破口，也是攻坚战，在某种程度上，还是持久战。“在当代信息技术环境孕育的生存方式、工作方式和学习方式，将学习者的学习超越了传统教室和传统课程与教学模式。”[24]在以 MOOC 在线学习、数字图书馆等为代表的现代数字化学习场域中，学习者置身于“触手可及”的智能化学习环境，享有正在走向智能化的支持服务。现代数字化学习环境可以支持学习者从基础知识到高端个性化学习需求的全过程，这种进步是两类学习方式融合的环境基础。但是，不可否认的是，远程教育并没有实现面授课堂的深度交互，职业教育也并没有实现将在线学习当作主要的学习方式，这需要我们引导学习者转变学习方式。首先，需要在理念转化为行动方面将教学从教师中心彻底向学习者中心转变，深入研究在校学生学习风格，进行学习者自主学习能力、协作学习能力和创造性学习能力的培育。其次，要创造良好的数字化学习环境，提高学习支持服务水平，提高远程教育在线学习的质量和深度，将职业教育发展在线学习放在提升核心竞争力的战略高度，推进在线学习发展，实现通过在线学习提升人才培养质量。同时，需要研究在线学习效率问题，提升在线学习的话语权，建立适应在线学习培育的管理模式和评价模式。再次，需要为网络资源共享、共建与实训资源共享、共建做好顶层设计，整合区域实践资源，调整网络资源共享、共建策略，完成资源的布局，使职业教育的实践优势和远程教育的资源优势得到充分利用，从而令两类学习者可以淡化类型界限，淡化资源界限，为共同的学习方式提供资源支撑。

（二）以政策支持为支撑点

传统的远程教育与职业教育之间缺乏相互沟通的机制，不符合融合发展的需求。从教育的未来讲，各类教育的边界会彻底打破，建立相互沟通的终身学习体系，融入终身教育体系只存在时序问题[25]。国家正在大力发展各种教育类型融合的终身学习体系。但从目前的发展态势来看，亟待政府废除教育的分类管理框架，支持学习者在学习内容、形式、时间及自己的发展方向等方面有选择的机会。从整个社会发展的角度来看，需要对职业能力提出明确的要求，建立职业能力标准，以此来完成课程标准和专业标准的建设。同时，还需要建立“学分银行”机构，完善终身教育的组织框架，消除两类教育分离的体系障碍和制度障碍，并通过经费支持和过程监督，支撑两类教育按照统一的标准进行组织、整合和管理，形成系列化、系统化的政策支持。

（三）以体制、机制建设为载体

同一学校举办两类教育是一种多赢互惠的发展战略模式，既有客观需要，也有历史必然性。这种模式运行之初当然会遇到办学理念、办学行为等方面的冲突，在很多学校办学实践中体现为累积了诸多体制、机制上的矛盾。比如管理体制的“界地分割”，两类教育被人为分裂为“高职教育”“电大教育”等截然不同的形式，在机构、人员上处于分离状态，合作较少或者合作层次不高。甚至在同一学校，两类教育的利益博弈持续存在，有的甚至因为某类教育的强势，产生了话语权和发展“一边倒”的倾向，压制了另一方的发展。即使部分院校能保持合理的制衡，实现均衡发展，但因两类教育之间的博弈消耗了较多的精力，导致部分资源不能充分利用，甚至不适应面向未来的融合发展趋势。这就要求我们建设符合两类教育融合发展的大学章程，做好促使两类教育融合发展的顶层设计；落实两类教育融合发展的组织框架和制度的建设与实施，形成合力的行政和经费保障体系；构建以人才需求为指引的培养与评价机制，设置既符合课程标准又满足市场要求的统一评价标准，形成融合需要的质量保障体系；建立适应融合发展的教师队伍激励机制、制约机制和保障机制。

（四）以师资队伍建设为抓手

不管是远程教育与职业教育相对独立发展，还是两类教育融合发展，都有很多未知的领域需要我们持续地探索、实践和研究。校长抑或其他学校领导自然是研究者，但不是研究的主体，也不是教与学研究的中坚，更多的研究和差不多全部的实践任务落在教师身上。两类教育能否融合，从根源上来讲，就是能否培养出一批理解两类教育、合理整合两类教育资源用于教学中且善于沟通两类教育的教师。从这个意义上讲，师资队伍建设是两类教育融合发展的重要抓手。教师作为专门的职业得到了普遍的认同，按照专业化的逻辑，教师理应成为掌握特殊的科学知识和技能、符合特殊的职业条件和要求并具有特殊的功能和特征的人群[26]。在两类教育融合的特殊环境下的教师，不仅能适应在线教育与在线支持服务，而且能在实践中指导技能认识、实践和提升，还能通过组织有效的课堂教学启迪，深化学生思维，促进深度学习能力的形成。这些技能的形成既需要教师按照技能形成的基本规律，通过初步的感知、系统的熟悉以及智慧层次的提炼等内生动力，也需要学校对教师提出“双师”素质的外在要求，设置促进教师不断提升自我的制度环境，保持一定的外部压力，促进教师队伍能力提升，以适应两类教育的融合。

（五）以资源共享共建为基本途径

两类教育融合最基本的外在特征就是形成了相同的人才培养体系，逐步将两类教育的优势通过吸收、转化和生成的过程形成学校发展的“融合”表征。由于主客观因素的制约，达到这种层次需要促进两类教育理解的深化及共识的不断形成，需要通过专业建设、课程建设和资源建设等途径，实现两类教育的最终融合。

1. 专业共建

专业建设是学校事业发展的龙头。只有围绕专业建设来建设师资队伍、专业资源和课程资源，才能保证学校的发展按照使命指向的轨迹进行。从两类教育融合的角度讲，专业共享共建需要依托融合发展的战略，形成专业建设的初期目标和终极目标。专业共享共建的初级目标是通过聚合人力、物力和财力，解决两类教育存在的沟通不畅、缺乏理解的现实问题，通过一定的支持将两类教育以专业为载体，实现专业资源的初步整合。专业共享共建的终极目标是按照科学发展观的要求，以构建终身学习体系和学习型社会为目标，推进旨在提升职业能力的专业体系建设，形成覆盖社会主要生产领域的专业建设，最终形成能为全社会提升职业能力的专业体系，服务国家和社会发展。

2. 课程共建

课程是学校发展与成长的细胞，是学校资源中最有生命力的部分，也是沟通两类教育最基础的部分。两类教育的融合，就是要建设一大批有着统一标准和能力要求的课程。课程的建设要考虑人才培养的规格、教育学和心理学的学科特性、学习者的实际需求和课程实施的相关条件等因素[27]。两类教育的融合还需要考虑课程的在线学习需求，在课程的内容呈现方式上实现“教学活动”化；需要实现印刷教材和网络资源的分工协作，需要引导学习者通过知识学习之后进入学校所设置的在线学习场域，通过二维码等方式实现纸质文本与网络资源的双向互通；需要形成课程与信息技术的融合，体现课程的科学性、现代性和实效性，从而实现两类教育共同使用，促进两类教育共同发展，弱化两类教育的差别。

3. 数字化资源共建

MOOC 热潮还在发酵，MOOC 给教育系统带来的影响在持续发挥作用，其最大的作用是推动了在线学习方式的普及，为远程教育和职业教育的融合创造了环境基础，同时也提出了数字化资源共享共建的需要。进入 21 世纪后，我国逐渐加大了现代远程教育资源建设的力度，启动了一些教育资源建设项目，主要有教育部的“实施新世纪网络课程建设工程”和“国家现代远程教育资源库建设工程”，这对实现数字化优质网络教育资源的共建和共享具有重要意义。在这两项资源建设工程中，后者是以中央广播电视大学中央资源库为核心，以电大系统和普通高校为主要依托建立起来的“资源优化配置，促进优秀资源利用和共享”的国家级资源库平台，实质是两类教育共同建设数字化资源的框架。远程教育与职业教育的融合发展，还需要建立适应两类教育学习方式转变的共建机制，通过狠抓资源建设提高在线学习资源质量，充分提高资源使用效率，实现提高两类教育人才培养质量的目的。同时，数字化资源共享共建也是强化教师对两类教育理解的有效办法。

（六）以文化建设为辅助

无论是追求终身学习的教育逻辑论，还是服务社会的人才发展论，均认为两类教育的融合最终要体现在两类教育融合发展的文化建设上，通过文化育人培养面向未来的思想、道德、理想与信仰满足社会发展需求的人。

1. 通过在线学习能力的培育实现崇尚先进的育人文化

MOOC 是在信息技术助推下形成的，其运营模式、学习过程、反馈系统都建立在现代信息技术发展的基础上，对教育系统而言，是社会先进物质文化助推学校文化的发展过程，符合技术改变生活方式和文化的一般路径。在远程教育与职业教育的融合过程中，也同样需要充分利用以大数据、云计算、智慧系统等为代表的先进技术力量，通过在线学习能力的培育，通过改变学习环境、提高学习效率等方式，促成学校对先进文化的崇尚，促使师生追求新技术、培养新能力、创新新产品，并将这种精神进一步固化为学校人才培养过程中追求先进文化的精神内核，为两类教育的融合创造一个崇尚新技术、理解新技术和创造新技术的育人环境。

2. 追求开放文化适应网络文明的文化格局

互联网精神让开放的精神意识得到普及，让国际意识和世界眼光，通过互联网渠道涌入国内，取得了现代社会发展的巨大成就，也促进了在线教育的蓬勃发展。只有以开放的心态来办教育，教育才能有效吸取社会发展的先进“养分”。互联网是开放精神的集中体现，所展现的经济潜力和消解不同文化冲突的潜力被更多地关注和认识。远程教育与职业教育的融合要充分认识到开放文化的独特效用，用开放的精神塑造沟通、理解和互通的场域，吸收两类教育发展所需的资源。

3. 建立保障两类教育融合发展的制度文化，为两类教育融合提供有效机制

制度文化是学校文化的重要组成部分，是渗透于学校各级组织机构和规章制度中的价值观念和行为方式[28]。制度文化不同于制度本身，它反映学校的管理思想、管理理念，通过制度文化的约束和引导，为学校制度形成提供保障。两类教育的融合发展，需要建立协商文化促进理解，需要建立协同管理文化制度促进交流，需要建立权力监督文化促进实施。总之，制度文化建设要围绕应用型人才培养这个核心，建设管理机制，保障两类教育的融合发展。

五、结　语

随着在线学习和数字化生活的进一步普及，两类教育融合的环境更具有现实发展意义。受制于历史因素和现实障碍，两类教育融合发展还需要建立实际的短期目标和发展的远景宏图，需要有层次地解决初步融合，从环境渐进变化中实现两类教育融合的立体构建。这既需要国家层面高瞻远瞩的顶层设计，也需要教育研究者不遗余力的理论研究作为支撑。

参考文献

[1] 中共中央关于全面深化改革若干重大问题的决定 [Z]. 2013 - 11 - 12.

[2] 郭庆，余善云. “两校一体”：中国开放大学办学模式的理想选择——以重庆广播电视大学为例 [J]. 中国远程教育，2014 (8) .

[3] 彭飞霞，杨亚丽. 构建高水平职业特色的开放大学 [J]. 湖南广播电视大学学报，2013 (4) .

[4] 眭依凡. 大学的使命及其守护 [J]. 教育研究，2011 (1) .

[5] 萧成勇. 透视应用技术型人才培养及其价值观问题 [J]. 教育发展研究，2005 (12) .

[6] 国家中长期教育改革和发展规划纲要 (2010—2022 年) [EB/OL]. [2010 - 11 - 30]. http://news.xinhuanet.com/edu/2010 - 07/29/c_ 12389320.htm.

[7] 曼佐尔·阿哈默德. 终身学习：从理念到行动 [J]. 教育研究，2010 (11) .

[8] 国家中长期教育改革和发展规划纲要 (2010—2020 年) [Z]. 2010.

[9] 国务院. 国务院关于加快发展现代职业教育的决定 [Z]. 国发〔2014〕

19 号.

［10］夏海鹰.学习型社会建设动力机制研究［J］.教育研究，2014（6）.

［11］吴遵民.现代国际终身教育论［M］.上海：上海教育出版社，1999.

［12］黄正明.远程教育教程［M］.北京：北京交通大学出版社，2013.

［13］胡继明.新时期广播电视大学系统的反思与再造研究［J］.中国远程教育，2013（6）.

［14］中央电大咨委会总课题组.广播电视大学的定位与系统建设［J］.中国远程教育，2009（6）.

［15］邵南.旗舰战略：省级远程教育系统建设的变局策略研究［J］.现代远程教育研究，2004（4）.

［16］吴南中.建设性后现代视角下的 MOOC 资源特征及其生成策略［J］.中国远程教育，2015（1）.

［17］广东省教育厅.关于普通高等学校实施学分制管理的意见［Z］.粤教高函〔2014〕99 号.

［18］马小玲，等.远程教育：一个开放的新纪元［J］.远程教育杂志，2014（2）.

［19］眭依凡.大学使命：大学的定位理念及实践意义［J］.教育发展研究，2000（9）.

［20］［28］邢亮，乔万敏.文化视阈下的高校创新人才培养［J］.教育研究，2012（1）.

［21］吴南中，南旭光.学习者需求导向下远程教育学习支持服务体系的重构［J］.中国成人教育，2011（10）.

［22］［24］孙锦涛.教育现象的基本范畴研究［J］.教育研究，2014（9）.

［23］桑新民，谢阳斌.在学习方式的变革中提高大学教学质量和办学水平［J］.高等教育研究，2012（5）.

［25］刘晖，汤晓蒙.试论各级各类教育融入终身教育体系的时序［J］.教育研究，2013（9）.

［26］刘捷.专业化：挑战 21 世纪的教师［M］.北京：教育科学出版社，2002.

［27］兰英，朱德全.课程设置：多样化的整合［J］.教育研究，2011（8）.

现代职业教育“三融合”发展机制及其实现路径

张　培　南旭光

摘　要：在新的时代背景和教育新常态下，发展现代职业教育必须走开放融合的建设道路。文章提出职业教育与远程教育相融合、学历教育与非学历教育相融合、信息技术与教育教学相融合，构建“双轮驱动”的“三融合”发展机制模型，详细阐述“三融合”发展模式，以期为建成融职业教育、高等教育和继续教育于一体的新型大学提供借鉴。

关键词：现代职业教育；“三融合”模式；发展机制；发展路径

一、“三融合”发展机制的研究基础

2014年，国务院颁布《关于加快发展现代职业教育的决定》和《现代职业教育体系建设规划（2014—2020年）》，在国家深化教育领域改革的背景下，确立了现代职业教育的战略地位和发展目标，提出“以举办本科职业教育为重点，建立融职业教育、高等教育和继续教育于一体的新型大学”的战略要求。新型大学新在哪里、如何来建设、具体的发展路径是什么，这些课题都需要教育工作者进行深入研究。

在当前我国经济社会深刻变革、人才竞争日渐激烈的形势下，国家层面、地方层面、高校层面都在积极探索人才培养的目标定位，并高度重视继续教育在整体办学中的作用。张猛、张毅坤在分析2004—2012年《中国统计年鉴》的数据后，认为随着技术的不断创新发展，单一的学历教育已经不能很好地满足经济社会发展的要求，针对性更强的非学历教育必须参与到各类人才的培养中来。因此，要以系统培养人才的学历教育为支撑，进一步扩大开放性和灵活性，开展专业的非学历培训，拓展社会服务范围和内容，不断满足职业岗位对人才素质、社会大众对终身学习的多样化需求，这就为现代职业教育开拓了新的发展空间。

研究职业教育领域的新趋势可以发现，MOOC 的持续升温和深入实践正以极快的速度猛烈地冲击着传统教育，它不仅关注大学教育，还一往无前地向职业教育延伸。可以说，在线远程教育为职业教育提供了优质的资源平台和全新的教学模式，而职业教育也将为在线远程教育打开一个无限大的市场，使其拥有更多的学习者，产生更好的盈利模式。加强职业教育与远程教育的沟通和交流，有利于实现职业教育的开放性，提升职业教育的教学质量和吸引力。特别是在我国大力发展职业教育的背景下，要推动职业教育与远程教育的联动发展，从技术手段、体制机制等方面探索合作方式与资源共享，提高教育资源的集聚与整合程度，实现教育水平和教育质量的提升。

同时，伴随互联网、泛在接入及各类移动终端的出现，现代社会的信息化进程加速发展，对教育系统变革提出了新的要求。在这样的时代背景下，国家加大对教育信息化领域的投入，为信息技术支撑教育发展打下了坚实的基础。《教育信息化十年发展规划（2011—2020 年）》提出了“信息技术与教育教学深度融合”这一全新理念，体现了信息技术在教育教学中应用的思想内涵。李玉顺在研究中强调信息技术与教育教学的双向性互动，追求包括专业课程体系设置、教学内容选择、教学形式创新、教学管理手段升级、教与学关系重构等方面内容在内的基于教育教学业务流程上的精细化。而与信息化技术联系最为直接的现代职业教育领域，想要更好地应对教育思想、教育模式、教育方法、教育组织体系等方面一系列挑战，也必须考虑“信息技术与教育教学深入融合”问题。

基于以上研究基础，本文认为，在新的时代背景和教育综合改革的要求下，现代职业教育必须走开放融合的发展道路，以职业发展为导向，推动职业教育与远程教育相融合，坚持学历教育与非学历教育相融合，实现信息技术与教育教学相融合（以下简称“三融合”）。

二、“三融合”发展机制的具体构成

现代职业教育的“三融合”发展不仅仅限于技术本身，更要突破技术层面的辅助属性，从而真正将相互融合落实到以质量保障体系为主线的职业人才培养的全过程中。基于此，本文提出“以学历教育与非学历教育融合为动力，以现代信息技术与教育教学深度融合为支撑，实现高等职业教育与现代远程教育双轮驱动”的现代职业教育“三融合”发展机制模型，如图1所示。

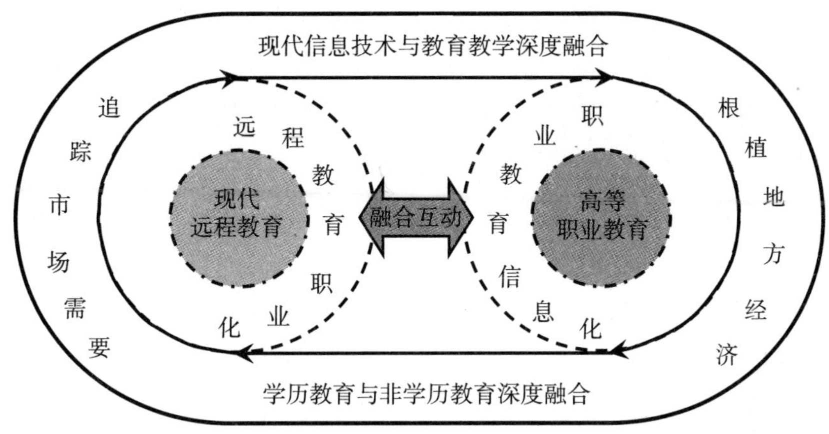

图1　现代职业教育“三融合”发展机制模型

（一）双轮驱动：现代远程教育与高等职业教育融合互动

建立在多媒体、网络等信息技术基础上的现代远程教育理论适用于任何一种教育类型，其开放、灵活、大众等特点给各类教育模式和运行逻辑提供了更多的空间。高等职业教育与现代远程教育融合互动，是教育领域积极开展跨界融合的新思维，是当前“互联网+”新趋势下现代职业教育适应教育发展新常态的一种选择。当前，互联网正以不同的方式、不同的速度渗透着各个领域，在这样一个移动互联网跨界的时代，教育领域全新的商业模式也正在形成。除了之前提到的在线远程教育通过优化教学模式独立开展相关的职业教育外，一些职业学院也通过引进远程教育手段、技术实现两种教育的沟通，或者职业教育系统和远程教育系统联合办学、整合资源，实现沟通和优化。但是，无论以何种形式，我国对两类教育沟通的探索都还停留在较浅的层次，特别是在资源建设、课程设置、人才培养模式、支持服务等方面的优势没有较好地叠加。推进现代远程教育与高等职业教育的双轮驱动需要进一步改革创新人才培养模式、服务模式，真正实现职业教育信息化、远程教育职业化。要处理好可能影响二者融合的关键环节，开发适合职业人、满足职业人教育需求的移动产品，研究两类教育的融合互动新机制，探索灵活的学习模式、学习成果认证及学分转换等技术沟通要素。

（二）动力要素：学历教育与非学历教育融合

2014 年，教育部副部长鲁昕在中国发展高层论坛上发表了《建立现代职业教育体系推动教育结构战略性调整》的讲话，阐述了构建“现代职业教育体系”的基本特征：以就业为导向，建立系统性的技术技能人才培养体系。可以看出，在经济社会发展新常态的背景下，国家层面对现代职业教育体系建设目标的设想已经较为清晰。以就业为导向，即提高职业教育人才培养的针对性，使人才培养标准和模式符合地方经济、现代产业对受教育者的需求。一方面，以系统性的学历教育为支撑，培养一大批适合一线生产管理的高素质人才；另一方面，进一步研究职业教育需求结构发展变化，以非学历教育为职业技能提升的目标，发挥其为终身职业发展提供服务的作用。简单地讲，就是要构建以就业为导向、学历教育与非学历教育融合的开放办学模式。而实现学历教育与非学历教育融合，是系统性技术技能人才培养体系建设的现实要求。学历教育和非学历教育各有所长，学历教育重视基本素质和职业能力的培养，非学历教育偏向专业技能培训、岗位技能培训、职业资格证书培训等，更加注重解决职业生涯中的现实问题。在社会经济新常态下，学历教育应更加主动适应市场需求和知识结构变化，兼顾学历教育功能和非学历教育的社会需求。在课程改革上，减少必修课比例，扩大选修课的范围，将学科的新理论、新观点融入课程体系中，为职业性指向强的专业引入职业资格证书培训课程，让学习者在完成学历教育的同时，通过职业资格认证，获得专业的职业技能。在教学资源建设上，依托学历教育的学科优势，遵循市场导向的实用性和针对性，整合学习资源，开发市场接受和需求较多的培训资源和项目。在人才培养模式上，进一步创新职业教育校企合作模式，突出职业教育特色，实现学校教育向企业、社会的延伸。同时，完善学分制度，探索构建学分积累、互认的机制和标准，真正实现学历教育与非学历教育的互通。

（三）支撑要素：信息技术与教育教学深度融合

2012 年，一家研究 3D 医疗技术的公司 CEO 第一次将虚拟解剖课程搬上了 TED 讲坛，这不仅激发了医学专业学习者的兴趣和学习热情，还在一定程度上解决了职业教育运用虚拟技术参与实践的难题。这体现了信息技术教育教学应用的新趋势，信息技术的迅猛发展对与其关系最直接的职业教育所产生的革命性影响正日益显现。信息技术与职业教育教学深度融合不仅限于技术本身，而应贯通职业人才培养的全过程。由于职业教育具有职业性、开放性、实践性特点，信息化教学必然开发全新的教学模式，从学习资源、学习环境、实践环节等探索融合的途径。职业导向的专业学习资源库建设以及资源平台的应用离不开信息技术与教育教学的深度融合，开放的、多元的、共享的学习资源是人才培养模式改革的基础。如何将最新的职业资源和实用的资讯带进课堂，并适应学习者的学习特点，是提高职业人才培养质量的关键。基于信息技术的互联网连接及各类移动终端为学生提供了开放的学习环境，师生可以通过交互式教学设备下载和上传教学资源，加上学习资源平台的支持，互动教学更加方便、有趣、有效，移动学习、泛在学习成为常态，真正服务于学习者的个性化学习。在培养学生职业能力方面，通过远程直播、虚拟仿真等技术手段可以缓解传统职业教育实践环节存在的问题，信息技术使教学的方式和内容更加丰富，学生的学习和岗位实践要求更加贴近，给学习者更加真实的体验式学习感受，增强了学生职业化思维和职业化素质的培养。

三、“三融合”发展机制的实现路径

“三融合”发展机制涉及诸多方面的内容，如创新人才培养模式、创设灵活的学习模式、提供开放的学习环境、提供优质的学习资源、构建学分积累及互认的机制、推进教育信息化的创新建设等。“三融合”发展机制为构建现代职业教育体系提供了变革性思路，特别是对在现代职业教育体系中发挥引领作用的高职院校提出了现实的挑战。具体来说，其实现路径包括以下几个方面：

（一）加强资源整合和理论研究探索，促进“三融合”与学校事业发展相结合

1. 改革内部管理体制

学校抓住多年实施“一体两翼”发展战略而奠定的职业教育与远程教育一体办学的坚实基础，于 2012 年完成了第四轮内部管理体制改革，将重庆工商职业学院和重庆广播电视大学的各类资源整合在一起，建立了新的 10 个二级学院，消除了两种教育融合的部分制度障碍，理顺了内部管理体制，优化了院系发展机制，共享了办学成果。通过在办学模式、办学条件、师资队伍、教学资源、课程设置等方面的不断融合创新，在办学理念、办学定位、办学思路、建设目标等方面的不断强化，筑牢了“三融合”的办学基础。

2. 加强有关理论研究和实践探索

围绕现代远程教育和职业教育融合发展的管理体制和运行机制研究、人才培养模式研究、学习方式研究、专业课程体系设置研究、资源开发整合研究、师资队伍建设研究、科研成果转化研究、支持服务研究、质量保障体系研究等，设立“三融合”科研专项，在高职院校内开展有关学校事业发展和“三融合”问题的大讨论，建设一批“三融合”教学研究基地，完善校内各项事业发展“三融合”的工作机制，形成关于“三融合”的制度框架。

（二）加强人才培养模式改革创新，促进远程教育与职业教育相融合

1. 创新人才培养模式

以职业发展为导向，探索远程教育与职业教育相融合的人才培养模式，构建“多模块、课证融通”的课程体系，促进学习方式转变。建立远程教育实训中心和区域分中心，开发系列专业虚拟实验实训软件，重构适应职业教育和远程教育相融合需要的虚实结合的实验实训教学体系。

2. 创设灵活的学习模式

确立以学习者为中心，以过程性多元化学习评价为引领的“有辅导的自主学习模式”，探索开放灵活的线上及线下教学活动开展载体及包括混合学习、翻转学习在内的多种学习方式的应用，建立远程教育和职业教育的课程学习沟通机制，改革考核评价机制，深化两类教育的融合发展。

3. 构建人才成长“立交桥”

扩大“学分银行”试点，落实“中职—高职课程衔接”“高职专科—开放专科课程互认”“高职专科—开放本科课程衔接”改革，扩大学历与非学历教育的学分互认与转换，建立不同教育类型之间、不同教育层次之间相互衔接、相互沟通的人才成长“立交桥”。

4. 建立人才培养质量保障体系

探索课程内容与职业标准对接、教学过程与生产过程对接、学科教育与职业教育对接的人才培养质量标准。构建教与学并重、保障与监控并重、校内校外多元评价并重的，学生、教师、社会三方参与的“宽进严出”的人才培养质量保障体系。

（三）加强信息化能力及基础建设，促进信息技术与教育教学相融合

1. 推进信息化基础建设

将教育信息技术作为学校核心竞争力来打造，构建移动学习环境。开发集教学教务、学习支持、课程资源、信息管理为一体，体现多元学习者自主学习和协作学习特点的综合学习信息平台。建成面向教学、科研、学生、后勤管理的各类应用系统，达到各应用系统的服务融合，实现学校工作、学习、生活智慧化。

2. 提供开放的学习环境

着力创设开放的学习环境，充分优化并发挥学习支持服务中心、课程资源服务中心、信息技术服务中心的作用。将校园内教育和校园外教育相结合、线上教育和线下教育相结合，建设学习资源共享平台，推广优质资源，为广大社会成员提供更多的学历教育和非学历教育的学习机会。

3. 提供优质的学习资源

本着“实用、便捷、有趣”的理念，以课程为中心，加强一体化网络课程及数字资源建设。在整个区域内进行职业教育资源联盟建设，推行有地域特色的职业教育 MOOC 体系。高职院校要作为优质教育资源和教育服务的重要提供者、终身学习体系建设的重要支撑者，把优质资源输送到全域，满足社会成员的学习需求，提供人人都能参与的、老百姓身边的课堂。

（四）切实服务地方经济社会发展，促进学历教育与非学历教育相融合

1. 打造产业支撑的学历教育

根植于地方经济社会发展，紧跟地方发展战略和支柱产业，服务城乡统筹，服务产业结构升级，强调“产教融合，校企合作”，成立“政行企校合作发展理事会”，依托政行企校体制机制建设，把政行企校合作引向纵深，与行业企业共同开展专业和课程开发等，构建完备的专业开发、退出机制及工作模式，形成深刻体现“三融合”特色的人才培养方案。

2. 打造专业化的职业教育

整合各类优质教育资源，重点打造契合地方发展需要的城市发展、产业支撑、社会生活等三大职业教育板块，以专业优势举办非学历职业培训，统筹开发、系统运作，把职业教育做宽、做深、做专，专业化服务地方经济社会发展需要，实现学校教育向社会的延伸。

3. 打造相互融通的教育体系

增强学历教育与非学历教育之间的融通性，建立学历教育与非学历教育的相互衍生机制。以职业教育特色和知识模块统筹课程资源建设，并在学历教育和非学历教育中进行交互应用。努力拓展社会服务的范围和内容，提升服务能力，承担起时代赋予的历史新使命，助力灵活开放的终身学习体系构建。

在构建现代职业教育体系的过程中，“三融合”发展机制还需要不断发展完善，但其作为一种工作思路和办学理念，在逻辑上带来了人才培养模式和教育教学改革的创新，对推动现代职业教育战略发展具有冲击性的影响，对建立融职业教育、高等教育和继续教育于一体的新型大学也有一定的借鉴意义。

参考文献

[1] 张猛，张毅坤．新形势下高等继续教育改革转型途径的分析与探讨 [J]．继续教育研究，2015 (2)．

[2] 李广德．现代远程教育与职业教育沟通的实践与理论研究综述 [J]．职业技术教育，2012 (13)．

[3] 严先锋，张颂心．远程教育与职业教育联动发展：一个新的分析框架 [J]．职业技术教育，2012 (34)．

[4] 何克抗．如何实现信息技术与教育的“深度融合”[J]．课程·教材·教法，2014 (2)．

[5] 李玉顺．信息技术与教育教学深度融合的发展需求与趋势 [J]．中国教育信息化，2014 (12)．

特色与机制——落实“三融合”思路的途径探究

代　刃* 吴南中

摘　要： 自党的十八届三中全会以来，深化教育领域综合改革从愿景向现实转变。重庆广播电视大学通过认识和理解互联网时代办学的特征，结合自身特色，提出了“三融合”发展思路。要实现“三融合”思路下的教学机制改革，需要从治理机制建设、人才培养质量系统化提升机制建设、科研与教学良性互动促进机制建设、文化形成与学校建设协同创新机制建设为基本发力点，实现制度与机制建设的匹配，确保机制效用的制度系统性建设，合理使用技术，建立有效的反思机制来保障“三融合”思路的落实。

关键词：“三融合”；教学机制；改革；路向；制度

一、引　言

自党的十八届三中全会以来，深化教育领域综合改革从愿景向现实转变，“构建利用信息化手段扩大优质教育资源覆盖面的有效机制”“拓宽终身学习通道”“创新高效人才培养机制”等具体要求指引着学校的发展。尤其是对具有广播电视大学和职业教育两类教育的学校，极具现实指导意义。在电大，长期存在远程教育与职业教育共存的现象，“这其中既有现实原因，也有历史考量，更有地方利益与体制因素的多重因素交织”[1]。但发展到现在，两类教育陷入了不同

---

* 代刃：教授，硕士。主要研究方向为高校思想政治教育。

程度的提升困境中，远程教育由于 MOOC 等在线教育的冲击显得后劲乏力，办学系统受到市场体制、多元办学等冲击[2]，办学质量不能满足社会发展的需求；办学规模受到人口增长等因素的制约。同样，职业教育受到转型升级压力的影响，人才培养质量与社会发展需求不相适应；教师培训系统不成熟；体制机制不健全；活力和吸引力不强等现实问题，亟待自身做出改变。这类问题已经引起了各个层面的关注，重庆广播电视大学在多年的探索基础上，提出了以“三融合”为基本思路的教育教学机制改革。“三融合”指融合什么？体现了什么特征？如何落实？下文将一一说明。

二、“三融合”基本思路的科学内涵

（一）“三融合”问题的由来

改革开放以后，高层次应用型人才的缺乏制约了经济的发展，引起了举国关注。1998 年，中央电大开始创办高职教育，随后，国内大部分省级广播电视大学举办了自己的高职院校，到 2006 年国家采取分离政策之前，共有 145 所独立设置的成人高校有普通高等学历教育招生资格[3]。大量电大以各种形式运营自己的高职院校。同时举办远程教育和高职教育成为我国高等教育发展的一种特殊现象。由于职业教育和远程教育在办学形式、人才培养模式、学习方式、学习群体等多方面存在较大的差异，反映在学校文化上两类教育存在一种相互斗争甚至排斥的状态。但从运行方式而言，两类教育互补明显，特别是 MOOC 等在线学习方式兴起之后，在线教育受到广泛的关注，被认为是未来终身学习型社会的基本学习方式，各种层次的教育对在线教育等教与学分离的教育形式赋予了想象，其中包括职业教育。而旨在为各地培养留得住、用得上的人才培养目的，在其诞生之时就职业性明显，应用型人才一直是电大人才培养的标签，两类教育融合具有先天的基因。

中国电大的诞生，很长时间的历史使命是为了开展“学历补偿”教育，为“文化大革命”期间失学人群补办高等教育，但如今这种“学历补偿”的教育逐渐进入尾声。旨在提升职业能力的职后教育成为电大的首要使命。除了学历教育，非学历教育在电大中广泛开展，尤其是学习型社会构建，需要电大系统等办学点深入各社区开展教育。继续教育在未来的开放大学建设版图上，是生力军，也是新的增长点，同时也是开放大学建设的必要途径。同时，对于非学历教育来说，学习型社会对非学历教育提出了技能转变的需求，使其需要借助职业教育的实训场地、良好师资和办学资源进行教育，而非学历教育在职业教育中被当作重要的服务社会的方式来开展。整合学历教育和非学历教育资源，思考学校的发展问题，形成了一种新的发展思路。

学校将质量、规模、特色等关键要素做系统化梳理，能清晰地看到教育信息化的作用。通过教育信息化实现职业教育的上台阶、提层次，远程教育的提质量、树品牌，继续教育的扩大受众，等等。教育信息化的关键是信息技术与教育教学的融合。至此，远程教育与职业教育融合、学历教育与非学历教育融合、教育教学与信息技术融合的发展思路逐渐清晰，随着富有创新意识的校领导的推动，逐渐形成共识。

（二）“三融合”思路的逻辑关系

首先，职业教育需要通过在线教育来提升质量，远程教育需要职业教育来弥补短板。分析职业教育的问题，我们都会想到职业教育不符合社会发展需要。为什么不符合社会发展需要？按照职业教育发展的逻辑，职业教育是由市场和社会的需求而产生的，其根源是成熟技术的运用。但在现行职业教育中，由于其前身并不是由职业技术“内生”的，而是从职业之外的学科“迁移”而来的，受到学科逻辑的指引，职业教育重视知识教育而不重视技能学习，并形成了一股短期难以突破的力量。MOOC 等在线教育出现之后，职业教育发展有了新的变化：理论教学更加不受学习者喜欢，要求职业教育加强实训教学。同样，远程教育由以往的“学历补偿”向“职业能力提升”转变，缺乏实践场地和实践培育技能的远程教育在发展上遇到了难题，其人才培养的质量受到的社会质疑空前加大，加上民间在线教育的崛起，对学历要求不复以往，职业教育按照市场和社会需求加强技能培育、提升职业能力以助推远程教育转型成为人们直接、有效的选择。因此，对于举办不同类型的广播电视大学而言，两类教育融合成为更加容易做的选择和学校发展的必要。

其次，“办好开放大学”在《国家中长期改革和发展规划纲要（2010—2020年）》被提及，引起了举国关注。其核心价值被描述为“促进各级各类教育纵向衔接、横向沟通，提供多次选择机会，满足个人多样化的学习和发展需要”。“多样化学习”的提出意味着国家将非正式学习的任务放在开放大学的建设之中，用多样化学习支撑学习型社会建设的理想，成为开放大学的重要使命。在以往的非学历教育中，产生了很多有价值的理念，实际上正在影响日常的教学生活，比如混合学习（blended learning）率先出现在非学历教育领域，后被学历教育所广泛使用。非学历教育的课程资源更是被大量用于教师日常教学中。同样，学历教育的各种先进经验和资源也是提高非学历教育绩效所必需的，同时也实际地推动了非学历教育的发展。除此之外，对参与学历教育的学习者的情怀、理想、兴趣、闲暇能力等的教育，需要通过非学历教育培育体系去完成。因此，学历教育与非学历教育融合发展成为必须。

再次，随着信息化社会进程的加速，学校信息化建设也在大力推进，制订了《教育信息化十年发展规划（2011—2020）》这一国家层面的规划，其中明确了学校信息化发展的方向是“信息技术与教育教学深度融合”的概念。“未来的社会是学习化的社会，学习化社会的表述意指今后的社会关系是以教育和训练为基础的。”[4]对于如何创建学习化社会，“信息的流通、存储以及检索”是关键。基于此，对信息技术的发展给予了无与伦比的关注。在 MOOC 等在线教育的推动下，信息技术逐步消解了生活和学习的界限，扩大了教育市场，也造成了现有教学内容、教学方法、教学评价以及相关的管理制度面临重构，信息技术与教育教学的深度融合成为支撑学校发展甚至整个教育体制发展的关键。

三、“三融合”视域下的教学机制特色与路向

要定义“三融合”视域下的教育教学机制改革，需要从改革本身去寻找答案。改革服务于发展，其结果也必须是促进教育“发展”[5]。但发展本身并不代表改革，改革是在深层次矛盾有效解决基础上的发展，是教育品质提升和教育质量建设的突破性进展。学校教育面临三大现实问题：第一，职业教育、远程教育、非学历教育的资源配置没有充分优化的问题；第二，在适当提升规模的同时，提高人才培养质量的问题；第三，形成学校办学特色，打造核心竞争力，适应未来高等教育需求的问题。每一个问题都是系统性的问题，其解决需要建立系统性的思路，实现基础性、框架性和实体性的改变，最终促进学校的发展。

（一）治理机制建设

治理机制是现代大学制度的基石，是推动和完善“三融合”实施思路的基础性工程，其实质是构建能够应对“冲突和多元利益”需求的决策权框架，形成既能满足多元利益主体，又能吸引更多的资源进入，以促进学校发展的框架。

治理的要义是对话，典型特征是多元主体的参与。“共治是路径，善治是目标。”[6]“三融合”思路下治理框架的形成实际上需要回应如何稳定地支持“三融合”建设、如何有效地提升“三融合”建设的效用，以及保障各个主体参与的透明和问责问题，实现学校利益的最大化，最终的目标是办好学校。在重庆广播电视大学，治理制度构建已经有一定的政策基础、实践基础和理论基础，与过去的二级学院实体化建设、教育行政工作的服务职能强调是一脉相承的，但是还存在较大的问题，比如二级学院实体化建设还不够彻底、部分教育行政部门治理意识较为淡薄、教学管理部门理论和实践引领能力还不够强、“教授治校”执行得不够充分等。除此之外，学生等利益相关主体在学校话语权缺失，即便是传统的评教渠道也因为教师主导学业成绩的评定权而出现了失效现象。因为服务对象的需求没有得到回应，导致了各类教育无法携手面对问题。“三融合”的思路正是要回应资源配置、权力结构、质量建设等方面的核心问题。通过治理结构的形成，将参与、协商、责任和民主等价值融入治理框架建立及其内化的过程中，回应资源配置要求、办学治理诉求和发展竞争力形成需求。

（二）系统化人才培养质量提升机制建设

以“三融合”为思路的人才培养模式，需要统筹性思考人才培养模式、平台与技术、质量保障体系之间的相互关系与作用机理，通过系统化人才培养质量提升机制的建设，重塑三类教育融合发展的未来。

1. 人才培养质量的标准是“互联网＋”时代共同的质量诉求问题

高等教育的质量问题由来已久，不是某个学校的独有特征，甚至不是中国的问题，而是世界的问题，其根源在于20世纪80年代后的高等教育规模扩张和教育经费的增长乏力。“互联网＋”时代，由于传统产业结构的颠覆和新兴产业的兴起，对人才的开放合作精神、协同意识、领导力、管理统筹视野形成了新的要求，同时也使人才培养质量问题超越院校边界，演化为一个涉及多元利益的共同问题。人才培养质量的标准从以往的数量、规模和学历学位中逐渐解脱出来，提升能力的层次和满足需求的程度成为三类人才培养的共同质量要求。人才培养质量的标准建立需要从意识上有所突破，从技术上形成一系列清晰可辨的步骤，从权力上打破学术人员在质量界定和管理人员在质量标准执行中的垄断，实现课程标准、过程评价、效果评价、教师能力标准、学习支持服务标准等一系列的满足学校融合发展的质量标准。

2. 用合理的专业布局引导评价机制建设

专业和专业群建设是学校发展的龙头工作，其地位和效用关系到学校建设基础是否稳固的问题。依托于经济社会发展，通过人才培养实现专业价值，并将学校工作串联起来，成为学校工作的主线。招生、培养与就业，围绕招生、培养与就业产生了招生工作人群、教学专业教师、教务管理人员、学生工作系统、就业工作系统、后勤管理系统等等。可以说，学校的核心竞争力，很大程度上取决于专业建设的合理性、科学性和社会适应性。但从学校发展现状来看，学校与企业的联动不够深入，导致了专业感知、适应产业链的需求变化存在一定的滞后性；并且专业作为办学的基本单元，沿袭原有专科建设方式和办学惯性，容易停滞于已有的办学方式，不具备实时进行反思调整的意识。以专业评价引导为抓手，建立学校的专业诊断与评价，引导专业调整自身办学目标、人才培养目标、人才培养课程体系，不断改善专业设置、专业教学资源、教师队伍素质、课堂教学实践，并在评价的基础上，实施教学资源的分配，最终促进专业的自我成长，适应“互联网＋”的冲击和“三融合”工作的现实需要。

3. 人才培养、平台技术与质量保障体系的联动机制建设

从三类教育在学校的发展来看，它们建立了各自内涵发展需要的人才培养、平台技术和质量保障。但“三融合”思路赋予了人才培养、平台技术和质量保障的内在联系。远程教育与职业教育融合其实质是要在人才培养形式上实现线上线下融合，塑造一个“实体＋网络”的人才培养场域，提高人才培养的质量。其作用体现为扩大平台技术的服务空间，将线上和线下资源链接起来，形成持续作用联合体，通过更好地使用各类资源，促使三类教育共同成长。此外，如前文所言，“学习化社会的本质是今后的社会关系是以教育和训练为基础的”。人必须通过各种非正式渠道获取所需要的知识和技能，满足人的发展的需要，在学历教育过程中拓展非学历教育的内容，学会非学历教育学习的方法，理解非学历教育对自身知识构建的价值，是学历教育培养面向未来人才成长的关键。同时，非学历教育需要借助学历教育的资源、师资、场地和各种行之有效的方法，实现自身的不断进步，不仅如此，更多的价值观教育和文化素养提升对于面向未来社会的生存能力更加重要，非学历教育开始更多地关注整体的“人”的实现，和学历教育在内容上不断地靠近。两类教育共同的交流方式是资源和理念，反映到实践中，就是用逐渐接近的人才培养方式、共同的学习平台、过程相同但标准不一

样的质量保障体系，实现人才培养、平台技术和质量保障体系的深度互动。

4. 以教师成长为核心主题的教师成长机制建设

“三融合”思路下各类教育融合的标识是教师在行动上的融合，即既能拥有远程教育所需要的教学技能，也能实现在职业教育领域的线下教学；既能满足非学历教育对学习者成长的促进，又能满足学历教育学习者的自我提升，其适应各类教育的基本表现是能促进各类学习场域信息技术与教育教学的融合。这样的融合不仅需要教学能力和实践能力，更需要资源整合能力、协同意识、大数据处理能力等新时代的教师素质。这就需要从动力建设、思想建设和能力建设等三个方面去设计教师的成长机制，促进教师理解、适应和引领“三融合”建设工作。首先，教师参与“三融合”建设，需要激发其自身的能动性。对于教师来说，沿袭原有教学方式能保持最小的精力投入，但其危害性同样是巨大的，最显著的危害是不适应转型发展需要，遭弃用或发挥不出自身能力的“轻用”。要从教师自觉发展、制度压力发展、生存环境发展、同伴发展、社会环境发展等中寻找教师发展的动力，促进教师积极主动地参与到“三融合”工作中来，适应各类教育的切换，最终实现融于一体的“融合”。其次，要通过激励机制和理论研究，提高教师对“三融合”思想的认识。比如通过身份激励认识到参与“三融合”的重要性，促使自身从思想上转变，适应学校发展需要；比如通过教研室或教师发展中心的建设，从理论研究上促使教师理解“三融合”思路中的学校战略。再次，要打造教师适应“三融合”建设的能力。且不说信息技术与教育教学融合对教师能力的挑战，远程教育与职业教育的及时切换也需要教师能力的提升，比如远程教育教师的身份更多的是学习支持服务的提供者，而职业教育教师的首要身份是“技术导师”，远程教育教师要做好学习支持服务，理论上需要实践能力的提升，但现实中也可以通过各种资源整合的办法实现学习支持服务任务的完成，真正切换到职业教育场域，容易导致教师的不适或者是不能更好地胜任。同样，职业教育教师适应远程教育的能力也需要提升，“三融合”思路下教师的发展需要协同各类教育的系统性能力表征，从激励机制、晋升途径和学习平台各个方面，考虑教师的专业发展问题，重构教师的能力，实现教师能自如地成长于三类教育之中。

（三）科研与教学良性互动促进机制建设

科研与教学工作缺乏良性互动是高校发展过程中一直存在的难题。科研与教学本身具有天然互补性的相互关系，出现这种相互矛盾的关系主要原因是教学与科研的定位失衡、身份失衡和管理失衡，导致教师难以发挥自身潜力，教授难以起到示范带头作用，也导致年轻学者难以掌握科研与教学工作的相互促进关系。

1. 自我显示的身份管理

大学是由学者组成的科学探索共同体，学者是大学的根本，大学的建设必须充分挖掘学者的价值。其中自由地选择自身身份是学者自由本性彰显的前提，换而言之，就是学者可以自主地选择自己愿意成为什么，再对接学校予以的身份待遇和身份职责。比如对教师分类管理，将其划分为研究型教师、教学型教师、偏向研究型教师、偏向教学型教师，并设置相应的级别，教师自身选择成为某个层级、某种类型的教师，学校对照标准实施管理。比如研究型教师的教学工作量和科研工作量的设置以科研为主，一年 320 个工作量可以设置为 120 个教学工作量和 200 个科研工作量，200 个科研工作量的教师待遇对接助教水平。在 120 个教学工作量不变的前提下，260 个科研工作量对接讲师水平，320 个科研工作量对接副教授水平，380 个科研工作量对接教授水平。相应的水准对应相应的待遇，并签订相应的契约，教师可以按照自身的能力去自由选择相应的类型。

2. 执行教学积分和科研积分互换制度

教学与科研是教师发挥作用的基本支柱，教学与科研就如学校向前迈进的两条腿，偏废任何一方都会难以实现学校发展的目标。在学校多种办学方式并存的环境下，教师在一定程度上可以通过教学积分和科研积分进行相当的兑换，实现科研与教学的积分效能相同，提升教师的自由度、激发教师的发展活力。首先，管理部门之间要相互沟通，准确预算科研工作量和教学工作量的总数，根据不同的人群选择，形成工作任务；其次，对流动性的工作总额预算，要拓展其获取积分的便利性，激发教师主动参与流动性工作的积极性。

3. 发挥教授在教学科研上的指导作用

国外研究表明，一个能够胜任角色的带头人，能在获取学术资源、提升公关能力、建立和形成学校愿景中发挥重要作用[7]。在当前的制度环境下，教授在职能发挥上所起的作用不够，尤其是在对年轻教师科研与教学的指导上。有教师调侃，对教授这块最宝贵的资源的使用更多地只停留在各类汇报材料中。激活这块人力资源对盘活整个学校教学和科研机制极其重要。首先，用行政制度的方式将教授在科研与教学上与年轻教师进行身份绑定，对其指导执行情况和指导实效，作为基本的教学任务进行固化，并在年轻教师所获取的教学、科研成果中予以相对应的积分累计。其次，支持教授建立科研创新团队和教学团队的方式，通过科研创新团队和教学团队的成长完成培育年轻教师的职责，并从制度上明确职责分工和利益分配问题，促使专业教师围绕学校专业发展和教学水平提高而成长。再次，强化学校专家讲坛。比如推行每周举办专家教授讲座。有教授身份的教师按照特定的月份，为全校教职员工做学术讲座，不仅能促进教授自身不断提升，也能带动全校科研教学水平的提升。

4. 探索“项目”分层，促使教师科研与教学研究进步

对于复杂任务的学习，最好的方式是体验。对于教师来说，要提升自己科研与教学改革能力，最好的方式是自身申报一个相应的课题来做。按照现行的科研教学管理现状，年轻教师难以获取项目的资助，因而学校科研资助建立相应的层级制度非常必要。比如校级项目只允许讲师以下职称、35 岁以下的年轻学者申报。引导高级职称教师主攻校外相关的项目或者是学校重大问题研究。这样随着教师职称的不断晋升，教师科研能力与科研压力不断匹配，促进成果质量的提升，为学校服务社会和获取声誉提供更多的成果支撑。

（四）文化形成与学校建设协同创新机制建设

学校文化既有广义文化的一般性，又体现了教育价值引领的核心作用。文化建设既有促进学校共同愿景形成的理想价值，也有推动“三融合”建设的现实价值；既需要体现学校在“互联网 +”时代的发展的共性，又要体现三类教育在学校举办的特色；既要充分吸收学校举办高职教育和开放教育的文化成果精华，又要在“互联网 +”时代引领学校文化的发展，使之既能因地制宜，又能有所遵循，少走弯路，使之与学校建设互动。

1. 发挥教师自觉精神，形成文化建设主体

费孝通先生认为：“生活在一定文化中的人对其文化要有‘自知之明’，明白它的来历、形成过程、所具有的特色和它的发展的趋向，自知之明是为了加强对文化转型的自主能力，取得适应新环境、新时代文化选择的自主地位。”[8]教师是学校文化建设的主体，在“三融合”发展过程中，需要教师在意识上形成转型发展的必要感，在行动上形成与“三融合”发展相符合的行为方式。在可以预见的“三融合”发展过程中，很多教师会扮演保守、迟钝和因循守旧的角色，甚至会在一定利益冲突的诱因引发下，抵制转型的发生。这需要教师具有自主精

神，发挥自觉意识，通过积极主动地利用在线学习方式提升职业教育学习者的知识素养，通过实训能力提升感知实训对学习者的意义，通过非学历教育积累的优质资源和培养方式来形成学历教育的内容和方法，通过信息技术与教育教学的深度融合提升课堂效率。在品尝到“三融合”给自身带来独特体验尤其是自我效能感的时候，教师才会积极主动地进行基于“三融合”的创新。

2. 发挥校长的文化引领作用

作为大学的最高行政首脑，大学校长是大学的灵魂人物，对学校的文化建设具有决定性作用。一般来说，学校文化建设的成效和校长引领能力的发挥具有极大的相关性。甚至可以说，校长对文化的引领是学校文化建设的方向，决定了文化建设的质量。在“三融合”思路下开展文化建设，校长必须激励人、培养人、重视职业素养、重视学校学术格调、重视制度文化建设、重视终身学习价值等。但是校长不能替代教师居于文化的主体地位，校长因为其政治角色的缘故，和实际教学会产生一定的疏离，大部分时候很难对教师的教学进行合适的直接指导，所以校长的角色或者说更重要的角色是引领学校文化，做一个学校文化建设的支持者，为教师和学生的发展提供机会、创造资源。

3. 职能部门要将治理文化的内核嵌入学校文化中

治理机制是推动和完善“三融合”实施思路的基础性工程，治理文化的形成需要职能部门在制度建设和职权行使过程中将治理文化置于核心，促使与治理框架相适应的文化建设形成。首先，建立主体对“三融合”的价值认同。在动态的环境中，理解“三融合”的基本运行逻辑和科学内涵是价值认同的基础，“三融合”的基本价值体现了新的发展方向和发展空间，将一种包含精神与实体的发展方向和发展空间，通过超越历史的方式转化为学校共同使命，理解、恪守和创新“三融合”思路才是学校核心价值，才能使学校在教育体系中发挥作用，在终身学习型社会构建中保持卓尔不凡的地位。其次，通过制度的“治理生成”保持管理主体的互信。治理的过程，实际是多元主体的参与过程，主体通过参与表达自身话语并体现在制度的形成过程中，治理框架下的制度是有关民主方式的制度，是建立在多元主体对话基础上的制度，对主体之间的相互沟通与互信具有积极意义。再次，通过治理文化形成共同愿景。愿景是一个组织的领导用以统一组织成员的思想和行动的共同信念，是对学校未来愿景或理想的陈述[9]。人们常用“战略眼光”“高瞻远瞩”等词语来描述大学领导在大学发展中起到的作用。

在美国和欧洲，大学校长把战略规划作为他们所负责的大学政策中最重要的领域[10]。而大学校长的成功的战略规划核心是能提出一个愿景，形成一个全校知晓的可以实现的目标[11]。愿景的形成，需要共同的文化心理模式的促进，治理是基于对话的治理，其核心价值是将对话植根于对学校未来的把握中，促使学校既不回避冲突，又不忽视契机，在制度建设和机制形成中创建新的局面，实现精神层面的共同契合。

四、“三融合”视域下教育教学机制改革保障途径

（一）制度与机制建设的匹配性

“体制机制”通常作为“合一”词来表述，但体制并不等同机制，体制是制度层面的，与制度内涵大致相当，是教育机构与规划的结合体，机制是内部系统之间相互关系层面的。良好机制的建设并不代表良好的制度建设，同样，良好的制度没有运行良好的机制相支撑，也会失去应有的效用。“三融合”效用的发挥，不仅要机制运行得当，同样也需要大量与机制建设相吻合的制度建设。

（二）围绕机制效用的制度系统性

“三融合”思路涉及学校方方面面的变化，是各种异质性的意识和行为在师生心理的嵌入、濡化、博弈、平衡和创新过程，在促使机制运行效用实现的过程中，建立系统性的制度，考量多方面的相互关系，形成与之兼容的制度体系显得尤其重要。“一个领域中特定制度的安排，如果在相邻领域中存在着一套与之兼容或匹配的制度安排，那么将会‘提高制度的回报’。”[12]教师参与“三融合”的变革，需要基于“三融合”制度生态的支持，需要从传统场域向“三融合”新发展场域的转移中有舒适的体验，比如积极投身于“三融合”建设能获取自身所需的身份认同和收入保障。

（三）技术的运用

不管是链接各类教育的技术平台还是微观课堂教学中信息技术与教育教学的深度融合，都需要建立在技术的大量运用上。首先，信息技术的普及与提升决定了“三融合”发展的基础。从现有情况来看，虽然三类教育的大部分学习者具备了使用信息工具的基础，但是学校的信息技术环境还需要极大的提升，才能满足“三融合”建设的需要。其次，各种数据的处理技术是“三融合”发展的决

定性因素。治理制度需要多元主体的参与，表述多元主体在制度构建以及学校运行过程中的情感和价值很重要，但数据的价值不容忽视，尤其是建立在学习平台的大数据，是支持学校决策和教师言论的关键，收集、建模和挖掘数据价值的技术在学校的广泛使用，是“三融合”顺利推进的关键。

（四）有效的反思机制

“三融合”思路的落实，不可避免地涉及管理体制和管理办法的变革，以及隐藏在管理体制和办法后面的精神与意识形态的变革。这种变革是一个有明确目标但概念不明确的渐进过程，需要建立以大数据反馈和思想意识反思为基础的反思机制，尤其关键的是建立各种反思机制在学校的话语表达权利机制。最终实现学校不断地按照“三融合”思路进行调整和进步。

五、未来的预期

以“三融合”为基本思路的教育教学机制改革与制度建设，是建立在现实基础和未来发展的基本判断之上的路向选择，是历史的必然，也是理想的未来。机制的逻辑应是事理的逻辑，制度逻辑应该遵循质量逻辑，制度价值应该突出专业取向，无论是治理机制的实现还是人才培养、科学研究、服务社会与文化建设活动，在“三融合”的路径选择中，都有其独有的要义，同时也必须符合系统性的要求。一方面，我们要对“三融合”建立起信念和使命，转化为我们工作的积极性；另一方面，我们要进行更多谨慎的反思，不断深化“三融合”的内涵和路径，不断处理各种危机和协同各种力量，不断改善我们的工作方法和方式，使之更具有操作意义和实践价值，最终引领学校的发展。

参考文献

[1] 郭庆，余善云．“两校一体”：中国开放大学办学模式的理想选择——以重庆广播电视大学为例 [J]．中国远程教育，2014（8）．

[2] 胡继明．新时期广播电视大学系统的反思与再造研究 [J]．中国远程教育，2013（6）．

[3] 彭飞霞，杨亚丽．构建高水平职业特色的开放大学 [J]．湖南广播电视大学学报，2013（4）．

[4] 欧洲委员会．关于教育和训练的白皮书——学习化社会之声变 [M]．

祝智庭，译．外国教育资料，1997：6.

[5] 袁振国．教育改革和发展的关系［J］．上海高教研究，1992（3）．

[6] 褚宏启．教育治理：以共治求善治［J］．教育研究，2014（10）．

[7] 王冠．试论高校创新型科研团队建设的制度创新［J］．教育研究，2010（6）．

[8] 费孝通．文化自觉的思想来源与现实意义［J］．文史哲，2003（3）．

[9] 周峰，郭凯，贾汇亮．中小学优质学校形成机制研究［J］．教育研究，2012（3）．

[10] 谢安邦，周巧玲．大学战略管理中的领导：角色、挑战与对策［J］．高等教育研究，2006（9）．

[11] 袁贵仁．建立现代大学制度，推进高教改革和发展［J］．中国高等教育，2000（3）．

[12] 李玉珠．教育现代化视野下现代学徒制研究［J］．职教论坛，2014（16）．

资历框架的级别和标准研究

张伟远* 谢青松**

摘 要：建立各级各类教育和培训之间衔接、沟通的终身教育资历框架，成为全球终身教育发展的重心，也是我国面临的一项重大教育改革。本文旨在通过对国内外资历框架的等级和标准的比较分析，探讨建立我国国家层面的资历框架的等级和标准。研究的样本包括国际上的欧盟资历框架和东盟资历参照框架、国内的国家开放大学资历框架和广东资历框架。研究的内容包括资历等级的比较、资历标准的维度比较，以及资历各等级的标准比较。研究发现，不同国家或者地方的资历等级设置和术语表达具有本土化的特征，但在资历标准方面都是与欧盟资历框架对接的。基于研究结果，笔者提出，在制定我国国家资历框架的等级和标准中，一是要根据我国教育和培训体系设置国家资历等级，成为我国地方资历框架的参照系，实现所有地方资历框架等级的对接；二是基于国际通用的资历框架的等级标准，建立与国际对等的资历标准。笔者希望，本研究能为我国建立与国际对接和国内统整的国家层面的资历等级和标准提供参考。

关键词：终身教育；资历框架；资历标准；资历等级；比较研究

建立国家资历框架已被列入我国“十三五”规划。建立国家资历框架有助于破解我国终身教育的制度瓶颈，是切实推进我国终身教育实践的关键，更是实现教育和劳动力市场有效互通和衔接的制度基础（陈丽等，2017）。然而，要发

---

* 张伟远：北京师范大学教授，博士。主要研究方向为远程教育。
** 谢青松：副教授，在读博士。主要研究方向为远程教育。

展资历框架，我们面临的首要工作就是制定各级各类教育之间纵向衔接和横向沟通的国家层面的资历级别和标准。

资历框架（qualifications framework）在国际上也被称为学习成果框架。根据欧盟议会的定义，资历框架指根据知识、技能和能力要求，构建一个连续的被认可的资历阶梯（European Parliament，2008）。欧洲职业培训发展中心界定了资历框架的作用："可以提供一个协调、整合、可比较的资历系统；形成各层次教育的知识、技能和能力的统一评价标准，保证各级各类教育的质量，促进个人的终身学习，进行学分的累积和转换。"（张伟远，段承贵，2013）

20 世纪 80 年代中期以来，全球 150 多个国家和地区建立了不同层面的资历框架。（张伟远，段承贵，2013）为了实现跨国和地方资历框架之间的对接，许多地区还建立了区域资历框架，如欧盟资历框架、太平洋资历框架、南部非洲发展共同体资历框架、东盟资历参照框架、英联邦小国资历框架等。其中最为典型的是用于区域内国家和地方资历框架对接的欧盟资历框架和东盟资历参照框架。

2008 年，欧盟基于区域 30 多个国家和地方的资历框架，制定了欧盟资历框架级别和标准，作为国家或地方资历框架对接的参照标准，实施资历框架的对接和学分互认。（张伟远，傅璇卿，2013）随着欧盟资历框架在欧洲国家的广泛推行，不同国家和地区开始与欧盟资历框架对接，如澳大利亚、新西兰和中国香港地区。

在东盟 10 个国家中，马来西亚和菲律宾建立了国家资历框架，新加坡建立了资历框架中的职业教育和培训系列，泰国和缅甸建立了资历框架中的普通教育系列，印度尼西亚和文莱完成了资历框架计划书，越南、老挝、柬埔寨正在制定国家资历框架计划书。（张伟远，傅璇卿，2013；SHARE，2016）为了促进区域一体化经济和教育发展，2012 年，东盟成立跨部门资历参照框架工作小组（英文简称 TFAQRF），着手制定东盟资历参照框架，成员包括东盟各国国家贸易服务部门、劳动力和人力资源开发部门、教育部门和其他相关部门或职业认定机构官员。2013 年 11 月，东盟资历参照框架的草案完成。2014 年 3 月，基于东盟各国已有的资历框架，在欧盟的支持下，东盟颁布了东盟资历参照框架，促进东盟的跨国资历对接和学分互认，同时也实现与欧盟资历框架对接。（ASEAN，2014；SHARE，2016）

2016 年 11 月，亚太经合组织（APEC）颁布《共同行动》，提出推进教育标准、资历和学分体系方面的信息交流，探索互认措施（借鉴《东盟专业资格证书参考框架》等文件中的措施）。亚太经合组织的这一新举措，势必进一步推进我国国家资历框架的建立及与国际对接的进程。

为了构建终身教育“立交桥”和学分银行体系，实现普通教育、继续教育、职业教育和培训、各种业绩之间的衔接和沟通，保证各级各类资历成果的可比性和转换性，进行各级各类资历成果认定、积累与转换，我国很多地方建立了资历框架，如国家开放大学（简称国开）、上海市、广东省、云南省和江苏省。

然而，要实现各级各类教育和培训之间的衔接、沟通，我国需要研究和出台国家层面的资历框架，为地方资历框架提供参照，从而把地方资历框架对接起来，同时我国国家资历框架中的资历标准需要与国际对接，以实现教育的国际化。本文以欧盟资历框架和东盟资历参照框架为国际上资历框架的参照系，同时以我国国开资历框架和广东资历框架作为我国资历框架发展现状的典型案例，通过比较研究，探讨我国国家层面的资历框架级别和标准，为制定与国际接轨、国内地方资历框架对接的中国资历框架的级别和标准提供参考。

一、框架级别比较

（一）欧盟和东盟资历框架级别比较

欧盟和东盟的资历框架都分为八个级别，一级为最低，八级为最高，由于欧盟和东盟的资历框架是区域参照框架，所以只有级别数字，没有级别名称。为了能清楚地了解各资历级别的含义，我们以英国英格兰地区和泰国普通教育资历级别为例来比较欧盟和东盟资历框架的差别（见表1）。

表1　欧盟和东盟资历框架级别比较

欧盟	英国英格兰地区普通教育系列	东盟	泰国通过教育系列	
资历级别	级别名称	资历级别	资历级别	级别名称
8	博士	8	9	博士
7	硕士	7	8	硕士后证书
			7	硕士

续 表

欧 盟	英国英格兰地区 普通教育系列	东 盟	泰国 通过教育系列	
6	学士学位	6	6	学士后证书
			5	本科
5	高等教育文凭 （相当于大学二年级）	5	4	副学位（大专）
4	高等教育证书 （相当于大学一年级）	4	3	中学后证书 （相当于大专第一年）
3	高中	3	2	高中
2	初中	2	1	初中
1	小学	1	—	—

资料来源：Endeen，2016；The UK Government，2010.

从表 1 可以看出，欧盟和东盟的资历级别是对等的，以普通教育系列为例，都是从小学、初中、高中、大专/本科、硕士和博士逐级递升。然而，东盟资历参照框架是 8 级，泰国资历参照框架是 9 级，还没有小学级别。这是因为泰国把学士级别和硕士级别又细分为两个子级别，这与泰国教育体系保持一致，但不影响与东盟资历参照框架的对接。由于东盟有的国家的资历框架有小学级别，如缅甸的资历框架第一级是小学。作为参照系的东盟资历参照框架，要顾及区域内所有国家的资历框架，所以保留了小学级别。虽然欧盟和东盟不同国家的资历级别数量不同，如英国的苏格兰资历框架是 12 级，爱尔兰是 10 级，但都可以通过区域资历框架进行对接。

（二）国开和欧盟及东盟的资历框架级别比较

欧盟和东盟的资历框架是 8 级，但国开资历框架是 10 级。国开资历框架没有设小学级别，但高中/中职级别细分为一年级、二年级和毕业年级三个子级别，本科级别细分为本科和学士学位两个子级别。（国家开放大学学分银行，2016）国开资历框架和欧盟及东盟资历框架比较和对接见图 1。

可以看出，国开资历框架第一级等同于欧盟或东盟的第二级，即等同于初中层次的资历。欧盟和东盟资历级别的第三级相当于高中层次，国开资历框架把高中资历的级别细分为高中一年级、高中二年级及高中毕业，分别定为第二级、第三级和第四级，第五级和第六级等同于欧盟及东盟资历框架的第四级和第五级，即大专层次。国开资历框架将本科和学士学位划为第七级和第八级，等同于欧盟和东盟资历框架的第六级，即大学本科层次。国开资历框架的第九级和第十级与欧盟及东盟的第七级和第八级等同，相当于硕士和博士层次。因此，国开资历框架的级别可以与欧盟及东盟资历框架进行对接。

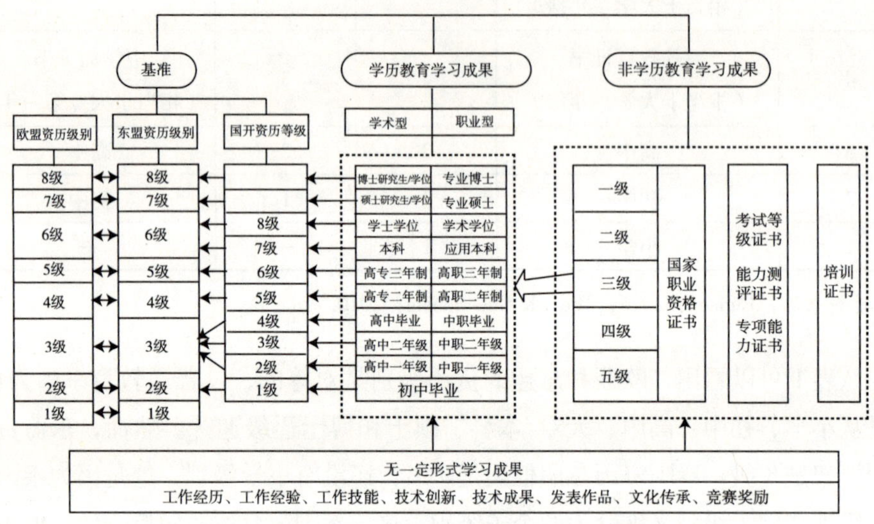

图1　国开和欧盟及东盟的资历框架级别比较

（三）广东和欧盟及东盟的资历框架级别比较

2016年，广东省推出《广东终身教育资历框架级别标准征求意见稿》。广东资历框架参考了欧盟的资历级别，又根据我国国情和广东省实际进行了本土化修订。欧盟和东盟的资历框架是8级，广东资历框架是7级。广东资历框架和欧盟及东盟的资历级别的比较详见图2。

可以看出，广东资历框架比欧盟及东盟资历框架少一个级别，这是因为欧盟和东盟将大专层次细分为第四级和第五级两个级，等同于广东资历框架的第四级，即大专/高职层次。因此，广东资历框架和欧盟及东盟资历框架的级别也可以对接。

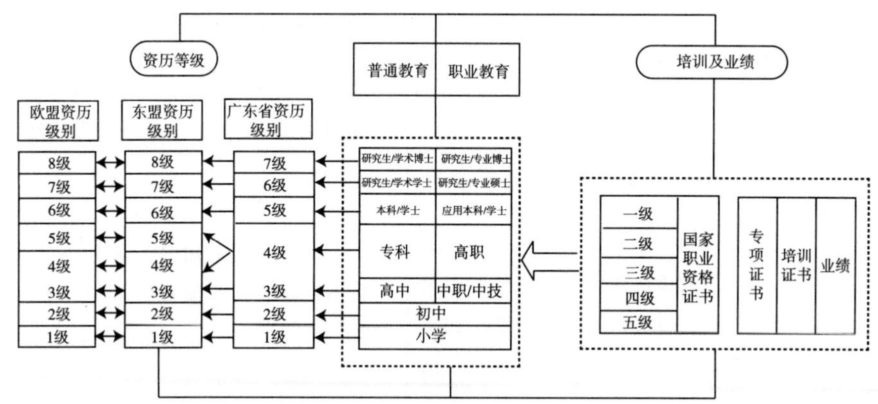

图2　广东和欧盟及东盟的资历框架级别比较

二、资历框架级别标准维度比较

（一）欧盟和东盟资历框架级别标准维度比较

在确定了资历框架级别后，我们需要制定资历框架中各级别的通用标准，以保证资历级别的对等性，其中，先要确定资历框架级别标准的维度。

欧盟资历框架级别标准采用知识、技能和能力三个维度，东盟采用知识和技能、应用和责任两个维度（见表2）。通过比较欧盟和东盟的资历标准维度可以发现，知识指的是事实性和理论性知识，技能均指认知技能和实践技能。从教育心理学角度来定义，技能是在活动中应用知识和方法形成的，能力是在活动中应用知识、技能和方法发展的。因此，东盟的资历标准维度中的知识和技能的应用相当于欧盟的资历标准维度中的能力，两者在能力中强调担负职责的能力和自主能力。东盟资历框架维度基于欧盟资历框架，在关键指标对等的前提下进行了本土化、术语及文字的修订。只要关键指标一致，就不影响与欧盟资历框架的对接。

表2 欧盟和东盟资历框架级别标准维度比较

<table>
<tr><th>欧盟资历级别标准维度</th><th>欧盟资历级别标准维度描述</th><th>东盟资历级别标准维度</th><th>东盟资历级别标准维度描述</th></tr>
<tr><td>知识</td><td>知识指理论性和/或事实性知识</td><td rowspan="2">知识和技能</td><td rowspan="2">知识指各种事实性和理论性知识。技能指实践技能和认知技能</td></tr>
<tr><td>技能</td><td>技能指认知技能（包括运用逻辑、直觉和创造性思维）和实践技能（包括动手操作和运用不同方法、材料、工具和仪器）</td></tr>
<tr><td>能力</td><td>能力指责任感和自主性</td><td>应用和责任</td><td>应用指在实践中知识和技能的运用。责任指独立自主程度，包括做决定的能力和对自我与他人的责任</td></tr>
</table>

资料来源：European Commission，2016；ASEAN，2014；SHARE，2016.

（二）国开和欧盟资历框架级别标准维度比较

国开资历框架级别标准的维度与欧盟一样，包括知识、技能和能力三个方面（见表3）。

表3 国开和欧盟资历框架级别标准维度比较

欧盟资历级别标准维度	欧盟资历级别标准维度描述	国开资历级别标准维度	国开资历级别标准维度描述
知识	指理论性和/或事实性知识	知识	知识被描述为具有事实性、技术性和理论性
技能	指认知技能（包括运用逻辑、直觉和创造性思维）和实践技能（包括动手操作和运用不同方法、材料、工具和仪器）	技能	技能被描述为认知技能、技术技能、沟通和表达技能

续 表

欧盟资历级别标准维度	欧盟资历级别标准维度描述	国开资历级别标准维度	国开资历级别标准维度描述
能力	指责任感和自主性	能力	能力主要描述知识、技能应用的自主性、判断力和责任感

资料来源：European Commission，2016；国家开放大学学分银行，2016.

可以看出，国开资历框架的知识维度除事实性和理论性知识外，还突出了技术性知识；技能维度除认知技能外，还突出了技术技能、沟通和表达技能；能力维度除责任感和自主性外，还突出了判断力。在资历框架对接中，欧盟资历框架是一个参照系，让各地的资历框架都能对接。国家或地方的资历框架在与欧盟资历框架一致的基础上，可以突出或增加具有本地特征的内容。国开资历框架级别标准维度包含欧盟资历框架级别标准维度的内容，只是在共有的关键指标中突出某些因素，与欧盟资历框架级别标准维度也是对接的。

（三）广东和欧盟资历框架级别标准维度比较

2016 年，广东开放大学、广东省教育研究院、广东机电职业学院、广东交通职业学院、中山大学、华南理工大学、华南师范大学等制定了《广东终身教育资历框架级别标准征求意见稿》，规定了广东终身教育资历框架级别标准的范围、术语与定义、资历框架级别划分、资历框架的维度和级别标准等。此标准在内容上参考欧盟资历框架级别标准，在编写格式上遵循我国国家标准制定的有关规定，按照 GB/T 1. 1 –2009《标准化工作导则第 1 部分：标准的结构和编写》，形成了我国第一个具有标准化特征的地方资历框架。在资历框架标准的制定中，广东省经济和信息化委员会、省民政厅、省财政厅、省人力资源和社会保障厅、省考试院、省教育研究院等单位都参与了咨询工作。

广东资历框架级别标准采用欧盟的知识、技能和能力维度，按照标准化原则，维度的描述也与欧盟一致，因此与欧盟资历框架级别标准维度完全对接。

三、欧盟资历框架级别标准关键指标分析

欧盟资历框架已成为国际上不同地区、不同国家、不同地方资历框架的参照标

准，如东盟、澳大利亚、新西兰、我国香港地区、广东省等以及国家开放大学。

欧盟资历框架分为 8 个级别，一级为最低，八级为最高，每一级别标准用相关的学习成果描述（European Commission，2016）从表 4 可以看出，欧盟资历框架级别标准是描述性的，经过翻译后的中文版更是难以理解。要解决这一问题，我们需要清晰地界定欧盟资历框架各级别在知识、技能、能力维度的根本区别，即每个级别的关键指标。只有明确区分各级别的关键指标，才能建立对等性的资历框架级别标准。为此，基于表 4 的欧盟资历框架级别标准的描述，我们尝试提炼各级别标准的关键指标，以界定资历级别之间的根本区别（见图 3 至图 5）。

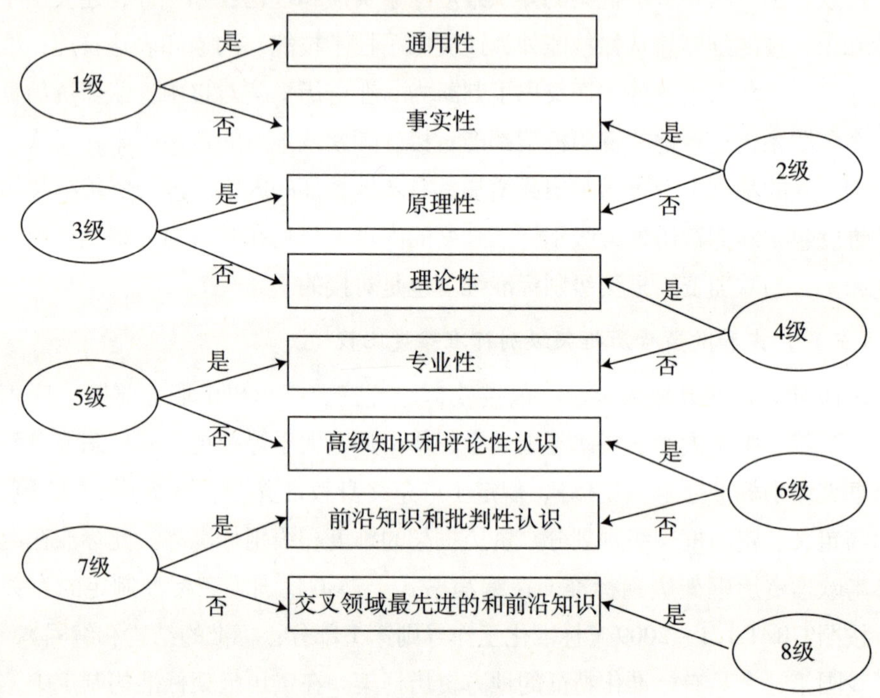

图 3　欧盟资历框架级别标准知识维度关键指标和区别

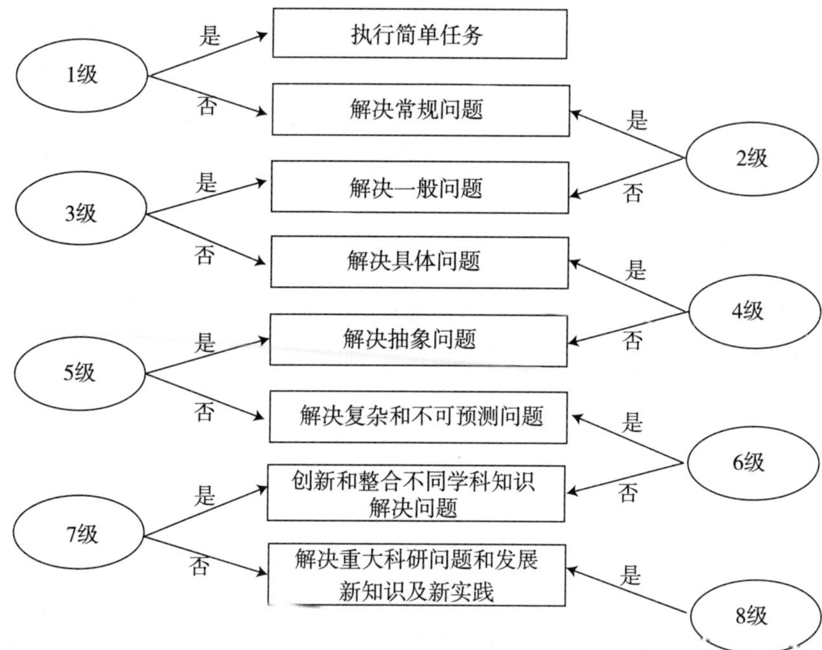

图 4　欧盟资历框架级别标准技能维度关键指标和区别

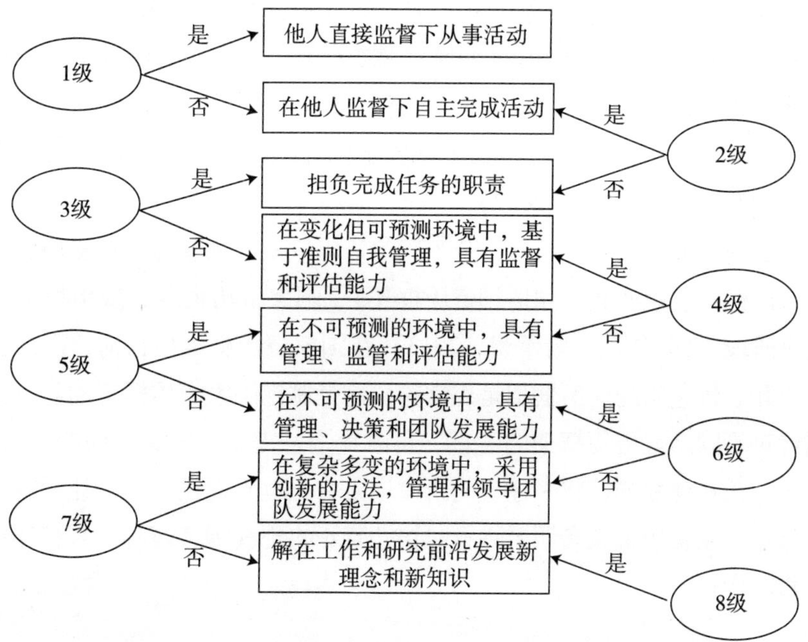

图 5　欧盟资历框架级别标准能力维度关键指标和区别

可以看出，欧盟资历框架不同级别在知识、技能和能力三个维度上有着根本区别，每一资历级别也有关键指标，这为不同国家和地方建立资历框架进行对接提供了参照依据，以保证资历级别的对等性，同时对我国建立国家资历框架标准具有借鉴意义。

四、讨 论

近年来，我国许多机构开展了学分银行的探索，截至 2016 年 7 月，我国正式挂牌的学分银行有 38 家，包括 7 种类型，即终身教育学分银行、市民学分银行、联盟学分银行、成人高校学分银行、职校学分银行、企业学分银行、学分银行项目。（周晶晶等，2017）由于缺乏国家资历框架和质量保证两个基础制度的支撑，已有实践还局限于某一地区、某类机构的范畴。（陈丽等，2017）学分银行这一术语发源于韩国并在韩国得到实施，学分银行是在不同类型教育（包括不同形式的学历教育、非学历教育和非正式学习）之间，以学分认定、积累和转换为主要内容的制度，韩国学分银行只用于大专和本科层面，主要是为了提高韩国高等教育普及率。（张伟远等，2017）为了实现各级各类教育和培训之间的衔接和沟通，为社会成员提供灵活弹性的终身学习阶梯，国际上 150 多个国家或地区采用了资历框架模式。资历框架不只关注高等教育，还涵盖各级各类教育和培训的终身教育体系，其实施通过学分认定、积累和转换来实现，因此在搭建我国终身学习“立交桥”过程中，资历框架是制定标准和制度，学分银行是实施资历框架的具体方法。（张伟远，2017）

国际上资历框架的发展历程，分为局部资历框架（如普通教育资历框架、高等教育资历框架、职业教育和培训资历框架）、国家资历框架、资历框架的跨国对接三个阶段。（张伟远，段承贵，2013）在国家资历框架出台前，已经出现的大量地方和学校之间的资历框架是正常的，这是制定国家资历框架的先行先试阶段，需经过不同地方资历框架的尝试。当前我国急需建立国家层面的资历框架，为已有的、正在建立的、将来建立的所有地方资历框架提供参照，让所有地方资历框架通过国家资历框架参照系进行对接，真正实现我国各级各类教育和培训之间的衔接、沟通。

表4　欧盟资历框架级别标准描述

级　别	知　识	技　能	能　力
1	掌握基本的通用知识	具有执行简单任务的基本技能	能够在有组织的环境中，在他人的直接监督下工作
2	掌握某一工作或学习领域基本的事实性知识	具有基本的认知和实践技能，能够利用相关信息和简单工具执行任务和解决日常问题	能够在监督下自主地完成工作和学习活动
3	掌握某一工作或学习领域的事实、原则、过程和基本概念的知识	具有选择和动用基本方法、工具、材料和信息来完成任务和解决问题所需的一系列认知和实践技能	能担负完成工作或学习任务所需责任；在解决问题过程中，能调整自身行为以适应环境
4	掌握某一工作或学习领域广泛的事实性和理论性知识	具有在某一工作或学习领域解决具体问题所需的一系列认知和实践技能	能够在变化但是可以预测的工作或学习环境中，基于准则进行自我管理；能够监督其他人的日常工作，担负起评估计和改进他人工作和学习的职责
5	掌握某一工作或学习领域全面的、专业的、事实性的和理论性知识，并了解知识的界限	具有使用创造性方法解决抽象问题所需的全面的认知和实践技能	能够在不可预测变化发生的工作学习活动环境中，担负起管理和监管职责；能够评估和改进自己和他人的表现
6	掌握某一工作或学习领域的高级知识，并对相关理论和原理进行批判性认识	具有特定工作和学习领域解决复杂和不可预知问题所需的高级技能、熟练技艺和创新精神	能够在不可预知的工作学习环境中，管理复杂的技术和专业活动或项目，并能承担决策制定的责任；担负管理个人和团队专业发展的责任

续 表

级 别	知 识	技 能	能 力
7	掌握某一工作或学习领域高度专业化知识（包括相关领域的前沿知识），作为创新思维和/或研究的基础；对一个领域和交叉领域的知识形成批判性认识	具有通过研究和创新发展新知识、新方法以及整合不同学科知识所需的专门的解决问题的能力	能够管理和驾驭复杂多变的工作或学习环境，并能实施新的战略方法；能够促进专业知识和实践的发展，并能评价团队的战略绩效
8	掌握某一工作或学习领域和交叉领域最先进和沿前的知识	具有解决重大科研和创新问题以及拓展和重新定义现有知识和专业实践所需的最高端和专业化的技能和技术（包括综合和评价）	在工作或学习（包括研究）的前沿，能表现出高度的权威性、创新性、自主性、学术性和良好的职业操守，并能持续不断地发展新的观念和方法

资料来源：European Commission，2016.

要建立国家资历框架，我们首先要制定国家层面资历框架的级别和标准，这需要考虑两方面的对接：一是与国内地方资历框架的对接，二是与国际资历框架的对接。这就要遵循国际标准以保证资历对等性，同时又要基于我国教育和培训体系进行本土化，才能在实践中落实和实施。

本研究结果对制定我国国家资历框架级别和标准有两点启示。第一，可以根据我国的教育和培训体系，参照普通教育体系由低到高设立，如小学、初中、高中、大专、本科、硕士、博士，同时根据我国职业教育、继续教育、企业培训、业绩成果等正规教育、非正规教育、非正式学习的学习成果特征，划分资历框架级别。这样做的原因是，基于普通教育体系的资历级别可以与国际资历框架级别对接，同时按照我国教育和培训的学习成果进行细分，能让地方资历框架在对接时作为参照系，以符合本地的实情。第二，参考国际上遵循的欧盟资历框架，通过关键指标的一致性，与欧盟和其他国家及地区的资历框架级别和标准对接。我国现有的地方资历框架主要参照欧盟资历框架，所以这样也能与我国地方资历框架级别标准对接。然而，在关键指标一致的前提下，我国国家资历框架需要有本地特征，才能在实践中推广和应用。国际经验也表明了这一点。例如，东盟资历参照框架标准基于欧盟资历框架，然而它也有自己的本土化特征，东盟地区的教育特别强调责任感和自主性，所以把责任感和自主性单独列出，作为资历框架标准中能力的两大要素。（SHARE，2016）同时，由于各地教育领域用的术语不同，或者对同一术语的解释不同，不同资历框架中的术语和理解也有地方独特性，例如，责任感是一种情感还是一种能力，存在不同的解释。我国把责任感解释为一种情感，东盟把责任感看作是一种能力，欧盟将其称为担负责任的能力，但含义是一致的。（ASEAN，2014；SHARE，2016）

建立资历框架是一项国家工程，制定国家资历框架的级别和标准只是初始工作。陈丽等（2007）提出，资历框架制度和质量保证制度是终身学习“立交桥”的基础制度，没有这两项制度，所有“立交桥”都是不可行的。质量保证是资历框架能否有效运作的核心内容，没有质量保证的资历框架只能是一个空架子，在制定了资历框架的级别和标准后，必须建立国家层面的内部质量保证机制和外部质量保证评审制度。

然而，国家资历框架和质量保证机制还只是基础制度，资历框架和质量保证机制要得到真正的落实，更为艰巨的任务是要基于资历框架和质量保证机制建立各专业和各行业的具体应用标准，这将是教育和培训领域长期发展的任务，需要所有教育和培训机构乃至各行各业的参与和通力合作。

参考文献

[1] ASEAN. The ASEAN Qualifications Reference Framework [EB/OL]. [2016-11-20]. https://v1. m. zhaodl. xyz/sky. php? u = k Ix O4QAv Bd XTiym N6e Gj Afic DVk2e U2Y55zon% 2Fhb9NVp BODpkx TUrimf1cjv D8% 2BX2z Uqq WQ3h WSRJr Ig96k Ce LEWvxg S&b = 1.

[2] 陈丽，郑勤华，林世员．“互联网+”时代中国开放大学的机遇与挑战[J]．开放教育研究，2017，23（1）．

[3] European Commission. Descriptors defining levels in the European Qualifica-

tions Framework (EQF) [EB/OL]. [2016－11－07]. https: //ec. europa. eu/ploteus/en/content/descriptors－page.

[4] European Parliament. Glossary Recommendation of the European Parliament and of the Council on the Establishment of the European Qualifications Framework for Lifelong Learning [EB/OL]. [2016－11－10]. http: //www. eucen. eu/EQFpro/General Docs/Files Feb09/GLO SSARY. pdf.

[5] 国家开放大学学分银行（学习成果认证中心）. 学习成果框架 [EB/OL]. [2016－12－18]. http: //cbouc. ouchn. edu. cn/gkcms/wwwroot/cbank2/kj/xxcgkj/index. shtml.

[6] SHARE. ASEAN Qualifications Reference Framework and National Qualifications Frameworks [EB/OL]. [2016－11－20]. http: //share－asean. eu/wp－content/uploads/2015/10/AQRF－NQF－Stateof－Play－Report. pdf.

[7] 张伟远，傅璇卿. 搭建教育和培训的资历互认框架：东盟十国的实践 [J]. 中国远程教育，2014（5）.

[8] 周晶晶，陶孟祝，应一也. "学分银行"概念功能探析——基于国内理论研究的回顾和实践探索的梳理 [J]. 现代远距离教育，2017（1）.

[9] 张伟远. 资历框架和学分银行：实现学习成果互认的两种模式的殊途共融 [J]. 中国远程教育（资讯版：2016 第十五届中国国际远程教育大会专刊报道），2017（1）.

[10] 张伟远，张璇. 推进终身学习和建立认证制度的最新发展和实践探索 [J]. 终身教育研究，2017（2）.

[11] 张伟远，段承贵. 终身学习立交桥建构的国际发展和比较分析 [J]. 中国远程教育，2013（9）.

[12] 张伟远，傅璇卿. 试析欧盟构建资历和学分跨国互认终身学习体系的运作 [J]. 中国远程教育，2013（21）.

职教与远教一体化学分银行建设研究

吴南中

摘　要： 随着终身学习体系建设的进一步发展，作为促进学习型社会形成的学分银行受到研究者和教育者的关注。职教与远教一体化学分银行作为学分银行的一部分，旨在通过消除职教与远教之间的隔阂，通过统一资历架构和认证标准体系，在职教与远教领域实现学分认证、积累与转换。它遵循实质等效、拓宽两类教育发展通道、有效对接其他资历架构和促进两类教育融合等发展原则，以开放、全纳、多元等价值追求为导向，以“资历＋标准”制度体系为核心，以政策支持为保障，构建学分银行组织框架。落实职教与远教一体化学分银行组织框架，需要通过顶层设计与基础创新结合，以变革型领导为引领、质量保证体系为支撑，从而实现职教与远教一体化学分银行的功效。

关键词： 职教与远教一体化；学分银行；组织框架；行动方略

随着经济转型发展的迅速推进，终身教育体系构建的紧迫性空前加剧。机制体制的不健全，逐渐成为终身教育体系构建的瓶颈，突出表现为教育内部条块分割、壁垒高筑、横向阻断、纵向割裂。2016 年 9 月底，教育部发布了《关于推进高等教育学分认定和转换工作的意见》，明确了探索建立多种成果认定机制的重要精神，试图打破这种割裂格局，指出学分认定与转换工作是完善人才成长“立交桥”的重要举措，提出了试点学分银行建设的要求，回应了《国家中长期教育改革和发展规划纲要（2010—2020 年）》等重要文件的精神。在文件发布前后，上海、陕西、广东、云南、四川等地已经建立了区域性终身教育学分银行或者获批建设学分银行。一时间，建设区域性学分银行成为教育系统广为传布教育新闻，试图从区域突破成为学分银行建设的发展策略。从客观事实来讲，无论是建立了两年多的上海终身教育学分银行还是其他区域性学分银行，都面临着认证主体不明、学分积累能力不济、学分转换需求不足等现实难题[1]。从阶段突破是迅速打开学分银行建设困境的有效办法，成为部分学分银行实践者的努力方向。从中国学分银行建设试点来看，其基本是依托广播电视大学（含开放大学，以下合称中国电大系统）进行系统建设的。而广播电视大学系统与高职院校有着天然的联系。在世界教育格局上，同时举办远程开放教育和职业教育成为中国电大系统发展的特色。据不完全统计，共有 27 所省级和单列市电大以各种形式运行着高职教育[2]。其中重庆电大、武汉电大等举办的高职院校进入了国家骨干高职院校系列，在高职领域具有一定的影响力，部分专业提升办学层次成为未来的发展趋势。作为电大系统的重要组成部分，中职教育在基层教学点大量存在，对职业教育与远程开放教育进行综合考虑，服务区域性终身学习体系建设，实现职业教育与远程开放教育一体化的学分银行，在某种程度上是学分银行的现实机会。其建设意义不仅是形成了各级各类教育沟通的范例，更为全国性的、覆盖各级各类教育的学分银行建设打下了基础。

一、国内学分银行的发展分类及其进展扫描

学分银行并不是一个新概念，自国家层面 2004 年提出在职业学校逐步推动学分制以来，学分银行的转换功能已经有 10 多年的实践经验。2010 年，教育中长期发展规划出台之后，学分银行进入整个教育体系。由于其内涵鉴定不清、发展方向不明、政策指向模糊等原因，造成学分银行建设思路的多元化。按照周晶晶等人的分类，国内形成了 7 种类别的学分银行：终身教育学分银行、市民学分银行、联盟学分银行、成人高校学分银行、职校学分银行、企业学分银行和学分银行项目[3]。不同类别的学分银行有着不同的价值导向和认知理解，体现了学分银行运作的多样性和发展的不确定性，客观上为学分银行的探索与发展提供了一个较为宽松的环境。各个试点项目从多方位探索了学分银行运行环境的支持问题、运行模式的文化基础问题、运行效果的实际障碍问题，为后续学分银行的发展积累了宝贵经验。从国内外对学分银行的理解来看，其基本功能都包含了学分认证、积累与转换。国内不同区域、不同层级学分银行的建设，都是从现实出发，按“机构设置—管理模式形成—制度体系构建”的步骤来构建各种不同类

型的学分银行。为学分银行制定的法制法规少，发布的文件相对较多。有的学分银行建设仅仅有领导批示。学分银行被普遍认为在终身教育体系构建中有较大的支撑价值，能深化教育教学改革，促进教育领域更加开放、多元，激发社会民众参与终身学习的热情。同时，当前对学分银行存在一些过于理想的认知，认为有了学分银行，就能打破各类教育的门槛，使学习成果有序流动、学习者充满活力，教育为经济转型与发展所做出的贡献越来越多。事实上，从实践进展来看，学分银行并没有实现教育研究者的期待，反而陷入了各种困境。我们需要从现实环境与理想的差距中找到发展的定位和建设的思路，逐渐形成不同的发展主题和发展模式，最终实现沟通各级各类教育体系的“立交桥”。因此，本文提出了通过建设职教与远教一体化学分银行，实现教育体系“立交桥”的真正破冰。

二、职教与远教一体化学分银行的内涵、发展取向与发展原则

（一）职教与远教一体化学分银行的内涵

所谓一体化，就是按照学分银行运行的要求，消除两类教育由于历史、文化、体制、利益、认知导致的根本性隔阂，通过统一资历框架、标准、课程、运行体系和质量保证以构建学分银行，使学习者的学习成果能够被互认并在不同层级之间流动，促进非学历教育成果的转换并记录学习者的档案，实现小范围的“立交桥”功能。需要指出的是，不管是哪类学分银行，其价值指向都是形成一体化的终身教育体系，实现学分银行沟通各级各类教育的“立交桥”，同时必然有一个先后之分[4]。构建职教与远教一体化学分银行在一定阶段下，在现有的社会秩序中其他领域没有有效进展的情况下，承载了打破学分银行推进僵局、形成典型范例的阶段性使命。因此，职教与远教一体化学分银行还包含了两个方面的拓展内蕴：第一，职教与远教一体化学分银行是在中高职、应用型本科以及远程开放教育本专科领域里发挥学分银行作用的机构与制度体系；第二，职教与远教一体化学分银行需要方便与终身教育学分银行形成制度上的对接，是能有效拓展的学分银行。

（二）职教与远教一体化学分银行的发展取向

职教与远教一体化学分银行并不是在已有学分银行概念中凭空增加的一个类别，而是在教育体系中有必要通过这样的定位，实现现阶段学分银行发展的目

标。其发展取向主要蕴含了以下几个方面：第一，深化应用型人才培养教育教学改革。高校人才培养定位主要体现在目标、类型、层次、规则四个维度的组合上[5]，得到了专业建设、课程体系建设、教学支持与保障建设的三重支持[6]。职业教育与远程开放教育教学改革都遇到了瓶颈，不能很好地回应社会对其人才培养的目标、类型、层次与规格的要求。引入外部资源，利用先进思维和信息技术进行人才培养的系统性变革，成为体系内发展的共识。第二，以范例建设推动学分银行的整体形成。学分银行建设缺乏一个有效的突破口，从某种程度上说，目前的学分银行运行体系是失败的，表现为不同教育机构之间门户壁垒未被打破，现有运行体系下转换需求不足，参与学分银行人数基数不够支持终身学习体系建设决策，对学习者进阶学习、深入学习的引导不够等。分析三年的学分银行工作试点，所走的弯路比取得的成效多。职业教育体系与远程开放教育由于有全国性的标准和课程体系（职业教育有专业教学标准，远程开放教育核心课程体系基本掌握在国家开放大学手中），是最为容易实施学分银行的教育类型。在职教与远教领域建立通达的“人才培养立交桥”，是形成覆盖各级各类学习的学分银行的基础。第三，培养学分银行黏性，拓展学分银行人群。在封闭的教育体系中，教育是阶段性的；在终身教育体系中，教育从封闭走向开放，也打破了教育阶段性的桎梏，使学习成为贯彻一生的事。那么，如何参与学习？学习者如何通过学习获取所需？学分银行沟通了各级各类教育机构以及机构背后的优质资源，借助对学习成果的认定，加强了与学习者的联系，促使学习者养成借此获取教学资源的习惯。

（三）职教与远教一体化学分银行的发展原则

第一，职教与远教在实质等效的基本标准下发展。实质等效是学分银行开展业务的基本要求，也是学分银行获得可持续发展和社会公信力的保证。实质等效不仅是学分银行兑换的要求，更是学分银行发展的原则。只有按照应用型人才培养的现实目标以及所处层级的知识、技能、能力标准、学习路径，以学习者习得知识、取得技能、提升能力为评价尺度所取得的学习成果，才能成为职教与远教一体化学分银行认可的成果，才能促进职业教育和远程开放教育质量的提升。第二，旨在为应用型人才拓展发展路径。坚持职教与远教一体化学分银行，就是实现两类教育的理念融合、方式融合、过程融合、成果融合。职业教育在课程开发、理实一体化课程建设、实训教学上积累了大量的经验，而远程开放教育在利用在线资源办学、建立学习支持服务体系上取得了大量经验。职业教育需要通过在线学习拓宽学习通道，远程开放教育需要借助职业教育的实训、课程任务化、学习模块化等优质教学运作方式，两者可以相互借鉴。第三，能在与其他资历框架进行对接的制度顶层设计下发展。职教与远教一体化学分银行不是在学分银行体系中新建一个类型，而是关注职业教育与远程开放教育，通过缩小范围，聚合该领域的核心力量，集中精力和资源，优化本领域的学习质量。既然不脱离学分银行的整体，就应该在资历框架上与其他学分银行对接，要求在顶层设计上充分考虑国际国内资历框架建设的资历等级，在时间保障、学分要求等方面保持与各类资历框架对接的能力。第四，促进两类教育的融合发展。中国远程开放教育长期存在远程开放教育与职业教育共同举办的现象，“这其中既有现实原因，也有历史考量，更有地方利益与体制因素的多重因素交织”[7]。按照中国的行政管理序列，职业教育与成人教育也处于同一管理体系，而两类教育由于教学方式、教学目的、教学对象等不同又长期分裂，用传统的职业教育思维管理成人教育或以成人教育思维管理职业教育都不妥。在共同转向应用型人才培养的大环境下，职教与远教一体化学分银行通过有标准的、有质量的、有保障的学分的要求，按照应用型人才培养的逻辑，指导课程建设与教学运行，促进两类教育的融合。

三、职教与远教一体化学分银行的组织框架

那么，职教与远教一体化学分银行如何建设？如何实现自身使命，实现职教与远教一体化，体现自身特色？要回答这个问题，首先要解决组织框架的问题。从顶层设计来看，职教与远教一体化学分银行的组织框架是把制度作为核心的教育体系，蕴含了制度所指向的价值追求，也包括了制度的政策支持行为。为了更清晰地展现职教与远教一体化学分银行的相互关系，特编制了如图 1 所示的组织框架。

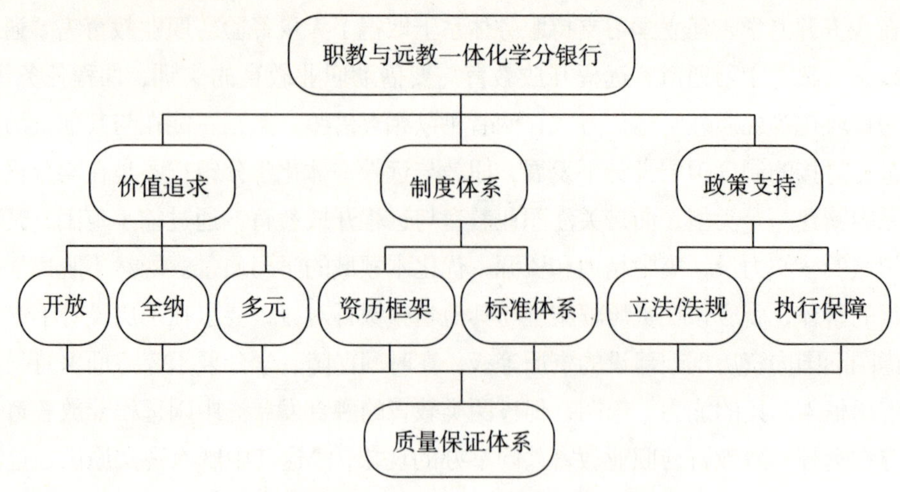

图 1　职教与远教一体化学分银行的组织框架

1. 职教与远教一体化学分银行组织框架的核心

职教与远教一体化学分银行组织框架的核心是制度体系。第一，以资历框架及其制度建设为内核的运行体系。资历框架是覆盖各级各类教育类型的资历等级制度，通过标明不同资历等级所达到的标准，实现以不同资历等级之间的有效沟通为目的的制度体系[8]。在《贝伦行动框架》呼吁各国建立同等学力框架之后，据不完全统计，共有 150 余个国家和地区建立了资历框架或与此类似的制度体系[9]。建立全国性的资历框架是我国教育体系改革的大势所趋和发展趋势，但由于质量差别、意识鸿沟、立法环境等现实问题，短期内难以取得实质性进展。围绕职教与远教领域，建立“小而美”的资历框架，并按照资历框架所要求的知识、技能与能力指导课程建设和教学运行，形成具有标准的课程体系，成为职教与远教融合发展的现实动力。职教与远教一体化学分银行的建设在组织框架上需要解决的首要问题，就是设计覆盖两类教育的资历框架。第二，以标准为手段的工作过程体系。标准指的是实施学习成果认证、积累与转换过程中对各类成果知识、能力和技能上的具体要求，包括基础标准和工作标准[10]。基础标准包括资格标准、学分标准、单元标准和转换规则，工作标准包括业务范围、业务流程。各级各类学习成果流动的构想要落实到实际层面，仅仅是从框架级别指导教育教学全过程，在现在的文化制度环境中还存在一定问题，需要通过标准对学分银行运行过程中的业务范围、认证流程、过程保障等环节进行规范，并以此形成学分银行管理中心信息平台，实现数字化管理和积累学习者参与学分银行的相关数据，为不断改进工作过程体系做好大数据布局。

2. 职教与远教一体化学分银行的目标与意义

职教与远教一体化学分银行的目标与意义是价值追求共识体系的形成。价值回应的是客体功能属性对主体需求的满足关系[11]。对于职教与远教一体化学分银行来说，其价值内蕴是开放、全纳、多元。各类别学分银行的建设就是要打破各级各类教育之间的分割和壁垒现象，实现整合和资源优化，拓宽学习者的学习通道。因此，《国家中长期教育改革和发展规划纲要（2010—2020 年）》明确要求“搭建终身学习‘立交桥’，促进各级各类教育纵向衔接、横向沟通”。《中华人民共和国国民经济和社会发展第十三个五年规划纲要》更明确了“建立个人学习账号和学分累计制度”“制定国家资历框架、推进非学历教育学习成果”等教育发展的价值取向。落实到学分银行，就是要求学分银行建设需要形成开放、全纳、多元的教育体系。开放指的是要通过职教与远教一体化学分银行的建设，促进职教与远教体系接纳更多、更全面的学习成果。全纳指的是通过增加学习、文化和社区参与，扩大学习者的学习多样化需求，同时照顾到各种类别学习者的实际困难[12]。体现到职教与远教一体化学分银行，就是关注各类学习者的教育需求、关注集体的诉求、关注合作关系。多元指的是多种类型的学习成果按照标准的要求，就能获得承认。随着办学主体的类型拓展和功能拓展，多元成为教育发展的不可逆趋势。

3. 职教与远教一体化学分银行的运行保障

职教与远教一体化学分银行的运行保障是政策支持下的科学推进。学分银行建设的是跨越制度、教学、管理等一系列现有框架的制度体系与机构，其运行需要得到政策的有效支持。第一，职教与远教一体化学分银行的立法支持。在政策体系中，最直接、最有效的方式是立法，通过促进终身学习立法工作，迅速推动学分银行建设，是理论与实践研究者所认可的有效办法。国外资历框架的建设，都是通过国家或者区域内立法，自上而下地实现过程建设。我国在这方面的立法进展缓慢，并且区域差别较大，建立全国性的终身学习法律存在一定的困难。对于职教与远教一体化学分银行的建设工作而言，比全国的资历框架更具操作性，也是部分研究与实践者努力的方向。第二，职教与远教一体化学分银行的执行保障。在学分银行建设的推进中，除了法律的支持，还需要物质资源、组织模式、外围环境的支持。物质资源支持指的是学分银行建设需要投入大量的金钱。尽管职教体系建立了全国性的课程标准框架，形成了覆盖职业院校的《高等职业学校专业教学标准》，但依托课程标准体系建设课程需要大量的投入。如何协同2000余所高职院校和各类远程开放教育院校实现资源共享共建，也是一个巨大的难题。组织模式支持指的是通过确定学分银行的组织主体、运行主体和关键运行方式，使学分银行更加便利地开展工作。外围环境支持指的是通过舆论、激励、引导等作用，促使教育系统和社会对学分银行功能和效用的认识，提升学分银行的群众基础。

4. 职教与远教一体化学分银行的公信力基础

职教与远教一体化学分银行的公信力基础是质量保证体系建设。没有质量保证就没有学分银行，学分银行的形成与健康运行需要质量保证体系的支持。首先，在发展价值追求中要蕴含对质量提升的期许。对于职教与远教一体化学分银行而言，建设学分银行并不仅是为了促进职业教育与远程开放教育的学习成果流动，更多的是通过学分银行建设，促进职业教育与远程开放教育教学的系统性变革。其次，在资历框架和标准体系建设中要凸显质量意识，在建设资历框架和标准体系中通过协助教师参与，构建系统性的质量理念。资历框架中对知识、技能、能力等级的界定边界要清晰，且必须按照登记边界对标准建设形成实质性引导，结合专家的评估，促进标准体系建设的“社会适应性”。同时，在教学过程中，要强化落实质量意识，按照职教与远教一体化学分银行所形成的标准设计教学活动，组织教学过程，开展以成效为本的评估。再次，政策传递也需要传达质量意识。学习成果流动在初期需要政策的强力推动，但要持续发展，还需要一开始就贯彻质量的要求。委托高校牵头成立专门的质量保证机构，定期组织覆盖行业企业、专家学者和一线教师组成的质量监察队伍，对质量问题进行视察，是传达质量意识和建立质量品牌的有效组织方式。

四、职教与远教一体化学分银行的行动方略

在教育研究中，理性的功能在于认识和建构[13]。在认识职教与远教一体化学分银行之后，探讨如何将其转化为实践行动是研究如何发挥价值的关键。职教与远教一体化学分银行的组织框架要落到实处，还需要系统性的行动支持，尤其是落实理论组织框架的行动方法和策略。

1. 以价值追求协同两个体系，实现顶层设计与基础创新的立体化转变

价值追求是行为的先导，价值追求所倡导的目标能否实现，依靠的是系统化策略。社会各界支持职教与远教一体化学分银行建设，是以理性认识学分银行的价值为前提的。依托价值追求的引领作用，通过讨论、理解、内化等环节，实现组织共识，进而形成共同愿景，建立顶层设计。对于一体化学分银行而言，终身学习体系构建是战略目标，开放、全纳、多元是价值取向，资历框架是战略选择，标准体系是基础性工程，保障体系是运行基础，理解这个逻辑并在此基础上开展顶层设计，以两类学习成果的认证、积累、转换为基本格调，确定一体化学分银行的政策与方略。职教与远教一体化学分银行并不是在学分银行体系中新增的一个类别，而是一个具有聚焦点的运行体系。因此，一体化学分银行需要具备高度的开放性和包容性，考虑自身所覆盖领域的特殊性，并具有接轨的可行性。同时，职教与远教一体化学分银行的服务对象是鲜活的，社会技术应用的多样性决定了专业的多样性，专业的发展性决定了技术技能的时代性。因此，彻底固定了等级的资历框架需要不断调整内容，直面变化并回应问题，使之实现顶层设计与基础创新的立体化转变。

2. 以变革型领导为引领，形成学分银行的组织结构

教育变革无处不在，有意识和主动进行的变革一般需要经历发展、演化和转化阶段。从历史向度考察国内外教育变革，可以看到发展阶段聚集于权力、管理、决策和问责，领导在变革中扮演极其重要的作用。变革性领导是通过改变下属的价值观和信念提升其需求层次，促使其意识到其工作方向的价值，或通过愿景、使命来激励下属，使其愿意不断超越自己，开发新技能、激活新潜力，增加组织效能[14]。学分银行建设本身并不会带来显著的经济效益，更不会直接带来教学效率的提升，而是更多地体现为促进教育教学体系的变革上，这种变革的影响不会在短期产生显著的效果。比如对质量的提升上，通过学分银行建设，强化了“成效为本”的课程建设理念，明确了课程所对应层次的知识、能力和技能的要求，使课程的针对性、适用性、科学化程度增加，但这种影响不会在短期产生重大作用，需要长时间的“静观默察”。而这种变革需要投入教师大量的精力，需要校长等领导高瞻远瞩的设计，不深刻理解学分银行的价值，就容易在面对这些问题上退缩，导致学分银行建设的停滞。因此，变革型领导更容易在学分银行建设中发挥引领作用，促使全校认识学分银行构建对学校体系建设的重要价

值，配合资源的投入，推动学分银行的发展。

3. 以“资历 + 标准”建设为核心，实现体系建设与能力提高结合的系统性变化

资历框架是一项基础性、先导性的工作[15]，解决的是职教与远教一体化学分银行建设中可能出现的问题。标准建设是一项规范性、过程性的工作，解决的是可行性问题。在部分国家实施的“资历框架 + 协议”的学分银行体系，经常发生利用规则破坏学分银行的事件。职教与远教一体化学分银行需要依据所对应的应用型人才培养等级，广泛调研一线应用型人才的工作过程和工作任务，由行业、企业、学科专家等共同参与建立标准体系，以标准约束学分银行认证、积累与转换过程的规范。通过“资历 + 标准”的核心运行体系，逐渐对教学过程、学习评价形成影响，解决如学分制的建设问题、对教学过程关注不够的问题、质量保证体系建设不畅的问题等，推进职业教育和远程开放教育的系统性变革。

4. 以制度体系建设为依托，提升一体化学分银行的执行力度

国内外教育教学的系统性变革在发起初期，往往由行政推力扮演极其重要的角色。一般而言，有意识的转变和主动的变革需要经历发展、演化和转变阶段。要实现职教与远教一体化学分银行的建设，初期的权力介入是快速打开局面的办法，尤其是通过制定法律能很快地推动发展。而在法律体系建设周期较长的情形下，通过政策指引、资金投入、人员保障和其他各类支持机制，能很快形成发展势态。就一体化学分银行而言，制定制度比运行制度简单得多，当制度制定出来之后，就会涉及原有工作体系的变化，特别是较之于学习渠道狭隘的原有教育体系，拓宽的学习通道自然会拓展行政事务的工作内容，增加政策执行的难度。因此，制度建设必须科学、民主、开放，充分考虑各个要素之间的关系、各个制度之间的协同性，以确保一体化学分银行的功能实现、结构优化和操作流畅。在制定制度过程中需要形成协商机制；在执行制度过程中需要监督机制，并需要不断评估制度建设的系统性、层次性和延展性；在建设过程中充分发挥治理意识，提高群众的参与度以及各类相关者的理解度，最终提升学分银行的执行力度。

5. 以质量保证为手段，实现学习成果高质化

质量是教育的生命线，更是职教与远教一体化学分银行的生命线，要推进职教与远教一体化学分银行建设，就要把握好质量这条“红线”，全程强化质量意识，建立质量保证机制，形成由理念、目标、行为、评价等构成的系统化的策

略，使学习成果具有普遍意义的质量。首先，在价值追求上需要形成“质量为先”的意识。学分银行建设需要开门办学，同时需要确保质量，认同其他教育类型的学习成果，通过认同实现各类教育质量的协同进步。其次，在一体化学分银行运行过程中，需要把握质量这一准绳。资历框架和认证标准体系的建设要有质量，以资历框架和认证标准体系建设为指导的课程建设和教学运行更需要质量保证体系的有效运作。最后，在构建政策支持体系过程中要把握好质量意识在制度框架上的有效传达，建立相互协同、相互支持、相互促进的制度，形成完整的制度体系，保障有质量的学习成果的流动。

五、结　语

职教与远教一体化学分银行建设，是在学分银行自身不足或条件不成熟的环境下进行的有益探索，希望通过其解决职教与远教领域学习通道的“独木桥”现象和“单向道”途径问题，也期待以此整合对方的优质资源，提升质量，形成影响力。职教与远教一体化学分银行的构建也不是一帆风顺的，需要不断优化、完善，最终目标是建设覆盖各级各类教育的终身教育学分银行。

参考文献

[1] [3] 周晶晶，孙耀廷，慈龙玉．区域学分银行建设的困境与思考 [J]．开放教育研究，2016（5）．

[2] 吴南中．远程开放教育与职业教育融合的表征、时序与实现路径 [J]．继续教育研究，2015（6）．

[4] 吴结．关于各级各类教育机构参入学分银行的时序判定 [J]．中国远程开放教育，2016（1）．

[5] 张德江．应用型人才培养的定位问题及模式探析 [J]．中国高等教育，2011（18）．

[6] 刘焕阳，韩延伦．地方本科高校应用型人才培养定位及其体系建设 [J]．教育研究，2012（12）．

[7] 郭庆，余善云．“两校一体”：中国开放大学办学模式的理想选择——以重庆广播电视大学为例 [J]．中国远程开放教育，2014（8）．

[8] 柳士彬．继续教育“立交桥”：框架与行动 [J]．教育研究，2016

(8).

[9] 张伟远，段承贵. 终身学习立交桥建构的国际发展和比较分析 [J]. 中国远程开放教育，2013 (9).

[10] 鄢小平. 我国学分银行制度的模式选择与架构设计 [J]. 远程开放教育杂志，2015 (1).

[11] 袁贵仁. 价值观的理论与实践——价值观若干问题的思考 [M]. 北京：北京师范大学出版社，2013.

[12] 周满生. 全纳教育：概念及主要议题 [J]. 教育研究，2008 (7).

[13] 李太平，刘燕楠. 教育研究的转向：从理论理性到实践理性——兼谈教育理论与教育时间的关系 [J]. 教育研究，2014 (3).

[14] 徐长江，等. 高校变革型领导与交易型领导有效性的比较研究 [J]. 高等教育研究，2014 (1).

[15] 陈丽，等. 国际视野下的中国资历框架研究 [J]. 现代远程开放教育研究，2013 (4).

教学研究

在线学习培育机制理论与实践

卢跃生[*]　江　涛[**]　李　玲[***]　吴南中

摘　要： 自MOOC兴起以来，在线学习在全世界迅速兴起，在线学习能力成为人才的核心竞争力，建立在线学习培育机制，促进在线学习能力的培育成为必然。在线学习培育机制的建设要遵循知识动力、生活动力、教育动力的共同作用。同时需要考虑政策制度在塑造在线学习时"嵌入"的心理环境，促成在线学习行动，塑造在线学习氛围上的整体价值。基于此，重庆工商职业学院形成了自上而下与自下而上相结合的在线学习推进思路，进行了多机构多组织共同协调的组织机制建设，实施了定性定量结合的评价制度建设，布局了大数据体系反馈机制，加强了与实践互动的理论研究，取得了一些成就。

关键词： 在线学习；MOOC；教育信息化；终身教育；职业教育

在数字化时代，数字技术通过塑造数字化生活改变了生活形态，也促进了信息传输与创新以不可思议的速度加快。信息与知识的更迭速度将知识与技能的习得从"一次性"向"终身行为"转变，社会人口集中学习的时间高度压缩，大部分人不再连续接受某种正规教育，学历教育与非学历教育的界限越来越模糊。著名终身教育提倡者朗格朗充分阐述了这种变化，信息与技术的使用，所造成的"社会习俗变迁，世界人口膨胀，民主进程深入、科技发展的迅猛、传媒媒介的扩容、生活方式的嬗变、精神信仰的问题等"[1]，促使每个人需要不断地解决各

* 卢跃生：副教授，硕士。主要研究方向为教育管理。
** 江　涛：教授，硕士。主要研究方向为职业教育管理。
*** 李　玲：教授，硕士。主要研究方向为职业教育管理。

种新问题，接受新教育。在线学习承接了在线生活的张力，成为学习这种“终身行为”的重要方式，随着数字化的进一步深入，在线学习对经济社会的进一步改变会变得更加重要。依托数字化技术，培养在线学习能力，成为培养应用技术型人才的必然要求。在这种理念的指导下，2012 年开始，重庆工商职业学院开展了在线学习培育机制建设，并将其作为学院深化教学改革的重要内容和关键环节，取得了一些理论认识与实践成果。

一、在线学习培育的逻辑动力

在线学习是一种基于网络环境的学习方式，是一种通过互联网获取在线资源，实现动态交互，开展虚拟教学活动的学习方式[2]。要实现学习者从传统学习方式向在线学习方式的转移，实现在线学习能力的培养，需要找出促进学习者参与在线学习的动力，以动力为机制建设逻辑起点，促使机制良好运行，发挥机制建设的效用。在线学习培育从动力来源划分，可以分为知识动力、生活动力和教育动力。知识动力和生活动力为内源性动力，教育动力既有内源又有外源的动力表现。

（一）在线学习培育的知识动力

知识动力就是获取知识的动力，体现为学习者获取知识的价值追求。按照马斯洛的理论，人的需求分为“生理需求、安全需求、社会需要、尊重需要、自我实现需求”[3]。人类基本按照满足不同层次的需求而自发寻求进步。知识习得的动力在人类社会适应产业变化，形成社会更迭，促进社会正向流动中发挥了极其重要的作用，是不竭的动力来源，是社会发展的自然动力。在线学习培育需要抓住学习者自身不断提升的动力源，提供不同层次、方式的知识与技能的获取渠道，为学习者提供“可能的通道”，促进学习者适应在线学习方式，利用在线学习建构自身知识与技能。

（二）在线学习培育的生活动力

生活动力是指顺应生活而来的动力，体现为学习者对数字化生活的一种自然亲近和有效转移。火、文字和网络技术对应着三种文明形态——器物文明、符号文明和数字文明[4]。按照技术决定生活的逻辑，在互联网技术的支持下，学习者群体呈现了数字化生活特质，他们将数字化当作已有生活构件，如水、空气对人的悄无声息的支持，只要技术本身不发生故障，学习者群体很难感受到自身与技术的联系。“他们已经将技术融入生活，天生沉迷并采用新技术。”[5]这是学习群体的已有状态，也是强大的动力来源，这是开展在线学习培育的起点，决定了学习者驾驭技术等信息素养水平。在线学习的开展，正是数字化生活的需要，教学改革必须从学习者的生活状态找到动力，从生活方式设计巧妙寻找灵活的学习方式、途径与方法，寻求在线生活的动力支持。

（三）在线学习培育的教育动力

“教育现代化是指与教育形态的变迁相伴的教育现代性不断增长与实现的过程。”[6]其价值取向和行为方式受制于现代化的社会形态和客观需求。现有社会形态就是互联网对生活与生产的重塑，这种形态促进了教育自身的改变。以 MOOC 等在线教育进入教育本体为起点，SPOC 等的广泛使用和翻转课堂、混合学习的有序推进，在线资源的“众智效应”和“众筹模式”逐渐展开，教育进入全面现代化阶段。分析现阶段教育的核心要求，一是需要向学生传递专业思维与学科逻辑；一是需要帮助新兴科技转化为现实的技术特征，形成学生的知识、理解、判断与智慧。在通过 MOOC 等广泛吸纳外界能量的现代课堂，两者并不能分裂，而是必须强化融合。教育必须回应这种需求，通过学习方式的现代化实现人的现代性的增长，通过在线学习培育、实现学习者与社会形态现代化的互动。

二、在线学习能力的形成机理

一般来说，有什么样的教育环境和教育活动，决定了有什么样的人才培养方式。也就是说，在线学习方式的养成，需要形成在线学习的教育环境和教育活动，以在线学习的教育环境和教育活动的了解、接纳、创新为基本形成逻辑。但在线学习的开展，对于学习系统而言，需要克服教师对在线学习认识不足、在线学习难度大、可控性低等现实问题；对于教育管理而言，需要面对成果认定、平台建设与新体系“嵌入”的管理冲突问题；对于学习者而言，会存在部分学习者不认同在线学习方式、不具备在线学习能力的现实问题等，这些问题的解决依赖于形成机理的作用。

（一）以政策制度塑造在线学习“嵌入”的心理环境

任何行动都是在具体社会结构中的选择，行动者的理性是在特定的社会环境中建立的。“嵌入”常常用来描述这种内生于或者根植于其他事物的一种现象，反映了与其他事物的联系程度[7]。通常来讲，强制“嵌入”一种与原有生态系统相异的制度会引发生态系统的不适，就如人体器官移植手术需要一段时间的“排异观察”一样，当然，在植入之前还需要对“植入体”与“接受体”进行“匹配测试”。政策接入促使学院系统变化也是同样的过程，强力的植入会导致系统的冲突，引发系统文化和构建的紊乱。在线学习制度的“嵌入”必须依赖教师的自主行动，并接受权威的指挥。这种“嵌入”方式强化参与者的自觉，让其明确参与者本身是负责的。制度需要做的工作是：第一，使参与者具有参与的想法；第二，使参与者具备参与的能力；第三，为参与者的参与提供得到满足的机会，即让参与者在参与之后能获得一定的认同。参与者想法的获取需要建立一定的认知。比如对教师等开展基于在线学习的研讨，使教师认识到在线学习活动是获取想法的一种有效方式。借助鼓励教师体验在线学习的激励机制也是使教师产生在线学习认知的有效方式。获取参与的能力在在线教育领域体现为帮助学习者塑造资源、组合环境、提供支持服务以及开展评价的能力。让参与者的参与获得认同就是借助一定的机制，对参与教师进行成果认定和事实表彰，如给予其获取晋升上的优先、项目支持的优先、获取工作量认定的适当宽松等。政策、制度更不能忽视学习者的参与，要通过激励政策、舆论政策等组合政策，激发学习者的成长动力、顺应生活的动力，促进整个学校形成接纳和参与在线学习的氛围。同时，政策环境的改变是形成内部凝聚力的具体方式，其作用是使整个学校更有力量面对各种挑战、解决各种沟通的制度基础。

（二）从制度转化为行动的促进机制

作为政策执行的环节，几乎所有的政策都不能自我实施。有效的政策影响都需要借助特定政策工具的力量。对于在线学习培育的管理与实施环节而言，促进机制的建设需要处理好三个方面的因素：第一，在线学习成果的认定机制；第二，在线学习开展的平台能效；第三，在线学习制度与现有制度的“组织冲突”。在线学习的推进事实上是一种开放理念的接入，冲击了现有制度的存在逻辑。通过在线学习，学习者的学习不再局限于本校教师的知识来源，甚至不再局限于社会教师群体的知识来源，而是通过各种可以利用的资源将所有可能的知识来源进行基于自身需要的统整性组合，以自适应的方式完成个性化学习。学院必须对这些成果进行认定，才能保持参与者的积极性，促进在线学习制度向行动转化。

平台决定了资源统整的效率，也决定了教师参与支持服务的有效性、大数据反馈系统的准确性，平台建设是将制度转化为行动的关键。在现有的在线学习平台中，有以“三大马车”为代表的 MOOC 平台（Coursera、Udacity、edX），也有 Moodle 等在国内外具有影响力的开源平台，还有各种基于学校自身建设的在线学习平台，学校倡导的平台对制度转化为行动具有现实考量价值：MOOC 平台具备的强大功能对于学习者而言是福音，但对此不得不思考本校教师的旁落；同时 MOOC 等开源平台在核心数据的收集上存在一定的操作难度；学校自身组织的开放适用性平台通常存在技术门槛等现实问题。学校需要依据学习者舒适度和教师的参与程度进行平台的选择与支持，以实现教师有效参与、学生有效学习、反馈系统有效运行作为选择的基础。

在线学习制度与现有制度的“组织冲突”协调问题，也是考验管理智慧的问题。要促进在线学习，必须提供一定的环境，如对网络环境的开放支持、对学生管理的尺度、对在线学习成果的认定程度等等。只有保持特定尺度，才能做到培养的学生既有事实上的质量标准，又具备在线学习能力。比如对学分的认定，不能没有甄别的、脱离专业发展主线进行认定，举例来说，会计培训的学分不能与旅游管理专业的学分进行替换，而只能与会计法规、会计基础等课程进行替换。从制度转化为行动的实施过程，在工具的选择上需要多元话语，需要考虑不同状况的互动作用，考虑转化为行动的促进制度。

（三）在线学习氛围形成的感染力的传递

在线学习转化为实践，不管是教师还是制度，最终的受力点是学习者自身，脱离了学习者的参与、忽视了学习者参与的能力，便不能有效形成在线学习的氛围，整个推进机制也就是无效的。因此，学习者的参与是整个推进机制设计的关键所在。首先，需要考虑整个学习者群体的在线学习能力。对于绝大部分学习者而言，在线生活是常态，没有压力，在线生活向在线学习过渡也具备理论上的能力。但在线学习面对的不是大部分学习者而是全部学习者，在现实中，肯定存在排斥在线学习或没有在线学习能力的学习者的问题，所以有针对性地为不接受、不适应的学习者提供一定的支持，是保障在线学习成效的有效办法。

其次，机制建设需要考虑学习者对在线学习的接受问题。在线学习能有效释放教师的重复性劳动压力，但也容易造成“教师没那么有用”的学生论调，这需要促进学习者对教师在在线学习场域环境塑造、资源建设与组织、学习评价与反馈等环节的理解，有意识地令教师与学习者共同选择资源，并让学习者参与部分资源的组建工作，是提高认识的良策。

除此之外，在线学习氛围的形成还需要得到社会的支持，需要得到社会舆论、政府政策等有利的协同，最终形成富有感染力的在线学习氛围，通过感染力向同伴传递在线学习影响力。

三、在线学习培育的机制设计实践创新

作为一所远程教育与职业教育融合办学的新型高校，重庆工商职业学院参与在线学习有先天的资源优势、平台优势和师资优势。但在线学习在职业教育落地生根，仍然面临着不小的难度，在实践推进中，我们践行了自上而下与自下而上的改革同步推进思路，建立多机构、多组织共同协调的组织机制，形成量性并重的评价机制，并布局大数据铺路改进机制等多路向的在线学习培育，取得了一定实效。

（一）自上而下与自下而上的改革同步推进思路

机制创新来源于理念创新。2012 年前后，学院逐步形成了“三融合”发展的思路，即远程教育与职业教育融合、学历教育与非学历教育融合、教育教学与信息技术融合。在“三融合”发展理念下，逐步形成了既符合学院已有改革意图和实践，又从整体上思考在线学习发展的规划，促进了在线学习在学院的落地。从实施效果来看，首先，“三融合”发展思路的提出，从学院层面上认可了在线学习的价值，成为统领学院相关政策的内核。通过“三融合”发展思路的提出，学院自上而下形成了发展愿景，统一了思想。其次，2013 年，学院开启了“混合学习”教学模式改革，将改革目标定位为提高学生自主学习能力、拓展职业教育途径、促进优质教学资源共享、提高网络课程建设实效，以不替代计划课时、替代部分计划课时和完全替代计划课时三种方式，开启了从物理教学环境向在线教学环境的迁移，自下而上的改革征程开始。2014 年，首次引入了尔雅通识课，将其作为高职学生学习的必修课，引入了 5 个模块 48 门课程。在试学一年学生反映良好的前提下，其正式进入 2015 年人才培养方案，形成了顶层设计与微观推进的双向互动，搭建了在线学习培育改革的轮廓。

（二）多机构、多组织共同协调的组织机制建设

学院在注重在线学习推进的“本体”着力体系之外，还通过组织机制的健全与发展，促进了在线学习在学院落地。首先，学院于2013年正式挂牌了学分银行，作为一个独立的处级机构进行运转，为在线学习成果积累、认定与转化提供支持，从机构上完成了支持在线学习成果的组织建设。其次，为学习者跨专业、转专业、跨学院选修课程建立了保障制度。在线学习的推进必然引发学习者视野的拓展，由高中进入高校的学习者有了对各类专业了解的平台，提高了学习者专业的匹配度，有效促进了学习者的学习兴趣，进而影响了整个学习氛围，为学院整个教与学生态注入了积极的因素。再次，在线学习的推进，涉及教师专业发展的跟进。在线学习由于脱离了教师传统的工作场域，改变了教师工作性质，对教师能力提出了新要求，需要从体制机制方面对教师予以支持。学院为此将硬性的额定工作量从半期改为一年，也就是说，教师可以按照自己的年度计划安排工作节奏，拥有整段时间可以参与在线资源建设、组织培训等相关工作。除此之外，学院规定了翻转学习、混合学习等组织形式按照课程规定学时给教师计算课时，将在线课时与支持服务参与时间纳入教师的额定工作量。这些措施的实施，有效提高了教师参与在线学习组织与实施的积极性。

（三）性量结合的评价制度建设

在线学习推进机制的有效性，必须以一定的标准来评价。一般来说，衡量标准主要体现在三个方面：“有序”心理场域的构建、“有效”政策支持体系的形成、理论研究与政策调适的双向互动[8]。学院为了促进在线学习的培育，一方面强化了“量”的基本保障，如对“混合学习”的改革中提出了第一年开展10门课程、第二年普及每个专业的发展步调，并将此计入专业评价引导机制建设的评价指标，强化了在线学习在面上的铺开范围。另一方面，提高了对“质”的要求。在资源建设上，原来资源投入的金额为1万元上下，现在所有类别的在线学习资源课程建设投入的经费每门超过3万元，根据实际情况还可浮动。与此同时，强化了质量评价。在在线学习参与上，以通识课程为例，最初在线课程的开放仅要求学习者参与，从2015年开始，要求学习者按照学院提供的课程选足2学分，学习成绩纳入人才培养方案的毕业标准，强调参与的质量。

（四）布局大数据理解机制，形成长效发展

在线学习培育并不是一次时间上的冲击，而是面向长远积累与成长的过程，

在线学习将学习场域从物理环境迁移到在线学习环境，为大数据的收集奠定了基础。为此，学院开始布局大数据，以期通过大数据解决在线学习成长的长效问题。在描述大数据的价值上，大数据会“给教育，乃至整个社会带来一场变革”[9]。学院同样需要依据大数据做出教育决策。对于在线学习而言，推进的功能实现程度、行为舒适程度、过程效果等各个方面都需要大数据支持，通过大数据挖掘推进的“痛点”与“障碍点”，进行有针对性的“消痛”与“排雷”。为此，学院推出了大数据中心，统筹布局学院工作业务，重点在学习分析领域发力，支持在线学习培育。

（五）加强与实践互动的理论研究

在线学习并不是新事物，但在线学习并没有形成系统化的理论以指导在线学习的推进。在线学习的推进过程中会遇到很多难题，有的是点上的问题，比如如何有效提高某门课程在线学习效能；有的是面上的问题，比如在线学习参与性和支持服务体系建设的问题；有的是涉及深度的问题，涉及对高等教育的认识论与方法论，是整个体系结构与制度的问题，需要全面、整体和深刻的思考，以支持实践的开展。但只有坚实的理论才能支持实践的顺利实施，基于此，学院大力加强与实践互动的理论研究，2012 年以后，学院在科研立项、教学改革等方面加大了与在线学习相关的支持，加大了网络资源建设的经费支持力度，并支持了一部分诸如《慕课发展研究》《混合学习理论与实践》等专著的出版，通过教改、科研指引在线学习发展的理论研究。在教改、科研课题的支持下，关于 MOOC、翻转课堂、混合学习等在线学习或者蕴含在线学习因素的研究成果有 140 余项，各种基于混合学习的自发性研究组织通过组建 QQ 群、微信群等方式建立了知识共享平台，产生的理论成果很好地支持了学院在线教育培育机制的建设。

四、在线学习的成效与展望

（一）补短板——提高资源建设可理解和可应用水平

已有的在线学习推进机制建设，提高了在线学习在学院的应用，但短板也不容忽视，其中，最大的短板是在线资源的建设。资源的最大缺陷体现在层次性不分明，造成个体适应性不强；资源自身对学习者生命状态的把握与教师精神生命的表达不能很好地契合，资源所代表的教师视域与学习者视域融合度不高；资源建设基于学科逻辑思路而不是学习者认识思路，可应用性不高。除此之外，承载资源的平台与灵活、开放、智慧的学习场域还有一定的距离。加强资源建设，开放智慧学习平台成为学院发展的新着力点。

（二）深研究——关注变革的系统性与相关性

在线学习的推进，实际是顺应时代的学习方式变革，学习方式的改变涉及课程体系的改变、课程内容以及课程内容呈现方式的改变、学习者元认识能力的改变和学习者评价的改变，以及围绕学习者学习保障和其他条件建设的系统性变化。在前期，建设者试图做出完美的顶层设计。但实践表明，在线学习的推进涉及各个方面的变化，顶层设计不可能覆盖每一个细节。加大在线学习的研究，关注其推进引发的学院生态变化，并做好防治措施，是保障在线学习推进的基础。

（三）强数据——增强大数据反馈功能与能力建设

大数据在各个领域展现了其颠覆性的影响力，成为社会生产的基本要素。教育领域也开始了基于大数据的教育决策行为。在学院的在线教育推进机制建设中，将大数据的挖掘与理解作为重要的组成部分进行布局，但目前，在线学习推进机制与政策建设的数据支持能力相当薄弱，不仅体现在数据的捕捉上，更体现在数据建模、分析与理解上，需要增强大数据的反馈功能与能力建设。

五、结　语

在线学习培育是一个系统工程，涉及方方面面。就未来社会而言，在线学习方式必然成为学习者参与终身学习的主要方式，从这个意义上来讲，在线学习的价值不仅仅是现有教育质量的提升，更是为培育适应未来学习型社会所需要的人才打下良好的基础。从实践来看，学习者通过在线学习的系统性推进机制，对在线学习产生了一定的热情，形成了一定的在线学习能力，但在线学习在学习者“心理”落户，尤其是积极主动去寻求在线学习的帮助，以构建自身的知识体系，对于大部分学习者而言，还需要走很长一段路，这既是我们的困局，更是发展的动力。

参考文献

[1] [法] 保罗·朗格朗．终身教育导论 [M]．腾星，等，译．北京：华

夏出版社，1988.

［2］吴南中．论在线学习范式的变迁：从自主学习到自适应学习［J］．现代远距离教育，2016（2）．

［3］［美］马斯洛．人类激励理论［M］．上海：上海财经大学出版社，2009.

［4］吴南中．数字化生活的教育意蕴［J］．现代教育技术，2015（7）．

［5］Prensky M. Digital Natives，Digital Immigrants［J］．*Journal of distance education*，2009（2）．

［6］褚宏启．教育现代化的本质与评价——我们需要什么样的教育现代化［J］．教育研究，2013（11）．

［7］庄西真．教育政策执行的社会学分析——嵌入性的视角［J］．教育研究，2009（12）．

［8］吴南中．在线学习培育的顶层设计与推进机制研究［J］．电化教育研究，2016（1）．

［9］何克抗．大数据面面观［J］．电化教育研究，2014（10）．

开放大学混合式教学研究：反思与展望

王 莹*

摘 要：随着混合式教学研究与应用的不断深化，学界开始理性反思混合式教学的本土化应用、行为差异、认知差异与支持服务体系的构建。通过对开放大学混合式教学适用性分析发现：当前开放大学混合式教学的开展面临办学体制上的障碍，教学过程存在较多影响教学质量的因素，学员的接受程度、参与程度、满意程度总体不高。需要在顶层设计上构建网状体系和联盟平台，破解体制瓶颈；与学分制改革有机结合，创新学员参与机制；构建全面支持服务体系，提高开放大学混合式教学的质量。

关键词：开放大学；混合式教学；反思

随着信息技术的不断普及和教育信息化的发展，传统课堂正在逐步被混合式教学方式所取代。近年来，高等院校纷纷开展翻转课堂、MOOC、SPOC、雨课堂等多种混合式教学实践探索。2017 年 1 月，国务院印发《国家教育事业发展“十三五”规划》，明确提出“利用大数据、云计算等信息技术，推动‘互联网+教育’，促进优质教育资源共建共享”，各类虚拟现实（VR）、智慧化教学模式开始出现。开放大学具备面向成人、受众多样、支持终身学习的特性，对于混合式教学的需求最为迫切。基于此，本文系统梳理混合式教学研究文献，准确把握混合式教学的现状和成效，结合开放大学的特性和典型个案，深刻反思教学实践

* 王莹：四川省财政科学研究所讲师，硕士。主要研究方向为财务管理。

探索当中的局限和瓶颈问题，有针对性地提出发展趋势和改进建议。

一、混合式教学的研究现状

混合式教学（blended teaching），是由“混合式学习（blended learning）”演化而来的[1]。20世纪90年代，随着网络和信息技术的应用普及，西方教育界兴起e-learning学习热潮。2002年，美国培育与发展协会发布《Blended Learning白皮书》，首次将“混合式学习”定义为“面对面、实时的e-learning和自定步调的学习方式”。2005年，英国学者哈里·辛格（Harvi Singh）和克里斯·瑞德（Chris Need）进行了权威性界定：“混合式学习，是在最恰当的时间，应用最恰当的学习技术，达到最优化学习目的的学习方式。”[2]国内，何克抗教授最早提出，“混合式教学，把传统学习方式的优势与e-learning优势结合起来，既发挥教师引导、启发、监控教学过程的主导作用，又充分体现学员作为学习过程主体的主动性、积极性和创造性”[3]。余胜泉教授（2005）进一步指出，混合式教学通过学习环境设计、基于网络的课堂教学、课后在线教学、发展性教学评价，可以有效克服传统课堂教学弊端，获得更佳的教学效果[4]。

从概念提出到模式形成，混合式教学经过了数年的技术积累和实践摸索。2009年，北京大学教育学院依托“教育技术学基础”课程，参考美国异步网络教学模式（AOC），率先构建了CMS支持的“网络教室”，初步探索了通过网络开展教学的方法[5]。同样的实践在徐晓东、凌茜的研究中也有体现[6-7]。在此带动下，国内不少高等院校纷纷开展网络协作教学模式的实践探索。如基于网络平台Sakai开展混合式教学辅助[8]、基于Blackboard网络平台开展成人医学教育[9]、基于SNS平台开展网络协作学习[10]、应用Moodle平台构建网上阅读课程等[11]。部分学者开始脱离简单的工具应用，向混合式教学延伸思考。林枋等（2009）利用系统动力学（SD）理论，探讨了混合式教学模式下教师、学员、投入的成长上限，提出了通过递进式在职培训提高教师应用能力、加大软环境建设力度、加强学员信息能力培养等消除成长上限的对策[12]；马国刚等（2011）提出，要按照远程教学与面授教学、自主学习与协作学习、虚拟实验与现场实训、在线形成性评价与课程终结性考核“四个结合”的原则，系统推进混合式教学，并配套全方位的支持服务体系[13]。总体而言，此时的混合式教学实践探索，更多的是支持网上学习的各类平台建设，存在“使用复杂，缺乏导航，不方便检索，且难以调动学习者积极性和主动性”的弊端[14]。

2015年，“互联网+教育”呈现蓬勃发展态势，微课、翻转课堂、MOOC、SPOC、雨课堂等各类混合式教学模式不断涌现，并得到广泛运用。张其亮等（2014）构建基于“翻转课堂”理念的混合式教学模式，分教师在线、教师课堂、学员在线、学员课堂四个模块，按照准备、实施、评价三个阶段进行实践，并对学员满意度做了测评[15]；徐葳等（2014）详细介绍了Coursera、edX、Udacity等平台的诞生及MOOC在我国大学的应用现状与实际成效，指出MOOC对传统本科课程的影响很小，与“MOOC会颠覆传统大学教学方式”的预期相差甚远[16]；曾明星等（2015）建构由SPOC翻转课堂、DELC深度学习过程、SPOC对深度学习支持所构成的深度学习模式，分析得出，从MOOC到SPOC能够实现网络学习与传统学习的完美结合，推动学员从浅层学习向深度学习转变[17]。在MOOC、SPOC的应用推动下，融入最前沿的云计算、大数据技术，实现教学过程数据化、智能化的智慧教学平台——雨课堂于2016年正式投入使用，手机推送、实时接收幻灯片、多屏互动、弹幕式讨论等使师生互动达到前所未有的高度，智慧教学模式从概念走向现实[18]。

在推动教学模式不断更新的同时，“互联网+”也持续助推混合式教学理念更新与内涵深化，部分学者开始进行科学反思与理性回归。吕静静（2015）指出，应根据开放大学的发展历程和信息技术发展，打破层级分明、流程僵化、自上而下的管理框架，建立网状结构体系；重新审视“学员主体地位”的“错位抬升”，保留教师的“有效控制”职能；强化翻转课堂等教学方式及大数据技术的利用[19]。门路等（2015）指出，应关注平台稳定性和趣味性，结合中国学员的特点，加快MOOC的本土化进程[20]。舒杭等（2016）指出，应该采取内部群体协商和外部权威干预的方式，化解混合式教学过程中由于信息超载、认知失衡、评价主观、恶性竞争所导致的学员逆反情绪[21]。王怀波等（2017）通过深浅层学习者的学习行为比较，得出深层学习者和浅层学习者在课堂学习、平台学习、认知行为、行为序列上存在明显差异，应依据学习者的行为特征采取差异化的推进对策[22]。部分学者还提到，要加强教学设计，系统分析影响混合式教学质量的因素，构建涵盖技术支持、环境支持、资源支持、管理支持、互动活动在内的全方位支持服务体系，从顶层设计、培训体系、质量追溯、激励机制和服务体系等方面完善混合式教学的推进策略[23-26]。

综上所述，现有研究主要集中在三个方面：一是混合式教学经历了从概念提出、试点探索到全面应用的发展历程，已成为高校信息化教学的主流模式。二是随着信息技术发展，混合式教学的平台工具不断更新换代，智慧化的教学模式开始兴起。三是学界开始深入反思混合式教学的本土化应用、行为差异、认知差异与支持服务体系构建。

二、开放大学混合式教学：现状分析与理性反思

开放大学，根植于我国传统的广播电视大学。实际上，电大自开展在线教育以来，也始终贯彻了“以学员为中心”的理念，从最初的依托网络发布 IP 课件、网上文本，到借鉴视频公开课（OCW）推送网络课程、微课课程，再到当前电大向开放大学转型过程中开展的 MOOC、SPOC 试点，混合式教学的探索更为全面，模式也更加成熟。但与之不对称的是，开放大学混合式教学的现实表现与实践贡献却并没有引起学界高度关注。笔者在中国知网中，以“混合式教学”为主题，涵盖“开放大学”“电大”词频进行高级检索，仅找到与之相关的文献 27 篇，其中，核心论文仅 1 篇。现有文献多集中于混合式教学理论的简单论述，或个别地方开放大学针对某一个具体课程开展的翻转课堂、MOOC、SPOC 等混合式教学实践介绍。未见有从开放大学的办学定位、教学过程、学员行为等角度进行系统思考的文献。

（一）办学定位层面的认知与反思

办学定位是办好一所大学的首要前提。广义的办学定位，涵盖办学类型、办学宗旨、办学规模、发展目标、教学模式、专业设置、课程开发等[27]。电大自成立以来，很长一段时期都把“学历补偿与提升”作为办学宗旨，照搬普通高校的教学体系与办学模式。电大在向开放大学转型的过程中，办学宗旨转向“学历教育与非学历教育并举”，办学规模日趋精细化，发展目标注重普适性，人才培养突出应用型，办学形式强调开放性。

基于此，开放大学的混合式教学不能简单地等同于普通高校，而应该具备自身鲜明的特征：

第一，开放大学具备产教融合、校企融合、工学融合的特征，对于突破时空限制和工学矛盾的混合式教学模式有着内生需求与原发动力。

第二，由于学员在年龄结构、入学目的、能力基础、专业选择上存在明显个

体差异，开放大学混合式教学更适宜采用面向特定人群、实行收费形式、提供差异服务的 SPOC 模式。而普通高校主要面向大规模人群，提供无差异教学服务，更适宜采用 MOOC 模式。两者在模式选择上存在一定差别。

第三，与普通高校注重理论教学不同，开放大学更加注重实践教学和技能培养，混合式教学的平台建设和课程开发难度更大，因此，开放大学混合式教学还要解决专业领域适用性问题。从笔者所在电大的实践来看，教学科研类领域较为适宜开展混合式教学，但在部分技能操作和实验实践类领域的开展却存在一定技术难度，经济性价比也不高，需要渐进式开展。

第四，开放大学目前仍实行层次分明、自上而下、逐层审批的“大一统”办学体制，混合式教学的实践探索还需要克服体制障碍，解决本土化和基层适用性的难题。

（二）教学过程层面的认知与反思

纵观翻转课堂、MOOC、SPOC 等混合式教学模式，基本上都遵循“课前教学资源开发—学员自发学习测验—课前在线交流互动—课堂导学研讨—课堂现场评价—课后作业完成与在线答疑—课后形成性评价与总结性评价”的流程。阶段不同，制约因素也各异。

1. 课前准备

以 SPOC 教学模式为例，课前阶段一般包含以下环节：

（1）教师提前制作 SPOC 微视频、微案例、微实验、微作业等教学资源，将其上传至 SPOC 平台，并要求学员在上课之前自学。

（2）学员按照教师要求，登录 SPOC 平台，按照专业设置和选课要求，在规定的时间内完成在线课程学习。

（3）学员根据课程学习情况，自行开展简单测验，提前确认知识掌握情况及疑难问题。

（4）测验结束后，学员借助 SPOC 平台内论坛，发布学习体会及疑难问题，互相交流探讨。教师可有意识地浏览论坛，提前进行在线解答。对于在平台上无法解决的难题，学员可带到课堂寻求教师解决，教师也可整理学员问题后在课堂上集中解答。

但具体到开放大学，课前教学目标的达成，必须满足以下先决条件：

（1）教师必须掌握微视频制作技巧。相当于在“双师型”师资建设的同时，教师还需额外掌握视频、动漫制作等特殊技能。实践过程中，目前更多采取教师录课、信息部门编辑的方式，即便如此，教师工作量仍要增加50%以上。从长远来看，随着课程资源库的充实完善，工作量会明显下降，但知识更新所带来的重复制作工作量也会相应增加。

（2）平台必须具备个性化和自定义功能。SPOC本身具备“小众私密”的特征，开放大学的学科体系和专业设置千差万别，具体到课程资源、微视频的内容牵涉到不同的学科背景和技术要求。显然，统一化、模块化的平台设置不能满足个性化的需求，亟须拓展自定义功能。

（3）学员能够高度自觉地完成课前学习任务。但据笔者调查，由于开放大学的学员差异和文凭情结的根深蒂固，真正能够按要求认真完成在线自学的不足20%。

（4）课前互动能够充分有效地开展。但实践显示，由于学员的在职属性和较低的文化程度，学员尚没有足够的能力进行提炼思考，论坛发问和响应者寥寥无几。同时，电大1∶100～1∶150的师生比例[28]，导致教师很难有时间和精力进行论坛浏览和疑难梳理，难以做到在课堂上对疑难逐一解答。

2. 课中教学

同理，以SPOC教学模式为例，课中教学一般包含以下环节：

（1）教师根据SPOC平台的过程记录和统计分析，快速了解学员课程学习的总体情况，对重点、难点和疑难问题进行详细精讲。

（2）采取分组形式，以小组为单位进行自发讨论、组内交流、个体思考，发挥学员的主体作用，引导学员形成自发的知识获取与情境记忆。教师只针对各小组的共性问题，进行统一示范、集中解答。

（3）在分组的基础上，由学员在课堂上自行展示个人作品和研究成果，教师引导学员自评、生生互评并进行教师点评。

具体到开放大学，课中教学目标的实现，主要有以下三个环节：

（1）学员课前充分自学，对课程知识有全面的掌握。但从实践来看，即使课前进行了充分的自学，也并不能保证学员对课程知识有全面的掌握，此时，只进行重点、难点的精讲，而忽视全课程式、全逻辑性的讲述，非常容易导致学员形成“课程碎片化”的印象。

（2）强调学员主体性。忽视了教师的指导职能和师生互动的情感因素。从实践来看，一个完整的 SPOC 课程，70% 的时间为学员在线自学，30% 的时间开展课堂交流。在课堂交流中，师生互动时间占比不超过 40% 。过度强调学员主体性，教师人文关怀的缺失和距离感的拉大，容易导致学员产生孤独感和乏味感，反而不利于学员心理的健康成长。

（3）分组讨论能够自发有效地开展。实践显示，成人学员基本上已形成思维定式，接受了传统的教学理念，很难形成明显的组别差异，课堂分组往往较随意，实时评价也难以形成统一的评判，不易形成活跃的课堂氛围和激烈的思维碰撞，与理论预期有明显的差别。

3. 课后评价

同理，以 SPOC 教学模式为例，课后评价涵盖以下内容：

（1）学员将课堂上分组讨论的成果、实例、任务等发布到 SPOC 平台，供学员查阅讨论。学员按照教师要求，完成课后的在线作业与课程巩固，并通过 SPOC 平台与教师在线交流。

（2）教师根据学员课前自学、课堂表现、作业完成及生生互评情况确定学员平时成绩，分值占比 60% 左右。

（3）教师依据课程设置，开展期末测验，进行期末总结性评价，分值占比 40% 左右。

具体到开放大学，课后作业的完成、在线讨论的开展，同样要基于学员对网络平台的熟练运用及高度的自控能力。同时，由于学员水平参差不齐、教师督促能力减弱、课堂教学占比减少，对学员的约束力反而有所下降，极易产生“代为学习”“代做作业”“作业抄袭”“内容拷贝”等各类现象，对教学效果形成不良干预，进而导致形成性评价难以得到科学公正的评判。此外，不合理的师生比例，容易导致教师以总结性评价的结果来臆断学员学习过程的参与程度，同样影响形成性评价的客观公正。

（三）学员行为层面的认知与反思

从学员行为最能感知学员对于混合式教学的认知与接受程度。本文将开放大学学员对于混合式教学的认知程度归纳成接受程度、参与程度和满意程度三个层面进行讨论。

1. 接受程度

笔者对所在电大324名学员的抽样调查显示，仍有55%的学员习惯于接受传统的面授教学模式，有45%的学员对在线学习感兴趣（见表1）。在感兴趣的学员中，女性学员占比高达82.2%。这表明，与普通高校针对思维未定型的少年不同，开放大学的学员思维方式已基本定型，对接受新的教学方式，容易产生抵触心理。可喜的是，女性学员由于性格、耐心、求知欲等方面的优势，反而可以成为混合式教学的重点突破对象。

表1　学员接受程度调查结果表

	兴趣程度				
	不感兴趣	比较不感兴趣	一　般	比较感兴趣	很感兴趣
男	44/13.6%	46/14.2%	12/3.7%	10/3.1%	16/4.9%
女	30/9.3%	32/9.9%	14/4.3%	46/14.2%	74/22.8%
合　计	74/22.9%	78/24.1%	26/8.0%	56/17.3%	90/27.7%

注：数据模式为人数/所占的百分比。

2. 参与程度

以笔者开设的“财务会计”在线课程为例，学员参与呈现以下特征：课前，由于时空分离、过程松散，缺乏主体意识和自控能力的学员，很难自发完成在线学习任务。论坛发帖和回复极少，普遍存在犹豫心理和怕被议论的畏惧心态。课中，学员对小组讨论极不适应，不善于表达自身想法，极易形成沉默尴尬的课堂氛围。课后，在线交流较少，学员对于总结性评价的期望普遍较高，过程性评价的意识较为淡薄。

3. 满意程度

笔者将学员对混合式教学的满意程度归纳为学习结果满意度、能力提升满意度、授课方式满意度，针对“财务会计”在线课程学员进行抽样调查。调查结果显示（见表2），学员对学习结果满意的占52.2%，认为能力得到显著提升的占54.3%，对授课方式感到满意的占54.1%。由此可见，混合式教学尽管取得了一定成效，但仍有较大的提升空间。

表 2　学员满意程度调查结果表

	满意程度				
	非常不满意	不太满意	一　般	比较满意	非常满意
学习结果满意度	28/15. 1%	25/13. 4%	36/19. 4%	42/22. 6%	55/29. 6%
能力提升满意度	30/16. 1%	21/11. 3%	34/18. 3%	44/23. 7%	57/30. 6%
授课方式满意度	21/11. 3%	27/14. 5%	37/19. 9%	48/25. 8%	53/28. 5%

注：数据模式为人数/所占的百分比。

三、开放大学混合式教学的提升路径

信息技术与教育深度融合，是教育发展的趋势。在 2015 年教育信息化大会上，习近平总书记强调，因信息技术的发展，推动教育变革和创新，构建网络化、数字化、个性化、终身化的教育体系，建设“人人皆学、处处能学、时时可学”的学习型社会，培养大批创新人才，是人类共同面临的重大课题。开放大学的混合式教学，既要依托信息技术革新，完善平台建设，又要结合自身特性，进行内生优化与自我完善。

（一）强化开放大学混合式教学改革的顶层设计

体制层面，教育管理部门应及早摈弃自上而下、层次分明、逐级审批的“大一统”体制框架，建立“网状”的开放大学结构体系和联盟平台（吕静静，2015），鼓励通过市场交易、共建共享、资源引进、合作开发等多种形式，实现课程资源的共享互补和本土化应用。办学层面，开放大学要加大重视程度和支持力度，结合学校办学定位和专业设置，分层次、梯度式地推进混合式教学实践。改变学校管理人员、师资队伍的传统教学观念，有针对性地开展混合式教学理念、课程设计、平台使用、教学技能方面的培训。建立健全激励机制，在教学投入、科研立项、职称评聘、考核评优、物质奖励等方面进行倾斜，鼓励教师开展混合式教学改革。平台层面，开放大学要继续推广 MOOC、SPOC、翻转课堂、雨课堂等教学模式，并充分利用云计算和大数据技术，向混合化、嵌入化、游戏化、移动化、智能化教学延伸。

（二）创新开放大学混合式教学的主体参与机制

在混合式教学改革过程中，开放大学要科学平衡教师的主导作用和学员的主体作用。进一步转变教师职能，从“如何教”向“如何促进学”转变，通过教学资源的优化设计、教学策略的合理使用、教学过程的情感交互、教学管理的跟踪监控，提升学员学习技能。继续保留教师“适度控制”职能，强化教师教学设计、课程开发、课堂交流、课后评价等方面的话语权，充分发挥教师在能动引导、心理辅导、人文关怀等方面的作用。进一步强化学员的主体作用，创新学员参与机制，将混合式教学与开放大学学分制改革有机结合，为学员提供充足的教师资源、课程资源，由学员自主选择教师、自主选择课程，并实现学分灵活转换。继续强化分组讨论、角色扮演、情景模拟、翻转课堂等教学方式的活化应用，引导学员形成活跃的课堂氛围。优化学员评价体系，合理分配形成性评价和总结性评价的权重，引导学员自发参与评价。

（三）构建开放大学混合式教学的支持服务体系

基于个性化、本土化、实效性原则，全面构建开放大学混合式教学的支持服务体系。技术支持上，借助各类信息技术工具，对混合式教学的教学系统、课程资源、管理系统、教学设计等方面进行技术支持。教学环境上，加强网络硬件设施建设，完善在线学习平台，营造良好的校园文化和学习氛围，提供优越的物质环境和非物质环境。资源建设上，充分整合各类高校、名师资源和新媒体网络资源，建立开放共享、内容多元、体系完整的课程资源库。管理服务上，强化教学日常管理，建立管理人员、教师队伍、技术人员密切配合的工作机制，克服开放大学学员自制能力弱、难以有效监督等弊端，提升教学效果。教学交互上，充分利用社会化交流工具等，拓展师生交流的私密空间，克服在线学习的心理障碍。

参考文献

［1］田世生，傅钢善. Blended Learning 初步研究［J］. 电化教育研究，2004（7）.

［2］Harvi Singh & Chris Reed. Centra Software A White Paper. Achieving Success with Blended Learning［EB/OL］.［2005 - 07 - 09］.

[3] 何克抗．从 Blending Learning 看教育技术理论的新发展 [J]．国家教育行政学院学报，2005（9）．

[4] 余胜泉，路秋丽，陈声健．网络环境下的混合式教学——一种新的教学模式 [J]．中国大学教学，2005（10）．

[5] 郭文革．北京大学“教育技术学基础”混合式教学模式探索 [J]．电化教育研究，2009（8）．

[6] 阮高峰，徐晓东．基于公共互联网服务的混合式学习课程建设——以《人类学习与认知》课程为例 [J]．现代教育技术，2009，19（8）．

[7] 凌茜，马武林．基于 Web 2.0 平台的大学英语混合式学习探究 [J]．电化教育研究，2009（6）．

[8] 荀超群，刁永锋，周茂丽．SAKAI 平台在混合式教学中的应用 [J]．电化教育研究，2010（8）．

[9] 曹坤明．基于 Blackboard 网络教学平台的医学成人高教混合式教学模式构建 [J]．中国成人教育，2012（15）．

[10] 王崇文，任翔．一种基于 SNS 平台的网络协作学习模式研究 [J]．云南大学学报：自然科学版，2012（S1）．

[11] 郑红霞．基于 Moodle 平台的英语阅读构建的实证研究 [J]．内蒙古师范大学学报：教育科学版，2012，25（10）．

[12] 林枋，林楠．基于 SD 的混合式教学模式质量改善研究 [J]．教育与职业，2009（36）．

[13] 马国刚，熊文，张清学．现代远程教育混合式教学模式的建构 [J]．中国成人教育，2011（13）．

[14] 汪燕，郑兰琴．实践、反思与交流：聚焦国际混合式教学研究——第三届混合式教学法国际会议综述 [J]．现代远程教育研究，2010（5）．

[15] 张其亮，王爱春．基于“翻转课堂”的新型混合式教学模式研究 [J]．现代教育技术，2014，24（4）．

[16] 徐葳，等．从 MOOC 到 SPOC——基于加州大学伯克利分校和清华大学 MOOC 实践的学术对话 [J]．现代远程教育研究，2014（4）．

[17] 曾明星，等．从 MOOC 到 SPOC：一种深度学习模式建构 [J]．中国电化教育，2015（11）．

[18] 王帅国. 雨课堂：移动互联网与大数据背景下的智慧教学工具 [J]. 现代教育技术，2017（5）.

[19] 吕静静. 开放大学混合式教学新内涵探究——基于 SPOC 的启示 [J]. 远程教育杂志，2015（3）.

[20] 门路，王祖源，何博. MOOC 本土化的可行性和关注点——基于 MOOC 平台的大学物理课程混合式教学实践 [J]. 现代教育技术，2015，25（1）.

[21] 舒杭，王帆，袁璐. 混合式教学中规则逆反现象的解读与解决 [J]. 教育科学文摘，2016，36（4）.

[22] 王怀波，李冀红，杨现民. 高校混合式教学中深浅层学习者行为差异研究 [J]. 电化教育研究，2017（11）.

[23] 孙莹丽. 混合式教学应重视教学设计 [J]. 中国教育学刊，2017（5）.

[24] 解筱杉，朱祖林. 高校混合式教学质量影响因素分析 [J]. 中国远程教育：综合版，2012（10）.

[25] 张成龙，李丽娇. 论基于 MOOC 的混合式教学中的学习支持服务 [J]. 中国远程教育：综合版，2017（2）.

[26] 任军. 高校混合式教学模式改革推进策略研究 [J]. 现代教育技术，2017，27（4）.

[27] 崔新有，许文静. 关于开放大学办学定位的若干思考 [J]. 中国成人教育，2013（7）.

[28] 张惊涛. 高等教育分类与远程开放大学内涵建设 [J]. 现代远距离教育，2009（6）.

一体化课程——消弭普通教育与远程教育对立的载体

彭飞霞*

摘　要：普通教育与远程教育的分离与对立由来已久。在建设终身学习体系和满足日益发展的人们对教育的需求的过程中，要求普通教育与远程教育相互依存、相互促进，在实践中运用对方长处，完善学习者学习方式，促进终身学习者学习能力的提升。一体化课程旨在提供各有侧重，相互联系和相互衔接，具有相关性、协同性且使用通道便捷的课程资源，由于其面向共同的后现代学习者、适应没有区别的普通教育与远程教育的学习方式，是普通教育与远程教育融入终身学习体系的标志，具有消弭普通教育与远程教育对立的价值。

关键词：一体化课程；普通教育；远程教育；对立；消弭

一、引　言

自联合国教科文组织提出终身教育理念以来，各国政府围绕学习型社会、终身学习等词语开始了基于国情的理解和实践探索，形成了卓有影响的教育改革浪潮，并成功令这些词语深入每一个人心里，人们由不理解到主动去熟悉，它们相同的指向都是人的终身发展、各类教育的融合促进。我国《国家中长期教育改革与发展纲要（2010—2020 年）》也提出要构建“学历教育与非学历教育协同发展，职业教育与普通教育相互沟通，职前教育与职后教育有效衔接，继续教育参

* 彭飞霞：讲师，硕士。主要研究方向为职业教育管理。

与率大幅提高”的完备的终身教育。而在现有教育体制下，普通教育、远程教育和职业教育作为分离的教育形式存在，有效的双向沟通并没有真正形成，没有共同的沟通制度，影响了终身教育体系建设大局的发展。这就要求我们用物化、制度化等各种手段，适应各类教育的教学特征，消弭各类教育的对立状态，培养面向终身学习型社会的学习方式。为此，笔者在实践的基础上，提出构建一体化课程的概念，以期将一体化课程作为消除普通教育与远程教育对立的手段之一。

二、普通教育与远程教育的鸿沟

（一）普通教育与远程教育在本文的研究内涵界定

作为培养人的活动，任何形式的教育在广义上都是普通教育。但按照现在的话语体系，教育还是存在普通和非普通之分。本研究将普通教育定位为学校体制内开展的全日制教育。为了更清晰地对研究主体进行定位，我们将普通教育置于高中（含同等学力）以上的普通教育，按照拟构建的教育体系框架，包括普通本科教育、学术学位研究生教育、高职专科教育、应用技术本科和专业学位研究生教育。本文所研究的普通教育，就是高中以上含上述类型的教育形式。直观的远程教育就是“远距离的教育”，其本质特征是师生处于时空的分离状态。之后有学者提出远程教育是教与学的工业化形式，但是远程教育的学者对这样的定义进行了反思，提出了地理上的分割是导致远程教育机构和技术应用形式的不同。我国学者按照远程教育的主体交互技术将远程教育划分为函授教育、广播电视教育和现代远程教育三个阶段。本研究不同于依托技术而形成的远程教育定义，将研究范围定位于利用远程教育开展学历教育的教育形式。

（二）普通教育与远程教育鸿沟的具体表征

我国的远程教育脱胎于普通教育。在发展早期，基本沿用普通教育的课程标准、教材、考核办法，成长于相同的教育体制，两类教育存在较深的历史渊源，常理上不存在实在的分离。而实际情况却与之相反，近年来越发严重。现在的状况是，远程教育规模越发扩大，而获得的社会认同进一步减少，最为突出的是很多国有企业、事业单位，甚至是公务员体系招聘考试都将远程教育的学历教育排除在外，明确要求“全日制学历”，即使拥有准入门槛，其间的“隐性门槛”也是众所周知的“潜规则”。普通教育对远程教育的轻视更是严重，大部分从事普通教育的高校对远程教育存在或多或少的偏见，甚至在远程教育内部，也出现了对远程教育形式并不认同的现象。主要表现如下：第一，两者之间缺乏制度上的沟通。虽然国家从宏观层面上提出了要打通各类教育之间的隔阂，建立起各类教育相互沟通的“立交桥”，“学分银行”等机构也开始被提到国家层面，但是普通教育与远程教育在制度上的鸿沟至今尚难以逾越。其首要原因是缺乏制度上的沟通，缺乏相同的质量标准，远程教育的教学形式、评价手段不受普通教育认可，两者在办学模式、人才培养等各个方面缺乏质性互动，缺乏应有的理解与对话。第二，远程教育本身在“宽进严出”的教育制度上执行不力。远程教育制度的执行者在对质量理解上出现偏差，理所当然地认为接受远程教育的学习者在知识体系建构上与全日制学生存在能力、时间上的差别，认为远程教育体制培育的学习者不能在人才培养质量上与之相当，忽视了远程学习者基于实践需求的理论需要，忽视了大部分远程学习者“求知”在先的学习动机，一味迎合部分远程学习者的文凭要求，降低准出标准，造成普通教育甚至社会对远程教育文凭的不认同。第三，两者之间各自为政的情况多，相互沟通、资源共享的情况少。即便是两类教育建立了大量的精品课程、网络课程、MOOC 等可以共享的资源，但是由于不同的管理体制、不同的教学对象、教学手段以及资源在教学过程中的地位不同，差异性显著，不能代表两类教育有相同的表达。即使是在同一所学校举办两类教育，相互不认同现象也较为严重，有的院校，教授投身于远程教育甚至会遭到同行的不理解，严重的还会受冷嘲热讽。“高校中稍微有点社会名望的教授和学术水平的老师，根本不屑于给继续教育学院的学生上课。因为那是一块被边缘化的地带，弄不好会让自己跌价。”

三、一体化课程的内涵与特征

（一）一体化课程的内涵

在教育研究领域，一体化课程一般被认为是为了把人的能力当作整体来培养所设计的课程。比如何茜、张学斌提出的建立教师教育一体化课程体系来促进教师专业发展。但我们所认为的一体化课程的内涵和这类说法有一定的区别：一体化课程是指为完成一定的课程目标，为教育者提供的包括文字材料、视频材料和各类相关数字资源在内的，使之各有侧重，又内在联系并相互衔接的课程资源的总和。是相对于以往教育中文字教材、视频材料和各类相关数字资源处于各自相对割裂的状态、关联度不大的情形而进行的全新定位。

（二）一体化课程的特征

1. 各类载体的相关性

按照一般的课程资源开发流程，先是根据能力目标，设计课程标准，围绕课程标准编写文字教材。文字教材的完成，标志着课程资源开发进入了一个新阶段，然后就有任课教师或者是其他对本教材感兴趣的团队进行视频资源的开发，有的会在教材的基础上形成网络课程。不管是在普通教育还是远程教育中，它们之间最大的问题是彼此之间相对独立，即使各类载体之间存在联系，但由于文字教材文本处理或者是其他原因，造成后续开发的视频资源和网络课程资源与文字教材的相关性不强，再加上文字教材本身并没有为各类资源的开发做前瞻性的规划处理，三类资源目标分离较为严重。一体化课程开发要求课程开发者以一定的课程目标，设计各类信息载体，使之各有侧重，又内在联系和相互衔接，以完成人的培养。按照我们的设想，第一是文字教材。它是学生的第一手教材，是学生最早接触的，这类资源强调基础性、趣味性、引导性，目的是解决学生知识体系建构的问题，教学活动贯穿于整本教材，是师生视域交融的第一环境。第二是视频资源。视频资源是深度理解能力目标所蕴含的知识要求，是以解决课程难点问题、拓展知识视野为主要目标的资源。这类资源强调图文并茂，强调从动态教学环境中创造一个由多种媒体构建的环境，促进知识的深度理解。第三种是网络课程。网络课程一方面必须承担整合各类资源的任务，另一方面要充分发挥网络资源容量大、链接方便的特点，增加各种趣味性、拓展性、外延性的知识，激发学生进一步提升自身的欲望。

2. 各类载体目标的协同性

按照生态学的理论，生态系统中每个生态因子会保持一种相互依存的动态平衡。这揭示了生态系统中各个物种扮演的角色和功能具有不可替代的作用，也就意味着存在的物种并不是功能一致的存在。按照这种逻辑，各类课程资源也不应该是完全相互独立存在的，一种课程资源不能仅满足学生学习能力达成的要求，而是需要围绕学习者发展目标，形成相互促进的“种群”，这与美国学者 W. Melese 所倡导的“课程不再是某些专家完全操纵和享受的‘秘密花园’，课程问题上的决策需要整个团体所有人员乃至相关外部人员的参与，因为课程结果会影响到他们所有人”。这种逻辑要求我们依托资源的专长进行开发设计，发挥各类资源在实现人的能力提升上的组合和协同作用，促进资源生态的形成。

3. 各类载体通道的便捷性

由现存的各类资源来看，资源与资源的通道没有真正形成。一体化课程要求多种资源的沟通渠道便捷。从现有资源的相互沟通通道来看，还远远未达到便捷的标准，尤其是从文本资源到视频资源的沟通。在原有技术条件下，学习者不具备两类资源达成相互沟通的条件。随着信息技术的发展，加强各类资源相互沟通的技术在日常生活中已经被大规模应用——二维码技术就可以轻易实现从书本到视频、到网页。它是加强各类资源沟通的有效手段，并且对我们有着实际的意义：文本资源在呈现信息上有深度和量的限制，当学习者需要得到更丰富的资源来满足学习需求时，可通过恰当地在书本中插入二维码以帮助学习者迅速运用手机、电脑等移动终端进行学习来实现。在网络课程等资源出口，也不要重复书本知识，而是要通过语言引导学生进入书本所设置的交互环境中，促进学生能力的提升。

四、一体化课程在消弭普通教育与远程教育对立上的价值

（一）一体化课程面向后现代各类学习者

普通教育在经历“高等教育大众化”浪潮的洗礼之后开始对自身定位、属性问题进行深刻反思，部分高校筹划向应用型大学转型；远程教育在完成了“学历补偿”的历史任务之后，发力于自身质量和特色建设，以求生存。整个高等教育正在受到后现代浪潮的冲击——教育对象发生了深刻的变化。出生于 21 世纪后的青年人，受到数字化大潮的影响，同时也塑造和影响着数字化社会的进程，他们身上表露出了一些与众不同的特征。正如博伊尔莱因教授描述的：“一心多用，自顾自却又满脑子都是朋友，在智力、全球化思维或是网民身份上没有比其他人强太多。无疑，年轻人会使用好多新玩意儿，他们上传、下载、冲浪、聊天、发帖、设计，却没有学会分析复杂文本，记忆事实，理解外交政策，没学会以史为鉴或者怎么把字拼对。没有意识到自己对过去的责任，动摇了我们的公民基础。”他们受“后喻文化”的影响，乐于接受各类资源，习惯在各类资源中切换，习惯于时间的“碎片化”，他们已经不再适应在同一类资源下停留太多时间了。一体化课程可以从课堂轻易转化到其他学习环境，可以从教师的“单向传输”轻易转化为“师生互动”，可以从自主学习状态轻易转化为协作学习状态，

等等。总之，一体化课程由于载体便捷的多向通道、内容上的相互促进、目标上各类资源相互协调，适应了现代及未来受“后喻文化”影响的“数字化一代”，而不是严格地去区分远程学习者和普通学习者，也就没有了远程学历与普通学历的对立。

（二）一体化课程是未来没有区别的学习方式

在经典理论中，普通教育与远程教育最根本的区别是“学”与“教”是否分离，远程教育被允许有一定的面授，普通教育也会利用远程教育的形式来作为课堂教学的补充。但真正打破远程教育与普通教育的鸿沟的事件是翻转学习形式的兴起。“翻转课堂”起源于美国科罗拉多州落基山的林地公园高中，一位颇有创新意识的化学教师乔纳森·伯尔曼和亚伦·萨姆斯利用录屏技术录制 PPT 播放和讲课声音，并将视频置于网络以帮助缺席的学生学习。翻转学习将远程教育常用的学习方式用来完成普通教育中课堂的知识传播，而将课堂充分地利用起来发展学习者能力。这种学习方式实质性地打破了普通教育与远程教育的区别，形成了区别于传统教育“精加工学习方式”的“信息化学习方式”。传统教育“精加工学习方式”是要求学习者按照统一要求和预设的知识单元，通过对所学内容的全面掌握，以达到规定的测试要求的学习方式。在面向未来的信息化中，借助教育技术发展的远程教育学习方式成为掌握知识、提升能力的统一手段，各种信息化终端设备将学习者不分类别地连接在一起，他们也许会融入教育组织者所组织的课堂教学环境，也可能在基于互联网的交互软件搭建的虚拟环境中形成协作学习小组，也可能是静静地躺在沙发上观看电视机播放的网络视频，而自己手捧手机时不时和别人交流一下学习心得。可以预约学习组织机构或者是进入学习中心，甚至是链接特定的网络，各种学习就能轻松完成，而一体化课程资源根据不同的目标，形成了有序搭配、通道便捷的资源形式，是适应信息化进程的学习方式。所以说一体化课程所提供的教学资源打破了各类学习之间的鸿沟。

（三）一体化课程标志着各类教育融入终身学习体系

完备的终身教育体系是指教育系统、社会机构和家庭组织在终身教育理念指导下，经有效整合而成的，为社会成员提供一生学习机会的教育制度安排。完备的终身学习体系的建成，标志着严格区分教育形式的普通教育与远程教育之间的鸿沟被打破，各类形式的教育为终身学习体系的建设而发力。而一体化课程，因为服务各类学习者，将被看作各类教育融入终身学习体系的标志。首先，一体化课程孕育了终身学习社会的学习方式。随着数字化进程的推进，进入教育体系的学习者发生了极大的变化，他们不再适应生硬的课堂教学，更习惯于在书本—视频—网络资源中不断切换，适应各种碎片化的学习。其次，一体化课程将会是为开展终身学习所建资源的主要形式。高瞻远瞩的远程教育机构已经将资源建设定位为一体化资源，要求教师在开放教材的同时，签署视频资源、网络课程的制作协议。但这种做法并没有对教师如何开发进行程序性的规定，也没有用一体化的思维系统性地设计教学内容，没有考虑学习者的认知负荷，造成各类资源的利用率非常低，也没有形成协同效应，还浪费了开发者和学习者的时间。未来的终身学习资源是建立在各类资源相互配合基础上的一体化资源，各类资源的协同使用帮助学习者形成良好的协同效应。

五、小　结

我们不能在普通教育与远程教育之间划一条截然的分界线，因为两者存在部分的交叉重叠，也是相互依靠、相互促进的教育形式，两者需要在实践中运用对方长处，理解、消化和完善自身学习方式，形成面向未来的高品质教育。一体化课程提出了这样的设想，笔者团队也在做相关的尝试，试图在课程标准、课程开放、课程评价全方位地融入这种思想，并开始在笔者所在的学校开展了基于网上的课程学习，主要目标是终身学习能力的培养，同时也在实践一体化课程的开发策略。当然，除了课程再造，普通教育与远程教育对立的消弭，还需要理念、文化、制度等各个方面发挥协同作用。当然，教育作为一种准公共产品，它有满足公民自我完善和成长的使命，这是教育发展的长期目标。这个目标的实现，需要各类教育加强沟通与融合，消除对立，建立理解与对话机制，最终实现各类教育融入终身学习体系的目标，实现各类教育的协调、协同发展。

参考文献

[1] 国家中长期教育改革与发展纲要（2010—2020 年）[Z]. 2010.

[2] 托马斯·赫尔斯曼. 远程教育的变迁：新技术与成本结构变化 [J]. 开放教育研究，2006（12）.

[3] Peters，O. Distance education and industrial producatian：a compareative

outline [M] The industrialization of teaching and learning.

[4] 王路群，等. 远程教育的发展、现状及问题 [J]. 电化教育研究，2002 (6).

[5] 李剑平. 继续教育被指为高校的“钱袋子”[N]. 中国青年报，2013-09-03.

[6] 何茜，张学斌. 教师教育一体化课程体系及其实施保障 [J]. 教育研究，2013 (8).

[7] 吴南中. 理解：开放教育教材建设的意蕴 [J]. 湖南广播电视大学学报，2014 (6).

[8] 彭福扬，曾广波. 论技术创新生态化转向 [J]. 新华文摘，2005 (4).

[9] M. Melese. School Curriculum Committee: Its role in curriculum implementation, the case if Amhara Region [J]. Ethiopian Journal of Education and Sciences, 2007 (3).

[10] [美] 唐·泰普斯科特. 数字化成长 [M]. 北京：中国人民大学出版社，2009.

[11] 张跃国，张渝江. 透视“翻转课堂” [J]. 中小学信息技术教育，2012 (3).

[12] 黄荣怀，等. 论信息化学习方式及其数字资源形态 [J]. 现代远程教育研究，2010 (6).

[13] 刘晖，汤晓蒙. 试论各级各类教育融入终身教育体系的时序 [J]. 教育研究，2013 (9).

基于知识树的课程微型学习资源设计研究

范洁群[*]

摘　要： 随着MOOC、翻转课堂、混合学习等理念进入校园，支持其发展的微型学习资源建设备受重视。然而被认为更适合"数字土著"的微型学习，却会受到学习碎片化的影响。本文以开发研究法，引入知识树的概念，试图弥补微型学习的知识分散问题。知识树是通过"树"的形象，将主干知识、知识点和微型知识点进行联结，具有知识整体可视化、关键内容清晰化、整体架构形象化、视频图像一体化等特性。基于知识树构建课程微型学习资源，需要正确理解知识树理念，设计课程学习路径，组织知识树构建，建设微型资源内容，并以大数据为支撑进行建设与改进。

关键词： 知识树；课程；微型学习资源；设计

随着MOOC、翻转课堂、混合学习进一步进入校园，课程微型学习资源因为满足"数字土著"一代的学习习惯、学习形式和学习需求受到学习者和教育工作者的共同关注。由于微型资源量多、学时少、内容片段化明显，在实际应用中受到了教育者的一些批评。如何在内容设计中既保留微型资源的相对独立性，又在表面松散的关系背后形成有效关联，构建有意义的整体课程，成为教学资源设计者和研究者关注的重要问题。本文尝试通过构建课程知识树概念，搭建微型资源之间的内在联系，促进学习者自适应地开展学习；同时也尝试引入教育大数据的概念，帮助教育者进行资源设计，提升课程微型资源对学习者的学习支持程

* 范洁群：副教授，在读博士。主要研究方向为教学资源建设。

度，提升微型资源建设的成效。

一、知识树、课程微型学习资源及其内涵阐述

（一）知识树及其内涵

皮亚杰的结构主义论证了语言的结构特征与规律，作为语言基础的知识同样具有结构特征和构建规律[1]。知识是一个庞大的体系，其中内蕴了复杂的相互关系，破除各种耦合和关联，课程内的知识可以优化为树形特征：课程的主要知识组成树干，知识下的知识点以及知识点下的微型知识点构成了课程知识的树形结构。一棵知识树上有若干层次的知识点，每个知识点又对应着一个或者多个下一级知识点，这样就将课程知识、知识点和微型知识点通过树状结构表述了出来。

（二）课程微型学习资源

课程微型资源也被称为课程“碎片化”资源，是在多媒体嵌入的完整生活与工作被打断之后，形成的“碎片化”思维和文化，以及在适合学习者处理“多头任务”的基础上形成的资源[2]。其具有结构完整、形态短小、使用便捷、建设容易等特点，受到“数字土著”的热捧。在某种意义上，MOOC、SPOC 等在线课程资源，都是课程微型资源的集合。在现在推进的各类资源建设中，微型资源因为建设成本低、更换能力强、推广速度快、适合移动学习等特性，受到各级各类教育的关注，成为建设的重点。

二、基于知识树的课程微型资源内涵与特性

由于微型资源具有微小性，注定其不能承载内容跨度大的学习资源，容易造成“断章取义”或者是知识建构不完整，遇到复杂任务和真实问题时无法较好地进行整体性处理，影响了微型资源使用的广度与深度。为了解决这一问题，实践者开始谈论以“知识树”的形式，帮助学习者建立整体课程知识体系框架，也就是基于知识树的课程微型资源。通过课程框架构建，实现课程知识的整体性呈现和微型性表达，学习者在学习的过程中，可以对照知识树所呈现的知识脉络，帮助自已形成奥苏泊尔所提倡的“先行组织”，去构建知识。同时，系统会根据学习者的学习情况，进行平台记载，对完成学习的微型资源进行标识，从而形成进一步学习的动力。

（一）知识整体可视化

在知识树的理念下，不同层级的知识按照知识发生的逻辑、内容深入的逻辑、任务流程的逻辑等逻辑体系组建成树形的知识导图，进入课程的学习者能整体性观察到课程的主干、分支任务和核心知识点，初步形成对课程的整体形象。深入学习的学习者可以根据知识树检测自身对课程整体的掌握程度，进一步学习课程。参与复习的学习者可以通过可视化的知识树进行知识回忆，有针对性地对不懂的知识点开展基于微型资源的学习。总之，通过课程知识树的构建，课程微型资源能很快地形成整体化视域，帮助学习者构建知识。

（二）关键内容清晰化

在传统的课程组织模式，尤其是微资源建设中，什么是课程的主干，什么是课程的核心任务，什么是课程的主要知识点？需要通过文字性的指导才能准确判断。在以知识树为组织框架的课程微型学习资源中，学习者通过知识在知识树上的位置，可以判断知识点和任务在课程中的重要程度，能引起学习者对重要内容、关键内容的关注。同样，根据微型学习资源知识树来组织教学的教育者，也能更加清晰地判定知识内容的重要性，引入深入讲解或者是提供其他支持服务，为学习者更好地掌握关键内容做好准备工作。

（三）整体架构形象化

在日常生活中，“读图时代”的读图习惯，能帮助人们迅速掌握关键要点，形成整体架构。因此，近年党政传媒也通过简单的导图来传递政务理念和新规章制度。当人们需要相应的知识为生活做支撑时，人们也更容易想起“图形”。在学习领域，教育者也经常用到“图示”。在微型学习课程领域，对于学习者而言，知识树的建构，就是给他们构造了此结构形象的图，当学习者需要应用知识或者自我检查学习成效、自我督查学习进度时，可以有效地通过有形的图示进行对照，实现整体架构的形象化。

（四）视频图像一体化

按照传统的组织形式，微型学习资源是按照不同的层级在整体框架中存在的。知识树概念的提出，可以将承载知识点的视频资源和知识树的组织结构进行关联，点击存在树上的知识点，就能链接到学习情境中，方便学习者学习。

三、基于知识树的课程微型学习资源设计策略

众所周知，不同的建设理念，体现了不同的建设思路，同时需要辅之以与之相适应的建设策略。在知识树理念下，课程微型资源与传统资源之间存在较大的差异，体现为：在目标上，更支持知识的整体构建；在内容上，更支持知识的层级发展；在学习路径上，更支持主干向分支的学习。那么，在知识树理念下，课程资源又应如何建设呢？

（一）正确理解知识树理念是课程微型学习资源设计的前提

学习者是任务和学习活动开展的中心，资源建设离开了学习者就显得毫无价值[3]。知识树理念就是帮助学习者进行整体知识构建的理念，是综合考虑知识学习的碎片化和整体性链接的知识建构要求，是将隐匿在表面的课程知识的分离性进行关联的有效方法，是体现生成意义的联结体。在知识树理念下所构建的主干和分支，是以课程整体特征和学习者实际需要为基础构建的，构建的目的是帮助学习者整体地学、有层次地学和有方法地学，构建的方式按照学习的逻辑结合课程的逻辑，细分知识点，对知识点进行层级化处理和结构化归类，在此基础上，通过完整的导入、内容学习和引导思考等课程环节建设相应的数字化资源。只有正确理解知识树理念，才能更好地运用知识树服务课程微型学习资源建设。

（二）全面系统理解课程学习路径是课程微型学习资源设计的基础

知识树的理念是在微型学习的背景下，以结构化内容知识开展课程微型学习资源建设，要实现课程知识树的构建，需要全面系统理解学习者的课程学习路径。首先，只有全面系统理解课程，才能构建整体框架。超越了一般理解含义的课程理解，指的是为学习者意识和能力转变提供全面引导和支持的理解现象，促进学习者通过洞察、移情、自知等方式，使课程内容与学习者视域产生融合，是教师充分表达课程意义的方式，并进入课程建设过程[4]。要理解课程，需要对学习者学习起点进行认识，通过大数据对过往学习经验进行捕捉是促进理解的有效办法，更为重要的是理解时代背景下学习者的一般性特征。其次，只有明晰学习者学习路径，才能与学习者视域更好地融合。按照学习者中心的理念，学习的发生是基于自身起点，在做中学，自我设定目标，开展过程管理和自我反思的学习[5]。基于知识树的课程微型学习资源的建设，需要把握好在学习者中心理念下

的学习者学习开展路径，按照学习路径来设计课程知识，为课程知识树的构建打基础。

（三）合理组织知识结构是课程知识树建立和课程微型资源表达的关键

基于知识树构建课程微型学习资源的关键是合理组织知识树的节点梳理。首先，需要对课程内容进行整体性的构建，梳理出主干节点。“树形”表达的关键是整体构建，整体构建的前提是对全部内容的全面把握。在把握全面内容的基础上，通过核心内容的梳理与表达，确定“知识树”的主干，形成整体性构建思路。以“工程建设监理概论”为例，合同管理、工程质量控制、工程造价控制、工程进度控制、安全生产管理和信息管理是按照工程监理运行的主要任务，是学习者习得工程建设监理知识、技能和能力的通畅路径，可以设置为课程的主干。其次，以主干为控制目标，建立知识分支和节点。分支指的是发源于主干的知识脉络，比如合同管理环节，需要对合同的基础知识进行初步的理解，同时通过示范合同文本，把握合同的一般性内容。再次，在分支的基础上建立知识树的叶片。比如合同文本的职责控制，是一个不能再细分的知识点，就是知识树的叶片。对于知识树的构建，资源建设者不仅需要明确任务的前后顺序，还需要考虑学习者的学习路径，以学习者为中心对主干、分支和叶片进行合理组织。

（四）内容理解是构建知识树节点的基本支撑

基于知识树的课程微型资源建设的基本支撑是学习者学习的微型资源。微型资源的特征是学习者乐学、易学，适合学习者碎片化学习和移动学习等习惯，与传统学习有一定的差别。按照学习者学习方式进行内容理解，以此作为精密内容设计是构建知识树节点的基本支撑。首先，微型资源的教学要素需完整。微型资源是针对最小片段的资源，同样也需要有效的导入、内容讲解、实践、交互等教学活动的支撑。其次，要有效形成与学习者融合的语言。比如进行知识讲解时，尽量用第二人称，让学习者明确自身学习任务；进行学习活动时，用第一人称，让学习者体会到自身是学习活动参与者；布置实践任务时，用第二人称，明确参与对象；等等。语言的运用是内容能否流畅合理的关键。再次，微型资源要体现学习者中心理念。资源建设的唯一目标是更好地促进学习者的学。因此，微型资源讲解需要时刻体现学习者中心，通过学习基础的把握进行语言上的设计，使学习者更加乐于学，更加愿意参与学，在学习过程中能取得更好的成效。

（五）大数据是支持知识树建构的重要技术力量

在传统的技术环境中，学习是人脑中的知识构建，尽管各种学习理论尝试找到学习发生的逻辑，并提出了行为主义、认知主义、建构主义、联结主义等学习理论，但学习究竟是如何发展的、资源对于学习者的学习促进成效到底如何，还是一个封闭的“黑匣子”。大数据通过记录学习者参与学习过程的所有数据，并以此设计模糊数据模型进行解释、说明和预测学习者表现，是支持微型资源建设与改进的重要技术力量。

（六）不断提升与改进是课程知识树“成长”的必要补充

作为具有生命特征的“树”，自然不再是一次性建成的资源，而是不断成长的资源。首先，成长的基础是使用和反思。学习者利用课程知识树以及连接在知识树上的微型资源进行学习成效如何，是资源建设者反思的基础，不断分析不良学习体验，进行主干、分支、叶片内容的改进是课程微型资源成长的基本方式。其次，课程本身的知识更迭，是知识树更新的重要支撑。在信息爆炸时代，各行各业都不断生产出新的知识，有的相对原有知识体系是颠覆性的改变，课程建设者需要不断吸取新知识的内容，更新知识树相关的组成部分。再次，需要通过大数据技术，改进内容的展现形式，进行内容更新。大数据可以为学习分析进行有效的支撑，当大数据系统捕捉到内容设置不适合学习者时，可以有针对性地对内容进行改善，使之进一步提高与学习者视域融合的程度。

四、结　语

知识树并不是一个新的概念，而是思维导图中的一种，是适合现代教育理念下的微型资源建设理念，是直观、有效地课程微型资源组织方式。近年来，微型学习在学校体系尤其是高等教育体系有着极大的影响，随之而来的知识碎片化现象受到学者的批评。知识树将微型知识片段有效地联结起来，进行课程立项建设、实施和评价，是弥补微型学习造成知识碎片化的有效手段。但从实践层面而言，较为普遍的是，微型课程建设重在以独立片段申报各种奖励为目的，真正按照课程建设的需求，进行基于整体性的布局设计与建设的较少。笔者通过“工程建设监理概论”的微型资源建设，提出了一些建设策略，是一次较好的尝试。因此，呼吁教育工作者更多地参与知识树的建构，以便更好地服务于学习者和终身学习体系建设。

参考文献

[1] 罗国权. 面向在线学习的知识导图学习模式 [J]. 开放教育研究，2015 (3) .

[2] 吴南中. 数字化生活的教育意蕴 [J]. 现代教育技术，2015 (7) .

[3] 吴南中. 建设性后现代视角下的 MOOC 资源特质及其生成策略 [J]. 中国远程教育，2015 (1) .

[4] 吴南中. 理解课程——MOOC 教学设计的内在逻辑 [J]. 电化教育研究，2015 (3) .

[5] 胡航，[日] 村上正行，董玉琦，李瑶. 教育媒体研究未来趋势：促进学习者中心设计——第 14 届教育媒体国际大会（ICOME2016）综述 [J]. 现代远程教育研究，2016 (6) .

“互联网+”时代学与教变革中的微课

李慧玲*

摘　要：“互联网+”对教育具有革命性影响，其实质是技术与教育深度融合。互联网对知识的碎片化与重构使学与教发生深刻变革，“学”的变革以碎片走向聚合为特征，“教”的变革以传统面对面教学走向虚拟面对面教学为特征。学与教变革的“内核”是数字教学资源，而从内涵、属性和发展历程上看，微课正是数字教学资源的典型代表。因此，微课在“互联网+”时代具有广阔的应用前景，并会受到广大学习者的青睐。

关键词：“互联网+”教育；微课；学与教变革

当今社会，互联网早已进入千家万户，人们的工作、学习和生活都离不开网络。据中国互联网络信息中心披露，截至2015年6月，我国网民规模达6.68亿，互联网普及率达48.8%；手机网民规模达5.94亿人，使用手机上网的比例高达88.9%[1]。大至社会、小至个人生活方式无不深受互联网的影响。这种影响当然也体现在了教育领域，信息技术的快速发展对教育发展具有革命性影响，并全面渗透到教育的各个环节中。在2015年的《政府工作报告》中，李克强总理提出了“互联网+”行动计划，这更激发了信息技术与教育深度融合的想象、探索和实践空间。对教育来说，“互联网+”到底是“+”什么？将带来什么样的教与学的变革？如何认识处于这种“大”变革之中的“小”微课？针对这些问题，本文将做一些初步探讨。

* 李慧玲：副教授，硕士。主要研究方向为高等教育管理。

一、“互联网 +” 教育的影响与挑战

“互联网 +” 意味着什么？笼统言之，“互联网 +” 就是 “互联网 + 各个传统行业”——利用信息技术以及互联网平台，让互联网与传统行业进行深度融合，创造新的发展样态。那么，“互联网 + 教育” 带给我们的，首先是 “互联网 + 学校”“互联网 + 课堂”“互联网 + 教师”“互联网 + 学生” 等多种想象。

“互联网 + 学校 = ?” 是学校中的互联网或者互联网中的学校吗？是 “校校通”“班班通”“人人通” 吗？是 “电子白板”“电子书包”“电子备课室” 进学校吗？是，又不是。“互联网 + 学校” 应是在互联网精神、互联网思维影响下，对学校教育的再造和技术与教学双向融合的有效促进。

“互联网 + 课堂 = ?” 是 “e 课堂” 和 “翻转课堂” 吗？是为智能手机名正言顺地进入课堂正名吗？是把现实空间课堂里的视频实录放到网络空间课堂上让大家看吗？亦是，亦不是。目前，“翻转课堂” 在日常教学中的应用依然少之又少，充其量也只是对传统课堂的 “点缀”；学生在课堂上 “玩” 的手机更是被学校和教师视为不受欢迎的 “打不退的第三者”[2]。即便将广受教育主管部门、学校和教师推崇的各级各类精品课程，以及精心打造的众多名校名师的课程放到网上，实际效果也总是不尽如人意。如果现实课堂都吸引不了学生，再让学生花个把小时到网上看 “实录”，这无疑是缘木求鱼！所以，“互联网 + 课堂” 不仅意味着要变革传统 “课” 的概念，也意味着变革传统学科与专业知识体系的结构，更意味着从实质上让互联网进课堂，让生活实践进课堂，让创新教育进课堂[3]。

在 “互联网 +” 时代，教师还是 “知识的拥有者” 吗？教师的权威和中心地位还依然如故吗？教师职业还会是 “铁饭碗” 吗？恐怕未必。试想，如果教师在课堂上所讲的东西与网上的资源有诸多矛盾之处，或者学生知道网上有许多老师讲得更好，那么学生在课堂上就成了 “低头族”，只等着课下去 “追课”。作为教师，如果固守传统的教学方式、传统的教学经验，必然被自己的学生和时代所抛弃。所以，有研究者甚至预言：未来的教师将分为两种，一种是线上讲公开课的明星教师，一种是线下的辅导教师[4]。因此，“互联网 + 教师” 不仅意味着教师要变 “知识的拥有者” 为 “学习的引导者”，而且意味着教师要积极应对角色被细分、教学流程被改变、评价权威被消解的变化[5]。

在 “互联网 +” 时代，人人都是老师，人人也都是学生，“资源就在身边，

交互即时实现"[6]。那么，谁还会认为只有在课堂上的学习才是学习？谁还会认为利用各种碎片化时间看一些零散的知识不是学习？如果你不懂得有意识地将那些碎片化的知识，进行"零存整取""化零为整"式的整合，你还是一名称职的"数字土著"吗？

想象是多种多样的，这些想象同时也是"互联网+"带给教育的诸多影响和挑战。当然，如此"+"下去可能永远没有尽头，影响和挑战也永远没有尽头。但"+"终归不是简单的相加，"+"完之后一切都会发生改变。这种改变，就是"互联网+"所带来的知识碎片化以及知识的重构。正如中山大学王竹立教授指出的："互联网是刀、是斧、是锯，将原来的一切都分解成碎片，然后再以互联网为中心重新组建起来，成为新的体系、新的结构。"[4]最后的结果可能是：互联网以"连接一切"的特征和"横扫一切"的霸气向教育发起全面冲击——"使未来的一切教与学活动都围绕互联网进行，老师在互联网上教，学生在互联网上学，信息在互联网上流动，知识在互联网上成形，线下活动成为线上活动的补充与拓展"[4]。不过，这种想法可能过于乐观了。在国内外的大多数学校里，教师的教学方式和学生的学习方式并没有发生多大改变，教育仍然是最为保守的行业之一，教育"篱笆墙的影子"还是很长。

从更为理性的角度来看，"互联网+"影响和挑战教育的实质，其实还是技术与教育深度融合的问题。对此，乐观者认为，技术必将彻底变革教育。"技术的革新必然要对教育思想、教育模式、教育方法、教育组织体系等发生意义深远的颠覆性的影响。"[7]悲观者则会认为，"技术的引进既没有像专家学者们预言的那样，给教育带来根本性的变化，也没有明显地提高教育教学效果，反而造成了诸多不良的影响"[8]。归结起来，乐观也好，悲观也罢，"互联网+"给教育带来深远影响和挑战是确定无疑的，并且会最终落脚到学与教变革之中——"学"的变革、"教"的变革以及"资源"的变革。

二、"互联网+教育"中的学与教变革

2012年9月5日，在全国教育信息化工作电视电话会议上，刘延东就曾指出："信息技术的深度应用，迫切要求教与学的'双重革命'，加快从以教为中心向以学为中心转变，从知识传授为主向能力培养为主转变，从课堂学习为主向多种学习方式转变。"[9]短短3年之后，在"互联网+教育"的"迫切要求"之

下，学与教的变革已加速显现。

（一）“学”的变革：碎片与聚合

“互联网＋”时代，互联网已成为信息与知识的主要载体，学校不再是知识的集散地，教师也不再是知识的垄断者，任何人都可以借助网络向其他人学习他们想要学习的任何信息和知识。华南师范大学焦建利教授对此有诗意的论断：“你学或者不学，课程就在那里，与日俱增！……你来或者不来，社群就在那里，无数来自世界各地的良师益友不离不弃！……你用或者不用，工具就在那里，与日俱增！”[10]但这样的学习，不可避免地面临两大挑战：一是信息超载，二是知识碎片化。就信息超载方面而言，互联网使各式各样的信息如洪水般涌来，令人应接不暇、无所适从，“身处在信息的海洋中，却因为缺少知识而饥渴”[11]。在这样的情况下，如何快速学习大量新知识，高效获取所需的资源？如何应对指数式增长的信息？与信息超载相伴而生的是知识碎片化。所谓“碎片化”，原意是将完整的东西打破成诸多零散碎片的形象化表达，形容我们获得的知识如同“被打碎的花瓶”一样零散、无序、互不关联，而不是完整、系统的。中山大学王竹立教授说得好：“所有的信息或知识点都通过一个个网页来呈现，每一个网页就像一个个破碎的瓷片……你看到的就是一个个碎片，有很多东西在诱惑你，你为未知的事物所吸引，除非意志特别坚定，目标特别明确，否则很难得到一个完整的东西。”[12]

信息超载也好，知识碎片化也罢，都使“互联网＋”下的学习呈现以下特征：一是学习内容的碎片化和微型化。二是学习行为的不连续性和多样化。学习时间和空间去中心化，解构了学习行为的单一性和连续性。三是注意力的碎片化。手指轻轻一点或一触，就能让学习者迷失大半天，好像什么都注意了，又好像什么都没记住，导致学习思维的跳跃性和注意力的碎片化。四是时效加速衰朽化。关联主义创始人西蒙斯认为，知识存在“半衰期”，网络时代使知识的半衰期加速缩短[13]。通俗地说，就是许多知识还没来得及被大众熟知就已经过时。五是学习效果的浅层化。对于唾手可得的大量碎片化知识和信息，一目十行而不加以思考，其结果必然导致学习深度和效果很难保证。

那么，如何才能保证通过网络化学习所学的知识相对系统、深入？应对的办法就是推进“学”的变革——从碎片走向聚合——树立包容性思维，采取分享、协作、零存整取策略，构建个性化的蜘蛛网形知识聚合结构。首先，用包容性的思维、化零为整的策略，把信息与知识碎片整合在一起，使之各安其位，逐步拼接成一个完整的知识体系。其次，采取分享、协作、零存整取策略。分享、协作是互联网精神的显著特征之一，也是网络时代的一种重要学习方式。教师在课堂上让每一个学生分享他们主动获取的信息和知识，自愿组成不同的兴趣小组，进行个性化的交流与协作，以推动学习的进行。在此基础上，引导学生对知识碎片进行有意识的整合，随时随地进行知识之间的连通与重构，使之成为学生个人知识结构的有机组成部分。最后，构建个性化的蜘蛛网形知识聚合结构，“每个人根据自己的需要像蜘蛛织网一样，围绕一个核心，一圈一圈地向外扩散，建构个性化的知识体系”[14]。从碎片走向聚合的“学”的变革，其实是个人导向的系统学习，是以个人兴趣和需要为中心的，是个人主导的、个性化的、自我实现的、生成性的过程。

（二）“教”的变革：传统面对面与虚拟面对面

“学”的变革必然带来“教”的变革，“教”的变革必须以“学”的变革为前提并与之相匹配。“互联网＋”时代，网络不仅成为信息与知识的主要载体，还日益成为教与学发生的主要场所。目前，学校课堂还是系统教育、学历教育与正规教育的主要阵地，“教”的最大魅力仍在于面对面的言传身教与教学生成，网络教育和在线学习至多只占非学历教育、非正式学习的“半壁江山”，在其之上的“人机互动”仍无法实现面对面的“教”，当然也还不可能完全取代学校教育的主流地位。但如前所述，“互联网＋”正日益向学校与课堂渗透，成为颠覆传统教育、教学体制的重要因素。随着技术的不断进步，终有一天人们可以在网上打造与实体课堂几乎一模一样的“面对面”教学模式。当这种模式普及之时，“教”的传统模式又当何去何从？教师如何更接地气地与学生交流，如何更具时代感地实现“润物细无声”的教育？实体学校与课堂肯定不会消亡，但一定会进行变革或转型。

当然，就目前阶段来讲，网络教学模式是“教”的变革最主要、最直接、最直观的体现。随着“互联网＋教育”的迅猛发展，教学信息和内容的远程传输和资源共享早已成为现实，学习者之间、教师与学习者之间的多终端同步视频互动也越来越普遍。正如王竹立教授所预测的：“在网上搭建与面对面教学效果非常接近的虚拟课堂和移动学堂成为可能，这就弥补了目前网络教育缺少面对面实时互动、生成性较少的缺陷，从而获取学校教育最后，同时也是最大的优势。”[15]

信息时代，上网查学习资料、看教学视频式的“基于资源”的网络教学模式，虽是现实的主流，但其缺陷是只能提供简单的以异步文字为主的互动。而教师与学习者之间、学习者与学习者之间的有效互动是教学行为重新整合的重要途径，也是保证网络教学质量的重要环节[16]。随着“互联网＋教育”的快速发展，网络教与学中存在的“只见物不见人”的弊端将得到彻底解决。利用“多终端同步视频互动教学”平台，可以轻松实现异地、虚拟“面对面”同步互动教学。如此，网络上的学习者可以真实感受到类似于实体课堂授课的教学氛围，做到“面对面”地同步聆听、感同身受，实现真正意义上的教学。当传统“面对面”发展到虚拟“面对面”时，教师不仅可以更好地满足学生个性化的学习需求，而且还可以与每一个学生进行更全面、更密切的互动和交流。

三、学与教变革中的微课

“学”的变革和“教”的变革，需要资源的变革做支撑。“互联网＋”时代的资源，主要是指数字教育资源，而优质的数字教育资源是学与教变革的基础和前提。这主要是基于以下两方面的原因：其一，学与教的开展离不开数字化资源内容；其二，资源本身就是技术与教育融合的产物和基本支撑。在众多的数字教育资源中，微课是一种典型代表。处于学与教变革中的微课，是技术与教育深度融合的产物，是承载“互联网＋教育”多种想象的一个现实的学与教资源的载体，它回应了“互联网＋”时代学与教双重变革的趋势和要求，较好地实施了将碎片化学习进行零存整取式聚合的策略和行动，也从资源、课程和教学方式等层面，有力推动了教学特别是网络教学的发展。近年来，微课的热度甚高、发展甚快，但仍是一个争议较大、分歧较多的新生事物。将此新生事物置于学与教变革之中去认识，非常有意义和必要。

（一）数字教学资源是学与教变革的内核

教育首先是教育资源的问题，“技术能搭一个架子，但架子上放什么东西，是需要我们来做的”[17]。学与教变革必有其“内核”，这个内核就是海量的优质数字教学资源。而在现实中，数字教学资源的现状却并不乐观。据人民教育出版社副社长王志刚分析，目前的数字教学资源现状可以用“三多三少”和“三缺乏”来概括。“三多三少”的含义是：数字化资源虽多，但真正可用、好用的少；适合传统教学的资源虽多，但适合网络化教学应用的资源少；适合个别应用的资源虽多，但配套新课标且适合普遍化应用的基础性数字资源少。“三缺乏”的含义是：缺乏统一的标准和技术规范，导致资源有效利用和共享的水平有限；缺乏评估标准和准入机制，导致资源大多在低水平上重复建设；缺乏资源采选和有效应用机制，重硬件轻软件、重开发轻应用的现象依然存在[18]。

从教育性、教学性、技术性、应用性、时效性等层面来看，优质数字教育资源就是在课程内容、教学规律和技术深度融合的基础上所开发的数字教学资源。在本质上通常具备六个特征：第一，内容要科学、准确、健康；第二，要有助于教与学目标的达成；第三，要符合相关技术标准，结构清晰、视觉美观、表现生动、运行流畅；第四，要具备易用性、兼容性、开放性，教与学体验良好；第五，来源要可靠，无著作权瑕疵；第六，要能体现时代特色。

微课正是符合这六项特征的优质数字教学资源。在众多资源形式中，微课以其“碎片化的学习内容、零散化的学习时间、开放性的学习空间和情境化的学习资源”[19]，迎合了“互联网+”时代的要求，部分地促使学与教变革落地生根，从而在国内外教育领域中得以快速发展。正如教育部副部长刘利民在首届全国高校微课教学比赛时所指出的那样，微课是符合时代要求的积极探索，并希望借此解决教育需求多样性、便捷性和针对性等问题，促进教学与技术的深度融合。

（二）微课是典型的数字教学资源

从微课的内涵、属性和发展历程上看，微课不仅天然具有互联网的基因，而且也是最有代表性的特殊的数字教学资源。

首先，从内涵上看，微课的本质是一种教学资源。微课天生是一种特殊的数字化教学资源，是以视频为主要载体，对教师围绕某个知识点或教学环节而展开的教学活动过程的记录[20]。一般来讲，微课的内涵分三层：微视频资源、微课程和微课教学[21]。微视频资源是微课的第一层含义，也是微课的直接表现形态，其表现出四个特征：知识碎片化，短小精悍，利于学习、共享和重组；主题突出，指向明确，设计与制作都是围绕某个教学主题而展开的；资源多样，情境真实，共同构成了一个主题鲜明、类型多样、结构紧凑的“主题单元资源包”；获取方便，移动学习，容易在网络中传播，适合无时无处不在的泛在学习。

其次，从属性上看，微课具有资源属性、时代属性、技术属性和课程属性[22]。微课首先是一种学与教资源，既是一种新的资源建设模式，也是一种新的资源表现类型。这是微课的基本属性，最早体现也最容易被广大师生理解和接受。所谓时代属性是指，微课正好顺应了“互联网+”时代学习的需求和发展趋势。所谓技术属性是指，微课具有很强的技术含量，需要教师具备一定的技术能力。所谓课程属性是指，微课是“课”而不仅仅是微视频。在这四种属性中，课程属性是目的，时代属性和技术属性是手段，资源属性是微课的天然定位。

再次，从发展历程上看，我国的微课经历了从“微资源”到“微教学”再到“微网络课程”三个从低到高、不断完善和发展的阶段。其定位从最初的“一种新的资源构成方式和类型”发展到“一个简短、完整的教与学活动过程”，最后提升到“是一种以微视频为主要表现方式的在线网络学习课程”，体现了对微课认识的不断深化和完善。微型视频网络课程，不仅可以服务和提升教师的“教”，更能促进和发展学生的“学”。

（三）微课能促进学与教变革

微课是应网络之运而兴的知识传授方式，把大量的微课资料与网络的运用特点结合起来，对于有些课程来说，可以彻底变革现有的学与教方式[23]。

第一，“面向学习者”以及时长和内容的特征使其符合“互联网+”时代“学”的变革需求。在时长和内容上，微课以其时间之“微”和传授知识量之“微”，成为碎片化学习情境下的适宜资源，满足网络时代学习从碎片走向聚合、“形散而神不散”的变革需求。

第二，微课作为“课”的特征使其符合“教”的变革需求。微课不仅是一种微型资源，同时也是“课”——作为一种新的课堂表现形式[24]、一种数字化教学内容和教学活动、一种有教与学互动的学习服务[25]，可以融入“互联网+”时代的日常教学，可以采用多种教学手段完成教学。简言之，作为“互联网+”时代的产物，微课是“内容、服务和互动的载体，是某个知识点的教学内容及实施的教学活动的总和”[26]。微课不是无序、零散的教学微视频集合，而是实现知识内容的聚合关联、促进自我知识圈的完善和学习思维结构化的系统教学资源。

第三，网络视频技术的发展成熟、信息化学与教环境的营造和学习终端的多样化为基于视频类资源的碎片化学习提供了有力的保障。众所周知，如果缺乏微课平台所创造的学与教环境的话，就难以实现微课所预设的真正价值[27]。近年来，秉承“互联网+”时代的理念，在打破学校物理空间限制，实现多校虚拟空间的共建共享方面，各方已做了许多努力并初见成效。多元化智能学习终端设备的广泛运用，亦为基于微视频的移动学习提供了技术环境。

第四，微课具有广阔的应用市场并受到广大学习者青睐。比尔·盖茨曾经对视频资源在教育上的作用给予了高度重视，“让优秀教师的教学视频更广泛地传播……学生可以在外出的时候看物理课录像来学习……如果有学生暂时落后了，你可以把录像资料给他们进行复习”。微课因为具有能满足多种学习风格、能提高情境化知识的传递效率、内容更加直观等优点，因此能发挥更大的学习价值和作用，受到了教育主管部门、各级各类学校和广大师生的高度重视和广泛关注。

总之，“互联网+”对教育进行了多种想象和挑战，“互联网+教育”正在强力促进学与教的变革。在此变革中，作为技术与教育深度融合产物的微课将大有可为，它借助互联网精神、新的教育理念、学与教变革思维和新的技术手段，可以在深层次上影响教育生态，推动学习行为改变、教学行为改变、教育关系改变和教师自身改变，在教学、学习和科研中拥有广阔的应用空间。

参考文献

[1] 中国互联网络信息中心. CNNIC 发布第 36 次《中国互联网络发展状况统计报告》[EB/OL]. [2016-11-04]. http://news.xinhuanet.com/politics/2015-07/23/c_128051995.htm.

[2] 新华网. 课堂玩手机成“国际难题”老师：手机成“打不退的第三者”[EB/OL]. [2016-11-04]. http://education.news.cn/2014-04/27/c_126438302.htm.

[3] 王竹立，李小玉，林津. 智能手机与“互联网+”课堂 [J]. 远程教育杂志，2015 (4).

[4] 王竹立. “互联网+教育”意味着什么 [J]. 今日教育，2015 (5).

[5] 黄荣怀. 推进教育信息化的五个“必须” [J]. 中小学信息技术教育，2015 (7).

[6] 张民生. 数字化学习：面向未来的学与教方式转变 [J]. 中国教育学刊，2011 (2).

[7] 余胜泉. 技术何以革新教育——在第三届佛山教育博览会“智能教育与学习的革命”论坛上的演讲 [J]. 中国电化教育，2011 (7).

[8] 王竹立. 技术与教育关系新论 [J]. 现代远程教育研究，2012 (2).

[9] 刘延东. 在全国教育信息化工作电视电话会议上的讲话 [EB/OL]. [2016-11-04]. http://www.jyb.cn/china/gnxw/201211/t20121109_517195.html.

[10] 焦建利. 在线学习，非诚勿扰 [EB/OL]. [2016-11-04]. http://www.jiaojianli.com/1090.html.

[11] 于文莲. 网络环境下的信息过载研究 [J]. 农业图书情报学刊，2008 (20).

[12] 王竹立. 新建构主义：网络时代的学习理论 [J]. 远程教育杂志，2011 (2).

[13] G. 西蒙斯. 网络时代的知识和学习——走向连通 [M]. 詹青龙，译. 上海：华东师范大学出版社，2009.

[14] 王竹立. 新建构主义的理论体系和创新实践 [J]. 远程教育杂志，2012 (6).

[15] 王竹立. 我国教育信息化的困局与出路——兼论网络教育模式的创新 [J]. 远程教育杂志，2014 (2).

[16] 张立国，刘晓琳. 重构我国普通高校网络教学模式的关键：办学模式、教育观念和教学结构的再调整——纽约州立大学网络教学模式的启示 [J]. 电化教育研究，2010 (12).

[17] 俞敏洪. 慕课，一场人人受益的教育革命 [M] //汤敏. 慕课革命：互联网如何变革教育？. 北京：中信出版社，2015：推荐序2.

[18] 王志刚. 优质数字教育资源：学与教变革的基础 [J]. 中国电力教育，2014 (11).

[19] 阮彩霞，王川. 微课程的概念、特点和理论基础 [J]. 课程·教材·教法，2014 (11).

[20] 黄蔚，高靓. 微课如何适应“数字土著”需要——访教育信息技术协同创新中心副主任、北京师范大学教授黄荣怀 [N]. 中国教育报，2014-06-11 (11).

[21] 汪滢. 微课的内涵、特征与适用领域——基于首届全国高校微课教学比赛作品及其征文的分析 [J]. 课程·教材·教法，2014 (7).

[22] 胡铁生. 微课程的属性认识与开发建议 [J]. 中小学信息技术教育，2014 (10).

[23] 薛军，董成稳．“互联网+”时代的微课 [N]．中国教育报，2015-06-03 (7)．

[24] 胡铁生．微课：一种新的课堂表现形式 [J]．小学教学设计（语文），2014 (6)．

[25] 余胜泉．微课虽小，应五脏俱全 [J]．中国教育网络，2013 (10)．

[26] 余胜泉．学习资源建设发展大趋势（上） [J]．中国教育信息化，2014 (1)．

[27] 许之民，黄慕雄．微课发展关键在于系统规划 [N]．中国教育报，2015-07-25 (3)．

基层探索

开放大学新型行业学院发展模式与路径研究

——重庆广播电视大学建筑工程学院基于“三融合”的探索实践

张 培

摘 要：为向开放大学转型发展，重庆广播电视大学提出了远程教育与职业教育相融合、学历教育与非学历教育相融合、信息技术与教育教学相融合的“三融合”发展战略，指导“一体多元”的开放大学办学体系建设。重庆广播电视大学建筑工程学院确立了“远程教育和职业教育融合，助推行业发展”的试点工作主题，创新思路，整合资源，对接产业，对探索新型行业学院发展模式方面做了积极探索实践，以期为开放大学办学体系及基层学院建设提供有益的借鉴。

关键词：远程教育；职业教育；开放大学；行业学院；“三融合”

广播电视大学向开放大学的转型发展，关键之一是加强系统建设，提升整体竞争力，尤其是基层办学单位的发展对于开放大学建设将起到奠基性作用。在国家教育综合改革的背景下，深刻把握国家“办好开放大学”战略的内涵，既要继承发扬电大系统30多年发展过程所形成的优良传统和办学优势，又要寻求电大系统转型发展的新起点，创新基层单位建设与发展的模式。

郝克明（2012）曾指出，要紧密结合社会需求，加强与行业、企业和社会用人部门的深度合作，加强产学结合，更好地满足有关部门、行业、企业高质量地培训从业人员以及广大学习者多样化学习的需求[1]。胡支农（2012）认为，基层电大应加强对开放大学建立新机制的理解，需要增强内生动力，加快转型发展[2]。高世民（2014）以宁夏电大基层教学点为例，分析了基层教学点发展的基本问题、基本概念和内涵界定，提出了基层教学点发展策略[3]。张培和南旭光（2015）分析了广播电视大学系统基层单位的转型升级路径，特别提到基层单位要促进信息技术与教育教学深度融合，对接区域发展战略和产业需求，增强社会服务能力[4]。彭坤明（2015）指出，开放大学的建设必须加快实体内涵的创新，把握内涵与特色、形态、优势的相互关系，重建大学实体[5]。杨彦春和樊开英（2014）认为，建设开放大学行业学院对建设学习型行业、满足行业对人才培养的特殊需求是十分必要的，并在分析行业学院功能定位的基础上围绕组织体系、管理模式等若干方面提出了开放大学行业学院的建设思路[6]。对于现有文献的调研表明，对于开放大学行业学院究竟应如何建设、如何把握行业学院的特质、应该为行业学院设计何种发展模式和路径等问题还缺乏理论研究。本文的研究出发点即在于此，希望结合具体案例，为开放大学的新型行业学院建设提供一种考察视角。

一、行业学院发展模式设计

（一）发展模式

为更好地适应学习者终身学习和职业发展需要，提升服务产业升级能力，重庆广播电视大学根据建设开放大学的目标，确立了开放大学基层行业学院的办学定位并开展试点。学校以“三融合”（即远程教育与职业教育相融合、学历教育与非学历教育相融合、信息技术与教育教学相融合）的战略思想指导“一体多元”的办学体系建设，建构“以助推产业升级、行业发展为目标，远程教育与职业教育融合互动为核心，学历教育与非学历教育融合强化动力，现代信息技术与教育教学深度融合提供支撑”的发展模式见图 1。

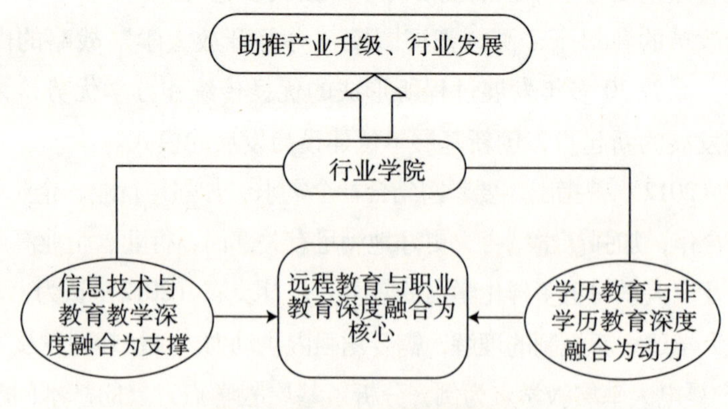

图 1　新型行业学院发展模式

以助推产业升级、行业发展为目标，是根据当前社会经济发展趋势、时代背景和职业人才学习需求提出的，行业学院的教育功能定位要求将几类教育融合创新，旨在培养创新型、应用型、复合型的高素质技术技能人才。当前各个行业新技术、新业务不断涌现，产业升级越来越快，从业人员亟须更新专业知识，改善知识结构，提升学历层次，这是增强行业整体能力、推动行业持续发展的必然选择。开放大学基层行业学院本来就具有产业支撑、行业背景，应当主动迎接新的挑战，既要面向行业从业人员开展学历继续教育，又要利用办学优势拓展社会服务范围，不断满足行业发展和学习者的需求，尤其是举办针对性强、周期短、见效快的非学历继续教育，进一步探索现代产业与信息技术的交叉融合，为满足职业岗位对人才素质的多元多样需求、创新人才培养模式、助推行业发展提供全新的路径。

（二）内涵阐释

1. 远程教育与职业教育融合互动为核心

行业学院作为新型开放大学办学体系的重要组成部分和办学体系的终端，其功能定位和建设思路具备较强的就业导向和产业特征。一般来讲，行业学院的办学主体业务是与本行业生产联系紧密的职业教育，其专业设置、课程体系建设可以根据行业的特殊需求进行调整，以保证人才培养的实用性和针对性。同时应该看到，行业学院的办学优势还在于其组织体系呈现网络化，其教学方式是建立在多媒体技术基础上的现代远程教育，因而更加适应学习远程化和学习者人员分散的特点，满足行业大规模培养的需要。

在“互联网+”时代，信息网络正以不同的方式和极快的速度冲击着传统的教育领域，行业学院要提高职业教育的教学质量和吸引力，需要通过远程教育和职业教育融合互动，去探索教育领域全新的发展模式和运行逻辑，特别是关注包括课程设置、资源建设、支持服务、人才培养模式等方面在内的两类教育的沟通，处理好影响两类教育融合的重要环节。因此，只有通过开发移动式的教学产品、提供优质的教学资源平台打造全新的教育方式，实现职业教育与远程教育跨区域乃至技术手段上的合作、资源共享及联动发展，提高教育资源的集聚与整合程度，构建两类教育的融合互动新机制，探索灵活的学习模式，沟通学习成果认证及学分转换等关键环节，才能真正实现远程教育职业化、职业教育信息化。

2. 学历教育与非学历教育融合对接为动力

目前，行业学院大多面向本行业从业人员开展专科及其以上学历教育，注重基本素质和职业能力的培养，提升其就业能力，一定程度上适应了从业人员提高知识水平、学历层次和综合素质的需求。着眼于经济发展和产业升级，职业教育的发展应走多元化的办学道路，且侧重点应该在于非学历教育培训，特别是以行业为本位的职业培训应该优于学校本位的职业培训。这是因为行业学院可以提供与工作情景密切相关的培训环境，更加注重解决职业生涯中的现实问题，而普通的职业院校往往做不到这一点。所以，行业学院应该发挥自身的办学优势，承担开展非学历继续教育的重要功能。《国家中长期教育改革和发展规划纲要》已经提出了“构建体系完备的终身教育”“学历教育和非学历教育协调发展”的战略目标，行业学院更应思考如何为行业从业人员的职业发展和终身学习搭建“立交桥”，实现行业不同类别的继续教育之间的沟通融合。概而言之，就是要构建以就业为导向的学历教育与非学历教育融合的人才培养模式。

具体地讲，在资源建设方面，实施学历教育应遵循市场导向，主动梳理和整合行业内的培训资源，兼顾非学历培训需求；非学历教育应依托已有的学历教育优势，开发更多专业的培训资源和项目。在课程设置上，学历教育可以在职业性指向强的专业引入专业技能培训课程和职业资格证书培训课程，学习者在完成学历教育的同时获取职业技能和职业资格认证，促进理论和实践的结合。在人才培养模式上，可以实行多元合作办学模式，使合作主体的差异性和一致性始终处于动态的互动中，以优质的教育方式实现学校教育向企业、社会延展。在教学结果上，实行学分制管理，学生修完一门课程可以积累规定的学分，通过建立学分互认规则与机制，将非学历教育成果转换为学历教育学分，减少学习者的重复学习过程，从而真正实现学历教育与非学历教育的深度融合。

3. 信息技术与教育教学深度融合为支撑

伴随互联网络、泛在接入及各类移动终端的出现，现代信息技术革命的发展迅速，带来了教育系统的深刻变革。与信息技术革命密切相关的现代职业教育领域，正感受着教育思想、教育模式、教育方法、教育组织体系等一系列挑战，行业学院必须抓住信息技术发展带来的机遇，着力建设信息化支持服务体系和公共服务平台，探索基于互联网和多媒体计算机的新型教学模式，在促进信息技术与教育教学融合方面率先探索创新。

具体地讲，其一，要将现代信息技术充分应用于资源建设、学习环境、实践环节及支持服务，实现教育服务的多角度、立体化、高效率、个性化。应当建立技术先进、功能强大、运行顺畅的网络支持平台，支持学习者在线学习，并逐步实现基于教室、实训室、实训基地的教学网络化。通过平台建设实现各教学点数字化教育资源全覆盖，依托数字化平台发布本行业的最新行业标准、技术更新、行业规范、发展趋势信息。借助数字化平台，以教学资源共享为基础，最大限度地实现资源共享与信息管理。其二，要深入探索包括“网络教学模式”“虚拟现实教学模式”“移动教学模式”等在内的新型教学模式。通过教学需求分析，开发在线教学资源，设计移动教学场景，整合网络教育平台，开展信息化教学活动，让教师真正从传统的知识讲授者转变为开展教学活动的组织者，让学习者从知识的被动接受者转变为发现知识的主动探究者，真正实现“教”与“学”双向互动。

二、案例简介

重庆广播电视大学建筑工程学院（以下简称学院）成立于2005年，是在中职教育基础上发展起来并由重庆电大与企业共建的学院，该学院是重庆建工集团控股有限责任公司（以下简称重庆建工集团）旗下唯一的教育培训基地，也是重庆电大最早、唯一专业从事建筑类专业教学的学院，实行与重庆建筑高级技工学校、重庆市建筑业教育中心“三块牌子，一套班子”的管理模式。

学院目前举办全日制成人大专、开放教育本科、专科和中职教育。开放教育本科开设了土木工程、建筑施工与管理、工程造价管理、道路桥梁工程施工与管理等专业，建筑专业人数居全市电大第一位。中职教育开设了建筑工程施工、工程造价、建筑设备安装与维修等专业。近年来，学院年培训各类建筑类专业人员6万人次以上，居西部地区建筑行业培训之首，为建筑行业培养了多层次的技能和管理人才。

办学30年来，学院经历了从电大工作站到行业学院的跨越，以及技校、电大、培训中心三个机构的整合，通过理念融合、体制整合、机制配合，最终形成了以开放教育、职业教育、岗位培训三类教育为一体的办学格局。学院在转型发展的过程中，以终身学习理念为引领，以服务建筑行业从业人员终身职业发展为目标，以满足建筑行业各类人才需求为核心，充分发挥了独特的远程开放教育、中等职业教育、岗位培训三类综合教育资源整合的优势。学院统筹安排三类教育的教学管理、资源设备、师资力量，打造“中高衔接、学非并重、资源共享、整体推进”的行业学院发展新模式，构建起“围绕一个目标、做强一类专业、利用统一平台、实施一元管理”的“四个一”办学新体制，实现了不同教育形式的相互促进，突出了人才培养特色和办学亮点。学院遵循依托产业、服务行业、内涵发展、特色办学的发展思路，搭建职业导向、双证育人、校企互动、理实结合、开放灵活的办学平台，在优势互补、资源共享、衔接融通中营造了时时、处处可学的终身学习环境，实现了学院规模、结构、质量、效益协调发展。

三、实践探索及特色经验

在重庆广播电视大学“三融合”战略思想指导下，建工学院先行先试，确立了“远程教育和职业教育融合，助推行业发展”试点工作主题，创新思路，整合资源，对接产业，开展了一系列针对性的实践探索，形成了行业学院的特色和经验，有力助推重庆开放大学体系建设。

（一）远程教育与职业教育相融合：注重内涵发展，打造办学特色

学院根据自身转型发展需要，探索远程教育与职业教育融合发展的人才培养模式和学习模式，搭建人才成长“立交桥”，实施人才培养质量保障体系，服务学习者终身学习和职业发展需要。

1. 改革人才培养机制

在基层单位试点中，学院始终以建筑行业从业人员终身职业发展为导向，探索远程教育与职业教育相融合的人才培养模式，建立网络化的组织体系，利用统一信息化平台，实行线上线下统一课程资源、统一教学管理，实现现代远程教育全覆盖，促进学习方式转变。学院将创业实践活动与实验实践教学有效衔接，并通过专业课程替代、实践活动考核等多种形式，将创业教育融入专业教育教学计划和学分体系。学院建立了远程教育实训中心，自主开发了适应行业发展和岗位需求的虚拟实验实训软件，努力构建适应远程教育与职业教育融合需要的实验实训教学体系，深度融合实验实践教学。

2. 创新学习方式

近年来，学院通过互联网、泛在接入及各类移动终端，开辟在线学习、翻转学习、混合学习在内的多种学习路径，开展灵活的线上线下教学活动。教师主要

承担线下教学、组织学生讨论、提供学习支持服务等任务，开启了“有辅导性的自主学习模式”，满足了学习者多样化、个性化的学习需求，深化了两类教育的融合互动。

3. 搭建人才成长“立交桥”

学院建立了不同教育类型、不同教育层次之间横向衔接、纵向沟通的人才成长“立交桥”。譬如在试点中，学院启动了“中职—高职课程衔接”，在远程开放教育方面，依据国家开放大学的教学计划执行必修课教学，同时根据企业需求和职业岗位素质要求调整选修课教学，并与自定的中等职业教育人才培养方案相契合，由于专业相同或相近，中职毕业生 80% 以上升入远程开放教育大专层次继续学习，扩大了远程开放教育规模。

4. 开辟“三对接”的融合新渠道

学院积极探索课程内容与职业标准对接、教学过程与生产过程对接、专业设置与市场需要对接的办学路子，把职业标准和市场需要融入专业设置、课程改革和实训操作之中，开放教育的课程实训和综合实践主要放在建筑施工一线进行。根据“基层”和“一线”的需求确立培养目标，按照“实战”和“应用”的原则设计教学环节，学生通过岗位锻炼参加实践实训，在实践实训中消化理论和应用理论，分析与解决问题的能力明显增强。

（二）学历教育与非学历教育相融合：培育专业的职业教育，服务行业发展

学院坚持学历教育和非学历教育并举，强调“产教融合，校企合作”，加强职业化资源建设和整合，打造产业支撑的学历教育和专业的职业教育，实现学校教育向社会的延伸。

1. 打造产业支撑的学历教育

学院依托集团优势，结合建筑类产业生产需要，坚持走合作办学、合作育人的校企发展道路。在试点中，与桥梁工程有限责任公司、市政交通有限责任公司、工业设备安装集团有限责任公司等多家企业签订了校企合作协议，将企业的管理理念和人才技能要求引进学院指导技能教学之中，共建实训基地，打造了集教学、培训、就业推荐为一体的人才实训和就业平台。譬如与重庆建工工业设备安装集团有限责任公司建立定向培养合作关系，招收建筑设备安装与维修专业学生，通过“委托培养、定向安置、长期合作”，实施优化组合战略，开拓了就业渠道，提高学生的就业竞争力，为建筑行业输送了技能型人才，实现了校企合作

双赢互惠。

2. 打造专业化的职业教育

学院发挥多年举办职业教育、学历教育的办学优势，整合各类优质教育资源，重点打造契合建筑行业发展需要的职业教育模块。按照产业链对高素质技术技能型人才的需求和国家职业资格的要求，开设一批对接行业功能定位的特色专业，开发一批职业性的特色培训项目，更好地对接职业发展需求。近年来已打造出中职教育的建筑工程施工、工程造价，开放教育专科层次的建筑施工与管理、工程造价管理，开放教育本科层次的土木工程等一系列专业品牌，以及岗位培训的“五大员”、造价员等项目品牌。学院还与重庆建工工业有限公司、重庆建工无损检测有限公司共建了建筑面积达 1.4 万平方米的专业一体化实训教学基地，配置了具有较高标准的实习实训设备，统筹用于学历教育和职业岗位培训，提升了职业教育专业化水平。

3. 加强职业化资源建设和整合

学院以职业教育特色和知识模块统筹教学资源建设，已建成 36 门课程、2916 个课时的多媒体课件，77 门课程、3207 项远程教学资源，并注重发挥网络教学资源的优势。工作流动性强、工作半径大的学习者（遍布全国 30 多个省市及海外）都能时时处处借助网络平台学习和得到支持与服务。学院根据学历教育和非学历培训的教学需求和时间节点，统筹安排多媒体教室、教学资源、网络资源等，让资源在学历教育和非学历教育中交互应用，发挥最大效用。

4. 建立学历教育与非学历教育相互衍生机制

学院实行学历证书与职业资格证书“双证制”制度，对准市场设置专业，对准职业标准练习技能，对准岗位要求考证书，提升了人才培养质量。学院从适应建筑业发展的现实需要出发，要求参加建筑施工与管理、工程造价管理、道路桥梁工程施工、土木工程等学历教育专业学习的学员，在获得毕业证书的同时还要获得建筑业“五大员”、造价员、建造师等相应的上岗证和等级证书；对参加各种岗位技能培训的学员，鼓励根据个人需要选择中职、专科、本科等层次进行学历补偿教育。“双证制”不仅起到了提升学习者素质和技能的作用，也有利于增强学历教育与非学历教育之间的融通性。

（三）信息技术与教育教学相融合：加强信息化建设与应用，创造远程开放学习环境

学院坚持追踪和把握现代信息技术对教育教学的影响，通过建设具有创新精神的、全方位专业化服务功能的新型行业学院，拓展办学使命，助力构建终身学习体系。

1. 加强信息化建设与应用

行业学院建设必须提升信息化支持服务水平，这是行业学院开展教学与各项管理工作的重要支撑和保障。学院以信息技术教育实现全覆盖为目标，着力构建网络学习环境，建成了与专业设置相配套的微机室 4 间、阶梯教室 1 间、多功能厅 1 间、多媒体教室 49 间，购置教学计算机 267 台，办公计算机 116 台，摄像机、教学录播系统 2 套以及投影仪、音响、闭路电视系统等电化教学辅助设备和校园录播系统。学院组建了信息技术中心，先后投入 400 万元，大力推进教学信息化建设，通过改造网络设施设备，整合汇集网络资源，利用多种功能软件和企信通、移动校园等平台，架起了远程教学信息互动的空中桥梁。学院正致力于开发集课程资源、学习支持、信息管理为一体的综合学习信息平台，实现更高程度的校园信息化。

2. 提供开放的学习环境

针对建筑行业从业人员遍布国内外、工作流动性大等特点，充分利用信息技术和学习平台，为学习者创造时时能学、处处可学的学习环境，为学习者进行远程化、个性化、分散化学习提供支撑。

3. 做行业优质教育资源的提供者

学院经过多年面向建筑行业实施教育培训的实践，积累了丰富的学习资源，正致力于开发网上教学综合管理平台和自主学习平台，并继续对建筑行业的学习资源进行梳理和整合，为学习者提供更加丰富、优质的自主学习资源。同时，积极探索与其他行业学院建立优质资源共享联盟，促进精品课程网络资源共享、项目合作、学生学习及文体活动交流。

开放大学的建设重在办学体系终端的建设，而办学体系终端的建设更要以行业企业学院的建设为重，这是国家经济社会发展的态势和需求所决定的。开放大学不仅要面向社会公众开展学历继续教育和非学历继续教育，更要与区域内的行业企业深度合作，通过共建行业学院的形式，将职业教育、远程教育、继续教育

融为一体，探索并创新人才培养新模式，推动专业建设与产业需求、课程内容与职业标准、教学过程与生产过程等多元对接。重庆广播电视大学在向开放大学转型的过程中，以“三融合”战略思想为指导，在“一体多元”办学体系建设框架下，积极探索新型行业学院的发展模式，力图开辟将开放大学融入行业发展并与行业共生的全新路径。

参考文献

[1] 郝克明．对中国开放大学建设和发展的认识和思考 [J]. 北京广播电视大学学报，2012 (6) .

[2] 胡支农．开放大学建设背景下的基层电大新使命 [J]. 南京广播电视大学学报，2012 (3) .

[3] 高世民．国家开放大学基层教学点发展研究——宁夏电大基层教学点发展实证分析 [J]. 河南广播电视大学学报，2014 (1) .

[4] 张培，南旭光．广播电视大学系统基层单位的转型升级路径 [J]. 重庆广播电视大学学报，2015 (1) .

[5] 彭坤明．强化大学属性，注重内涵创新——彰显开放大学在终身教育体系中的大学优势 [J]. 江苏开放大学学报，2015 (2) .

[6] 杨彦春，樊开英．开放大学行业学院的功能定位与建设思路 [J]. 邮政研究，2014 (3) .

开放大学基层学院“一体多元”发展模式研究

——以重庆永川广播电视大学的实践探索为例

郭家雨*

摘　要：基层学院是广播电视大学系统的重要组成部分，其发展模式的设计和功能作用的发挥直接关系到开放大学办学新体系建设的成效。重庆广播电视大学在向开放大学转型发展的过程中提出了“一体多元”的基层学院发展模式，重庆永川广播电视大学作为基层学院在试点中开展了富有成效的实践探索，颇具启迪借鉴作用。

关键词：一体多元；开放大学；广播电视大学；基层学院

一、引　言

《国家中长期教育改革和发展规划纲要（2010—2020年）》提出“办好开放大学”，2012年以来中央广播电视大学和北京、上海、广东、江苏、云南5所省级广播电视大学相继转型组建为开放大学，探索实施“构建灵活开放的终身教育体系”的国家教育试点项目。30多年的系统办学是广播电视大学的特色和优势所在，而作为电大系统中基本的构成要素——基层办学单位（区域中心城市电大、区县分校、工作站、行业学院等），则是向开放大学转型发展的基础。

早在2010年4月，中央广播电视大学起草的《开放大学总体架构建议方案》

* 郭家雨：重庆广播电视大学渝中区分校助教。主要研究方向为成人教育与远程教育。

中就提出“由国家开放大学、省级开放大学、（地市）学院、（县乡）学习中心及学习点组成统筹规划、分级办学、分级管理的远程教育教学管理系统”。2015年4月，由教育部综合改革司向国家教育咨询委员会终身教育体制机制建设组上呈的《关于办好开放大学的意见（征求意见稿）》中，又提出“针对区域信息化基础条件不平衡和学习者学习形式多样化的实际情况，开放大学要改革原有广播电视大学的办学系统，建立学习辅助中心”。这为广播电视大学基层办学单位的转型发展指明了方向。一些专家学者就此问题提出了自己的见解。谢刚（2014）提出，要尽快转变和调整基层电大发展战略，稳步发展学历教育，大力发展非学历教育，努力发挥公共服务体系功能，形成“三位一体”新模式[1]。胡立强（2014）认为，可以借鉴“订单式”的办学模式，该模式有利于基层电大在创新人才培养模式、完善基层电大的办学理念上发挥不可替代的作用[2]。纪平（2014）则指出，转型与发展的内外在动因要求我们向多元化的管理体制转变，以此推动开放大学体系建设，提高其治理能力的现代化，从而在新时期焕发新的发展活力[3]。笔者认为，基层办学单位转型发展，要在开放大学体系统一架构下，紧密结合自身特点和办学优势，积极探索“一体多元”的发展模式。本文将剖析何谓“一体多元”发展模式，并结合重庆永川广播电视大学实践探索的案例，试图为开放大学基层学院建设提供新的发展思路。

二、“一体多元”——开放大学基层学院发展模式设计

（一）“一体多元”发展模式的基本内涵

“一体”是主体，“多元”是结构。“一体”是指把开放大学体系变为“一个大学”文化共同体，使其成为管理体制规范和制度建设的核心。“多元”是指体系的构成和管理体制的架构应采取多种形式的组织结构，而不是整齐划一的模式。

“一体多元”发展模式旨在通过多形式、多元化办学，实现多类型、多层次教育并举，从而实现远程教育和职业教育相融合、学历教育和非学历教育相融合、现代信息技术和教育教学相融合。“一体多元”的基本内涵可以从办学主体、教育类型和体制机制等方面加以解读（见图1）。

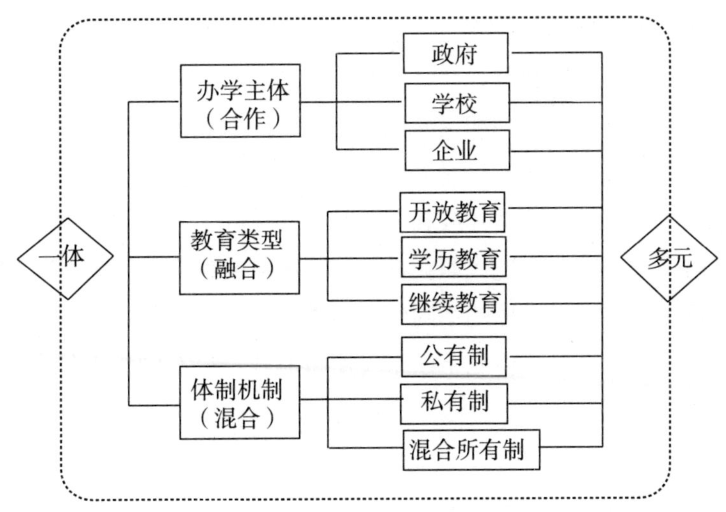

图 1　“一体多元”发展模式示意

从办学主体来看，如果是以开放大学总部为主体，团结一切可以团结的力量，通过与社会上其他机构的协同合作，共同建设基层办学单位，则可以看作是一种物理形态上办学机构的“一体多元”。当然，对于开放大学的基层办学单位，同样可以采取“一体多元”的办学模式，并且基层单位对于“一体多元”含义体现得更为明显。这是因为，在原广播电视大学系统内部，经过多年的发展，大多数的基层办学单位根据当地实际需要，或是被并入地方教育机构（如党校、教师进修学校、职教中心等），或是由各种体制类型不同的机构合并整合而来，承担了不同的使命和任务。有些基层单位是政府占据主导地位，有些是学校自主办学，有些行业学院则是企业唱主角。事实上，“一体多元”最直接的体现就是在办学主体层面上开放大学新型合作关系的构建，开放大学体系作为一个更为开放的办学系统，在逻辑上应该是由各种不同类型、不同性质、不同层次和不同功能的教育机构以及提供相关服务和保障的非教育机构相互联系而构成的一个以现代远程教育为主要使命的开放的集合[4]。正因如此，开放大学基层办学单位在发展中需要充分考虑和维系办学主体的合作伙伴关系，这样才能彰显“一体多元”的本质。

从教育类型看，开放大学以所举办的远程学历教育为主体，还举办高等职业教育、中等职业教育、继续教育培训、社区教育等多种类型的教育，这在某种意义上就是办学类型的多元形式。由于开放大学集合多种资源于一体，它所包含的办学内容不同，提供的教育服务也不尽相同，自然也是“一体多元”了。以学历教育为支撑，通过继续教育、社区教育开展非学历教育培训来拓展社会服务范围和内容，扩展办学的开放性和灵活性，不断适应职业岗位对人才素质、社会大众对终身学习的多样化需求，这是开放大学基层单位实现持续发展的必要途径，同时也给现代职业教育、远程开放教育、继续教育的融合发展提供了新的想象空间，契合当前国家关于构建现代职业教育体系和终身教育体系的战略思路。

从体制机制看，办学主体的不同组合也造就了体制机制的不同。就体制设计而言，如果开放大学在经济体制上以全民所有制或者公有制为主体，并采取多种所有制的方式，因时制宜、因地制宜与社会上其他机构合作办学，建成经济体制类型不同的若干基层办学单位，这就是一种经济体制上的“一体多元”。从运行机制看，建设开放大学不应该只是一个“模式”，只要能体现开放大学理念，彰显出现代、开放、合作、共享、服务等办学特色，基层单位就可以在平台、资源、服务、评价等方面不断大胆探索。从理论层面讲，可以有多种模式供选择，比如政府主导、市场主导、现代大学模式等等。在实践层面，由于具体的模式的推动主体和利益机制不同，如何选择则要根据各基层单位的特点及各地（省级电大）的办学需要并结合当地政府的经济社会发展定位等因素来综合考量和设计。

（二）“一体多元”发展模式的构建思路

开放大学是以开放、灵活、全纳、终身、优质为核心理念，面向全体社会成员，以现代信息技术为支撑、实行多种模式办学和混合式学习、服务终身学习和学习型社会建设的新型高等学校[5]。在构建开放大学管理体制、运行机制的过程中，要用现代大学的理念对广播电视大学系统做认真审视与反思，创新思路，变革理念，在坚持“不破而立”的原则下进行系统转型的模式探索。

“一体多元”首先要明确开放大学的实体性，或者说开放大学在大学形态上的独立性，在本质上强调的是开放大学所具有的主体地位。开放大学是新型大学，具有现代大学所必备的独立法人地位，依法自主办学，实行民主管理。对于基层单位而言，则亟须明确各基层单位在开放大学体系中的权利与义务，对其地位予以认定。为赋予各基层单位更大的办学自主权，开放大学可以将体系的管理责任仅限于协调各办学机构与政府和社会的关系上，而各基层单位的职责在于办学，只有做到体系内部的权责清晰，才有利于开放大学的可持续发展。各基层单位要因地制宜，充分发挥自身优势，做好做强原有的教育项目，凸显特色和亮点，并不断开拓新的项目。各基层单位之间应实行错位发展，立足区域经济社会发展需要，构建适合自身实际的人才培养模式，更好地为当地经济、社会和文化建设服务。

探索开放教育模式，完善终身教育体系，为全民学习、终身学习提供支持服务，是开放大学的职责和使命。开放大学作为一所新型的大学，必须满足不同层次的人群的终身学习需求，办学格局绝不应囿于某种单一形式，而应形成不同类型、不同层次的学历教育与非学历教育并举的多元格局。开放大学的基层单位在稳步发展学历教育的同时，必须大力发展非学历教育、继续教育，广泛开展社区教育，创造“人人皆学，时时能学，处处可学”的终身学习环境，探索构建终身学习的“立交桥”，满足人们日益多元的教育需求。

充分调动各方积极性，发挥全系统的潜力，形成开放大学的新体系、新机制、新模式，是推动开放大学建设的一个关键问题。开放，是开放大学的核心理念之一，开放发展与多元合作是开放大学突破广播电视大学相对封闭状态的有力措施，也是保持开放大学旺盛活力的重要源泉，开放大学应该在区域范围内构建多种主体参与的办学支持共同体，为开放大学的办学提供援助体系[4]。对于开放大学的基层单位而言，应按照相关标准，联合教育机构、行业、企业、科研院所、教育行政主管部门及其他企事业单位，以自愿的原则组建教育集团，最大限度地整合教育资源，充分实现资源共享和优势互补，探索建立民办、混合所有制等办学新体制。

三、“一体多元”发展模式的实践探索案例

作为重庆开放大学基层学院试点单位，重庆永川广播电视大学立足自身实际，主动适应社会教育需求和社会成员终身学习要求，在“远程教育和职业教育相融合、学历教育和非学历教育相融合、现代信息技术和教育教学相融合”的思想指导下，发挥资源整合优势，积极探索“一体多元”的开放大学基层学院办学体制改革新模式，走出了一条特色发展的新路径，为开放大学体系建设积累了经验。

（一）把握发展定位，构建多元办学体系

永川广播电视大学前身为成立于1979年12月的永川电大工作站，经历过体制内外的4次较大的资源整合，业务不断拓展，资源不断优化，组织架构不断完

善。2005年6月，中共永川区委、区政府重组区域内教育资源，将永川广播电视大学、中共永川区委党校、永川区行政学校、永川教师进修学校4校合并，组成永川干部学院，实行“四块牌子，一套班子”的管理体制（2009年增设社会主义学院）。至此，从电大教学管理工作站发展为电大分校，再到区域性中心城市电大，永川电大实现了三次大的跨越，组织形态由单一的电大基层管理服务机构，发展到包含远程教育、干部教育、教师教育、社区教育、非学历教育的多元办学实体，为城乡百万居民终身学习提供广泛的教育服务。面对构建区域终身学习体系、办百姓身边的开放大学、开展重庆开放大学办学体系体制改革试点的新要求，永川电大从“一体多元”的体制架构特征和转型发展的现实需要出发，从理念整合入手，按照促进区域终身学习、实施终身教育、建设学习型社会的新使命，定位学校办学和发展取向，优化一体多元、一校多点的办学格局，全力促进事业快速发展，取得了明显实效。

（二）坚持需求导向，促进城乡居民终身学习

永川电大以终身学习理念为指导，结合本地区实际，明确提出“以需求为导向，以创新求生存，以品牌促发展”的转型发展战略，着力打造“一基地、四中心”，先行先试构建重庆开放大学永川学院办学新体系。学校由以往举办单一的学历补偿教育，发展成为面向不同群体举办多层次、多规格、多类别、多样化教育的办学实体，形成了开放、灵活、全纳、终身的办学特色，不断适应本地区经济社会发展和城乡居民终身学习需要。在体制改革试点中，学校与永川职业教育中心签订了《联合实施中职学生“中职+大专”一体化人才培养协议》，为积极探索“多层次、多类别、多途径、多样化”的开放大学人才培养模式和搭建“立交桥”提供了保障。学校挂牌成立了社区学院，搭建起非学历继续教育、专业技术培训和终身教育平台；充分发挥5校合并优势，在6所党校分校陆续建成的同时，分别成立了6个校外学习中心；积极构建全方位覆盖的远程教育网络体系，促进现代信息技术和教育教学的深度融合。永川电大业已成为本区域终身学习的主体形态，在促进城乡居民终身学习中取得了良好的社会效益，为各个行业培养了大批专业技术人才，促进了永川经济社会发展。

（三）整合社会资源，突出开放办学特色

学校在办学中坚持优势互补、资源共享的办学思想，搭建开放多元的办学平

台，彰显出现代、开放、合作、共享、服务的办学特色。学校加大资金投入，改善网络办学环境，更新设施设备，努力打造现代化、信息化的学校。通过将党校系统、教育系统、社会主义学院系统的培训资源与电大远程教育资源、奥鹏教育资源优化整合，分类提供，极大地丰富了终身学习的数字化资源。学校面向社会开放教学场地、教学设备、网上学习平台和资源，各类学习者都可以使用这些办学资源。通过向镇街、部门、企业输送师资，实现了师资的开放。除与院校合作办学之外，学校还不断拓展合作范围，积极开展跨部门、跨行业合作，先后在重庆红江机械厂、重庆液压件厂、电子工业部24所等95个单位设置教学点，开展各类专业技能培训。学校利用远程教学方式和信息化手段，改造其他形态的教学模式，在提升学校信息化水平的同时，促进教育模式、培训模式、学习模式的改革。学校在远程教育学生管理、干部培训、师资培训等方面始终坚持服务学习者、以人为本的服务理念，力争使单位满意、学习者满意、社会满意。

四、“一体多元”发展模式再思考

重庆永川广播电视大学的实践探索，推动了办学模式和人才培养模式的改革，取得了良好办学效益，也可引申出继续推进开放大学基层单位发展的如下一些思考。

——善于借鉴，积极探索。在开放大学建设过程中，要善于借鉴其他发达国家和地区的先进经验，积极探索适合我国国情的开放大学办学模式。因此，应当允许各地根据自身特点，创新体制机制，积极探索开放大学办学的新模式，不断总结经验，为开放大学发展注入新的活力。

——开拓思路，重视合作。一体多元的办学模式，本身就是一种创新、一种突破，在办学实践中，不同的学校要实现资源整合，优势互补，互利双赢，就要开拓思路，敢于创新，打破体制和观念的藩篱，在合作办学中实现深度融合。

——整合资源，搭建平台。在开放大学体系建设过程中，要坚持正确的办学方针，树立终身学习的理念，搭建好各种学习平台，整合各类教育资源，发挥各类资源的优势，逐步构建社区教育、学校教育一体化学习体系，实现效益最大化，使每个公民都能够享受相应的学习权利，掌握生存的相应技能，成为合格的社会成员。

——延伸触角，服务基层。在广播电视大学基础上建设开放大学，是满足人民群众多样化学习需求、促进教育公平、克服应试教育弊端和落实素质教育的重要途径，因而应当面向人人，实现校园教育向社会教育延伸。广播电视大学在向开放大学转型发展的过程中，必须不断延伸触角，服务基层，为地方经济社会发展培养有用人才。

——加强监控，确保质量。教育质量是维系学校发展的生命线。学校要发展必须以质量求生存，以效益求发展。因此，在办学过程中，要加强质量监控，建立符合开放大学特点的质量评价体系，确保人才培养质量，以此推动开放大学建设的规范化和科学化。

五、结　语

在开放大学体系建设过程中，怎样才能充分发挥广播电视大学系统办学优势和潜力，做到优质资源共享，形成既通力合作又互为促进的关系，需要广播电视大学系统以及各类办学机构的共同参与、协同试验，寻求特色发展的路径。重庆永川广播电视大学的实践探索，对开放大学基层学院“一体多元”发展模式做出了具有价值的诠释。

参考文献

[1] 谢刚．新形势下基层电大发展战略的变革与调整 [J]．南京广播电视大学学报，2014（3）．

[2] 胡立强．开放大学建设背景下基层电大转型升级新思路 [J]．大学教育，2014（15）．

[3] 纪平．一体多元的开放大学管理体制框架构建研究 [J]．现代远距离教育，2014（1）．

[4] 南旭光．开放大学办学支持联盟构建及发展机制研究 [J]．中国电化教育，2014（10）．

[5] 上海开放大学开放教育国际研究院课题组．中国特色开放大学体系的建立和发展研究报告 [J]．开放教育研究，2014（6）．

把握机遇　重拾信心　将转型发展进行到底*

李　国

一、寻向定标，深刻把握转型发展当前进程

如果从提出“重庆开放大学”这个概念来算重庆电大系统转型的话，那还是2010年的事了。此后在不断的探索中，市电大从两个方面入手深入推进转型：一方面是基于全市电大系统发展的实际，紧紧把握发展的阶段性特点，坚持“不破而立”的原则，主动思考，带着大家奔着重庆开放大学一起共同发展；另一方面是基于自身重庆广播电视大学和重庆工商职业学院“两校一体”的体制机制，在“建骨干、建开大、建大学”的战略路径下，不断丰富转型发展实践。

2013年5月，市电大推出了“开放大学基层单位建设试点项目”，遴选了具有代表性的5所电大分校进行试点，后来又有7家单位主动加入试点，探索重庆开放大学体系建设的多种模式。2014年7月，重庆市教育综合改革领导小组将“以远程教育和高等职业教育融合为特色，建设新型开放大学”纳入2014年度重庆市教育综合改革的重点项目，旨在通过项目的深入试点，推进在重庆广播电视大学基础上转型建设一所以远程教育为优势、以职业教育为特色的新型开放大学。

2014年9月，学校在全国率先出台了《关于推进全市电大系统基层电大转型发展的意见》，要求全市电大系统紧紧围绕以转型发展为主题、教育质量保障体系建设为主线，着力加强实体化建设，对接区域发展战略，加强开放合作和资

---

* 本文是重庆广播电视大学校长李国教授在2017年12月14日重庆广播电视大学系统转型发展专题工作会上的讲话删减稿。

源整合，创新办学模式，推动现代信息技术与教育教学深度融合，促使各基层电大的办学基本能力显著增强、办学质量和水平稳步提升、社会服务能力明显提高，提出要把基层办学单位建设成为当地成人学历教育的主要阵地、终身教育和学习型社会的骨干力量、应用型人才培养培训的主要基地；把行业学院建设成为行业所需学历教育与非学历继续教育的重要提供平台、学习型行业和学习型组织的支撑力量。

自此开始，学校面对电大转型的历史机遇，不等不靠，先行先试，紧紧围绕办学育人的中心工作，以人才培养质量提升为主线、以专业建设为龙头、以改革创新为动力，奔着“互联网＋办学特色鲜明的新型开放大学”的目标，围绕抓远程教育和高职教育的融合发展，不断推进一揽子改革举措，抓基础基层建设，抓干部队伍建设，抓“互联网＋”办学特色，抓混合学习模式探索，抓校企合作产教融合，抓合作办学体系再造，始终以改革破除障碍，以改革化解矛盾，以改革推动工作，以改革驱动发展，以改革促进创新，全面推进各项教育综合改革试点建设任务。

这几年转型发展的成效是显著的，主要体现在办学基础不断夯实上。学校建立了重庆市职业教育大数据应用研究院和市级博士后科研工作站，专业服务产业能力、师资队伍结构、教育信息化水平等办学条件明显改善，全市电大系统转型持续推进，基层办学能力不断提升，办学规模保持稳定，办学项目“进园区、进社区、进企业”形成一批宝贵的办学试点成果，“互联网＋”专业集聚和专业改造取得良好进展，发展基础更加坚实。

至此，我们回过头来看一下，市电大这两个方面的转型，或者说是两条腿并行的方式，是十分有意义的。过去，我听说，有不少基层单位的同志，对市电大有点议论或不理解，好像是说，“市电大重点发展高职了，精力不在电大上了，我们找不到方向了”“市电大顾着发展自己，做大做强自己，对系统发展不关心了”等等。事实上呢？大家看看，这几年，市电大发展得很快，取得了历史性突破，成绩有目共睹。但是市电大把电大系统放在一边了吗？没有嘛。这几年，市电大在做大做强自己的同时，始终是用逐渐壮大的力量来带动大家发展、用逐渐增强的能力来推动大家发展，用永不放弃的行动来引领大家发展。这就好比一支远行的队伍，领头的人如果能力不强、本领不够、体力不支，那么这支队伍能走得远吗？市电大如果不把自身建设好，何来的能力带领大家一起发展？市电大在发展中和大家一起发展，各美其美，我们全市电大系统才能美美与共。

现在，转型发展三年建设的周期已接近尾声，刚才听了总结评价，成绩显著，但是离转型发展的目标与期待尚有较大的差距，还存在不少突出的问题与困难。在这样的起点上，电大的转型发展正处于一个关口，我们必须锚定发展的定位，找准自己的坐标，以胆识、智慧和勇气去迎接挑战和战胜困难。

我们现在的大目标是什么？就是要致力于打造一所远程教育和职业教育融合发展且“互联网+”办学特色鲜明的新型开放大学、一所可以提供“专业的职业教育、灵活的终身学习、开放的学习环境”的“百姓身边的大学”，成为重庆现代职业教育体系的重要组成部分、重庆终身教育体系和学习型社会建设的重要支撑。这也是未来的重庆开放大学与现在的电大、普通高校不同的方面，我们要有我们独特的标签。基于这个目标，我们转型发展也好，建设开放大学也罢，都是一回事，都是改革，综合性、全局性、系统性的改革。在工作中，绝对不应该也不能在转型发展和开大筹建中分出个彼此。

二、问题导向，高度聚焦转型发展主要矛盾

同志们，面对着国家全面深化改革的推进，时不我待啊，希望各单位要以此次检查为契机，围绕转型发展中期检查意见反馈，抓紧时间落实整改，围绕重庆开放大学建设计划和试点扎扎实实推进各项工作，围绕学校第二次党代会精神和综合改革的要求全面谋划下一阶段工作。对下一阶段的转型发展和综合改革，我主要谈以下几点。

首先，要对标对表，全面落实实体化建设要求。我们发现，部分基层单位在认识上还存在误区，转型发展的思路还不够清晰，畏难的情绪重，主动创新的胆略还比较欠缺，这部分电大必须清醒认知：重庆开放大学的创建既是全市电大转型发展的机遇，也是各区县完善教育体系，凸显开放教育新特色、新功能和新亮点的良机，机会稍纵即逝，同志们，要看清趋势、发展的战略与电大现在和未来的新定位，应尽快跳出自己所设定的小目标，要以转型发展中期检查为契机，向当地政府和教育主管部门积极主动地汇报全市电大系统转型的功能定位和建设要求，以及自身单位存在的转型差距，尽可能争取政府的重视和大力支持，切实解决办学实体化建设的瓶颈问题，按照市电大转型发展建设的目标要求，着力解决好制约转型升级的办学基础条件建设、教学信息化建设、人员编制、法人资质等

硬约束问题，全面增强办学的实体化建设能力。同时，还要不断拓宽服务区域产业发展的办学思路和渠道，多方联动，形成转型发展的合力，以主动服务区域发展战略，支撑产业升级、技术进步和社会管理创新的胆略勇气与能力担当，争取在区域教育资源的分配格局中占好位、布好局、走好路。

其次，要重点突破，全面增强内涵式发展能力。各单位要结合意见反馈，认真对照反思本单位转型建设存在的滞后问题。采取多种措施借外力内助力，围绕本单位转型发展的突出问题、转型难点和限制瓶颈，分步进行专项探索并着力破解。针对发展的短板，研究整改或深化建设任务的工作方案，制定整改的时间表和落实措施，通过建立台账、落实措施、明确责任、挂单改进等措施对发展短板逐项销号，以整改促进转型发展再上新的台阶，尤其在全市系统存在的几个共性问题上要着力地思考和破解。

一要着力加强服务经济与社会发展的能力。目前在这方面全市电大呈现两极分化的趋势，超过六成的基层电大该项指标不及格，区县基层单位与主城区基层单位差距很明显，这突出表现了基层电大在当地终身教育体系构建和学习型社会建设中的作用还没从整体上显现出来。在这方面，大家要积极行动，不能坐等政府给你机会！等不来的。要主动以服务全民终身学习为已任，学历教育和非学历教育并举，发挥信息技术优势，努力营造“人人皆学，处处可学，时时能学”的数字化学习环境，打造学习型组织、学习型社区。

二要着力加强教学能力建设。重庆开放大学既然被称为“大学”，就必须具有大学的办学能力。基层电大在转型发展中首先要强化教学能力建设，包括基础办学条件、信息技术条件、师资队伍条件等，具有专业及课程开发能力、科研能力、社会服务能力、对外交流与合作能力，才能承载作为大学的基本单元的使命。但对我们很多基层单位而言，实事求是地讲，先天不足，教学能力基础薄弱，特色不特，优势还不优，如果视而不见，甚至掩耳盗铃，不加以改变，未来还能走多远？

三要大力强化师资队伍建设。从各基层电大整体层面看，师资队伍的结构不合理，干部队伍老化，年轻干部和青年教师成长缓慢，不少干部和骨干教师身兼数职，工作任务繁重，缺乏转型和改革的动力，成为制约发展的关键性阻碍，成为教育教学质量提升的“瓶颈”问题。值得一提的是，有些单位，多校合一，看起来教师总量很大，但仅仅是绝对数量大，多业务板块的师资无法有效整合，依然不能适应转型发展的需要。党的十九大报告明确提出“须坚持质量第一、效益优先，以供给侧结构性改革为主线，推动经济发展质量变革、效率变革、动力变革，提高全要素生产率……”大家要创新思路和举措以切实加强师资队伍建设，建立教师终身学习与职业发展的激励机制，推进电大系统教师全员培训。着力建设课程教学团队、组建课程辅导团队、配备助学咨询教师团队，打造一大批提供远程学习导学、助学和促学的专兼职教师队伍，满足专业课程教学、辅导和支持服务的要求。

当然还有其他问题，比如课程辅导能力建设、教学支持服务能力建设、项目开发能力建设等等。这些问题，现在看来，是几大硬伤。为什么这么说？如果放在几年前，我们说这些问题是发展中面临的问题，是暂时性的问题，还能理解。但是到了今天，正式推进转型发展三年了，各基层电大的这些能力依然很薄弱，这就是个大问题了，已经变成硬伤了，再不去努力改变，就变成修补不好的伤疤了。这些问题不解决，基层电大的内涵建设从何谈起？这些问题不解决好，怎么能够成为开放大学的基层学院？怎么能够成为当地远程学历教育的主阵地？同志们，这是挑战我们勇气与担当的试金石啊！

三、目标导向，全面实施转型发展综合改革

未来，我们要打造具有“互联网＋”办学特色的新型开放大学，这是一个创新任务。说它创新，是因为，我们目前有太多的事情需要做，从思维模式、办学理念、教育观念等方面，到人才培养模式、学习模式、办学环境和办学条件、制度建设等方面，都要去改变。抛开“二元割裂”的体制机制问题，我认为，电大教育发展的挑战更多地还是能否有效克服源于自身的局限。我们不能只把问题定位于体制机制上，那就会裹不足前，面对发展中的问题无从下手。党的十九大很重要的一个关键词就是改革，这是我们解决当前电大教育办学遇到问题的根本方法，出路在于我们自己的勇气是不是足，在于我们自己的胆量够不够大，在于我们的办法有没有效。

而对于改革，几乎所有的改革都一再表明，体制、思想、利益三者之间存在着纠缠复杂的关系。打破改革的僵局，关键在于推进思想解放，最重要的就是转变思维方式。比如，我们现在遇到了很多问题，但是如果把所有问题都归为绩效工资带来的影响，这显然是不实事求是的，也是不负责任的。大家在想到绩效工

资带来的束缚的时候，是不是更应该思考一下为什么这个问题束缚了你？刚才几位同志都说到了，系统内还有 14 家基层单位没有电大办学的法人资质，显然，主管部门在核定绩效工资的时候，自然就不会主动替你考虑这一点。如果还是用过去的教学综合改革的方式来解决，那不是正道，不符合现在中央治国理政的价值取向。如果我们仍然受旧的思维方式支配，习惯性地沿用以往的老办法来解决今天的复杂问题，不仅可能解决不了问题，反而可能造成新的被动，甚至可能不符合法律政策。如果改革要这样推进的话，那是倒退的，原因就在于把经济利益考量放在了首位。遗憾的是，面对这些新问题，我们一些同志仍然在躲避矛盾，刻舟求剑、削足适履。事实上，我相信办法总比困难多，一定会找到破解的办法！

市电大这次制订一个综合改革方案，是下了很大决心的，最后还是校党委责成党政办公室来研究起草的，说明党委是高度重视的。2017 年底的永川会上，我参加了，我听到了大家的呼声，好像还是永川吴校长、涪陵邹校长等一批单位的主要负责人提出来的，能否出台一个指导性的意见，市电大给个框，哪些要算作办学成本的、哪些可以换个方式发的等等，原则性地写在其中，各基层单位在框里装上东西。但是不能只就如何弱化绩效工资的影响，提一些如何给大家发钱的具体措施啊，那就不是综合改革了。所以，必须站在新的历史起点上，从深化改革、创新发展和内涵建设的角度来全面考量、系统设计、重点解决。刚才南旭光同志从四个方面对这个文件做了很详细的解读，也提到对这个文件的应用肯定会因校而异。今后市电大配套这个文件如果再有一些动作，这样才有基础。所以，各基层单位要站在改革发展的角度，围绕贯彻实践党的十九大精神，深刻理解透这个文件的内涵，把握好文件的方向，用好这个文件的要求。

一方面，各基层单位要始终坚持改革创新的发展路径。首先，各基层单位要根据意见制订实施方案，细化分解各项改革内容，并明确任务书、时间表、路线图，落实责任人，形成改革共识与强大合力。其次，要完善相关工作机制，综合运用绩效考核、经费预算、资源配置等手段，推进改革措施落地生效，确保综合改革各项要求落到实处。再次，以提高教育质量、增强办学活力、促进整体转型为主线，全面深化教育教学改革和办学体制机制改革，积极探索办学理念、办学模式、教学组织方式、教学管理模式、支持服务模式、团队建设模式、体系建设与运行模式等各方面的创新，突出抓重点、补短板、强弱项，有所为有所不为，突出区域、校本特色和局部优势，形成自己的办学思路和办学特色，找到适合自己的道路和模式。

另一方面，市电大要对文件进一步做任务分解，落实到责任部门和人头，着力细化相关措施和办法，形成指导性的工作方案。比如系统办要调整对基层单位的考核评价方式和方法；招办要就大力发展“助力计划”提出方案设计，要针对扶贫攻坚的文件制定招生工作和学费减免的系统设计；教务处要进一步优化教学管理业务流程，在保证质量的前提下，该放的放；对“助力计划”的教学中心设置和考点设置要符合重庆市大山区大农村大库区的实际，要让学习者感觉到便捷；要尽快针对教学及有关管理工作酬金标准制定一个指导性意见；系统办、人事处共商，开发全市电大系统（包含市电大）师资资源共享数据库，指导基层单位开展跨区跨校师资互聘；相关部门要对市电大下发的奖励资金、项目资金、资助资金、援助资金等在合法合理的基础上设计符合基层单位实际的模式；等等。

四、强化落实，积极践行工作推进要求

同志们，你们身上的责任重啊！基层单位的转型发展和改革试点工作是重庆开放大学建设的重要支撑。因此，我们必须站在大局的高度扎实推进各项工作，应该做到“六个有”：

一要有实效。不能把转型发展和改革试点当作应景之作，不要把它当作一个研究项目来做，更不要当成一个工作总结来抓，而应当将其作为引领基层电大转型发展的重大机遇，把转型发展与项目试点相结合，动员全校参与，争取政府支持，贴近当地需求，探索发展路径，通过改革带动转型发展迈出扎扎实实的步伐，取得实实在在的效果。

二要有成果。各基层单位要根据自身的实际情况动态地调整转型发展的项目支撑和主体任务，明确下一个阶段的预期目标和要求，设定具体的成果呈现形式。改革创新就是探索，探索就需要先行先试，试点就需要有结果，大家在实际推进过程中，一定要敢破敢立、善破善立，积极进行制度创新、模式创新、手段创新和机制创新，形成理论成果、实践成果、工作成果、应用成果等让事实和成绩说话。

三要有高度。我们面向的是新型的开放大学，这条路走起来注定不是一帆风顺的，也没有成熟的模式可以借鉴。这就要求我们：要提高事业站位，要用发展的视角看问题，往前看而不是往后看；要厘清发展思路，不能再走传统的老路，要力图改革创新，挖掘包括行业、个人、政府、企业等在内的社会需求，加强教育的供给侧改革；要落地落实落细，好的想法要通过措施和行动将其变成现实。

四要有特色。我们电大教育是在“夹缝中求生存”，大家必须以社会需求为导向，实施差异化战略，在一定程度上实现错位发展。这种错位，既表现在转向社会教育、以推进全民终身学习为主体任务，也表现在学历教育的专业定位和人才培养模式的创新上。各基层单位要发挥自身优势，用心打造地方特色和校本特色，进而在系统内部形成多元化、差异化的发展格局。没有特色的转型是不太成功的。

五要有担当。我们要真正推进转型发展，肯定就会带来大学组织构架、运行模式、教学方式的变革，这种变革会对原有的办学理念、利益格局产生冲击，从而引发局部的“阵痛”。这就需要我们有担当，要敢作敢为。尤其是市电大内的相关职能部门，更要进一步解放思想、转变作风，在教育教学业务流程优化上下功夫，要切实地站在基层电大的角度上简除烦苛，各部门之间要互相合作、主动作为、密切配合，着力化解束缚基层电大办学的难题。

六要有自信。我们电大系统有近40年的办学历史，积累了丰富的办学经验，也练就了面对危机和压力的本领。从老电大熟悉的注册视听生到开放教育试点项目，每一次的破茧何尝不是一次华丽的转身，每一次的转身又何尝不是一次创业创新？尽管目前各项工作有太多的阻碍，但是也要看到，我们同时拥有很多的机遇。我们要加强战略定力，重拾自信，向着建成全国领先的开放大学奔跑！

当前，我们正处在转型关键期，或者说处于转型与升级的“换挡期”和“攻坚期”。在这个时期，存在迷茫、焦虑和不安，是可以理解的。但是，我们必须看到，电大的转型发展是一个关口，只要闯过这个关口，电大系统就一定能够浴火重生、再创辉煌。